快递运营

（第二版）

主　编 ⦿ 郑克俊

清华大学出版社
北京

内容简介

本书主要介绍快递运营的相关内容，包括快递运营认知、分拨中心与营业网点、收件、快件分拨处理、派件、快递客户服务与管理 6 个项目。

本书每个项目均设置了学习目标、主要知识点和关键技能点的提示，项目任务中除编写基本知识点外，每个任务均包含适量例题，并安排有单项实训。此外，每个项目安排有习题，以便学生复习知识、提升技能。为了拓宽学生的视野，本书还穿插了若干快递行业国家标准或行业标准文件，补充了视频资源，学生可扫码学习或观看。

本书力求满足工学结合的高职教学需要，同时体现理论适用、重在实训和简单明了、方便实用的特色，可作为中职、高职、应用型本科物流管理、快递运营、电子商务等专业的教学用书，也可作为物流快递相关企业各层次管理人员、专业技术和技能型人员的培训用书。

本书封面贴有清华大学出版社防伪标签，无标签者不得销售。
版权所有，侵权必究。举报：010-62782989，beiqinquan@tup.tsinghua.edu.cn。

图书在版编目（CIP）数据

快递运营 / 郑克俊主编. —2 版. —北京：清华大学出版社，2024.6
ISBN 978-7-302-66408-6

Ⅰ．①快… Ⅱ．①郑… Ⅲ．①快递—运营管理—高等职业教育—教材 Ⅳ．①F618.1

中国国家版本馆 CIP 数据核字（2024）第 111266 号

责任编辑：杜春杰
封面设计：刘　超
版式设计：文森时代
责任校对：马军令
责任印制：丛怀宇

出版发行：清华大学出版社
网　　址：https://www.tup.com.cn，https://www.wqxuetang.com
地　　址：北京清华大学学研大厦 A 座　　邮　　编：100084
社 总 机：010-83470000　　邮　　购：010-62786544
投稿与读者服务：010-62776969，c-service@tup.tsinghua.edu.cn
质量反馈：010-62772015，zhiliang@tup.tsinghua.edu.cn

印 装 者：三河市少明印务有限公司
经　　销：全国新华书店
开　　本：185mm×260mm　　印　　张：14　　字　　数：366 千字
版　　次：2020 年 1 月第 1 版　　2024 年 6 月第 2 版　　印　　次：2024 年 6 月第 1 次印刷
定　　价：55.00 元

产品编号：107084-01

第二版前言

从 2020 年 1 月出版第一版以来，本教材累计印刷 7 次，被全国 100 多所高职院校选用，获得了广大师生的认可。

本教材第二版是在第一版的基础上修订而成的。为了贯彻落实国家职教改革的精神，根据《"十四五"职业教育规划教材建设实施方案》，本次修订的总体思路是：根据现代快递行业发展状况和快递产业升级对人才需求状况，适度调整教材知识体系，引入快递行业发展所需要的新知识、新技术、新工艺和新方法，更新教材内容和单项实训项目，突出对学生快递业务核心职业岗位技能的培养；同时融入快递运营"1+X"职业技能等级认证的内容，使教材达到"课、岗、训、证"相互融合的效果。

与第一版相比，本次修订具体做了以下工作：第一，对知识结构做出了适量调整。在保持教材整体结构和编写风格的基础上，对项目一的任务四进行了改写，新增了项目二的任务三"快递网点管理实训"，删除了项目六的任务五。第二，对本教材的特色项目"单项实训"做出了较大幅度的修改，新增了较多需要分析、计算、动手操练等技能训练的项目。第三，对教材相关资源做了补充和更新。其中，对新技术、新方法等新内容，采用视频和案例的形式呈现，扫描相应二维码即可获取。另外，对习题做了补充和完善，新增了较多的单项选择题和多项选择题，对教材配套 PPT 课件和在线教学网站（超星学习通）的内容进行了同步更新，确保教材更加适合线上线下混合式教学。在修订的过程中，我们将爱岗敬业、诚信经营、工匠精神、创新精神等职业素养融入课程内容，以期潜移默化地帮助学生树立正确的人生观、价值观。

本教材修订后呈现三个方面的特色：一是聚焦快递运营核心岗位技能要求，实现了从突出工作流程到突出职业技能培养的重大转变；二是实现了"课、岗、训、证"相互融合，使学生在学习课程的同时，为参加快递运营"1+X"认证考试做好知识和技能的准备，达到事半功倍的效果；三是实现了立体化配套教学资源与在线开放课程相互融合，方便学生线上线下、随时随地学习，达到服务教学的效果。

本次修订由主编郑克俊教授执笔完成，原顺丰速运集团公司梁燕修经理、中国邮政速递公司王露经理等人员参与了本书编写大纲的讨论，深圳市联合运通国际货运有限公司王乃认经理、广东科学技术职业学院现代物流管理专业朱海鹏副教授、杨晓红副教授对编写工作提出了很好的建议，并提供了部分编写资料，本教材第一版编写团队成员邓柏城、陈洁玲和迟青梅对本书习题更新和在线课程资源建设做出了贡献。在此，对上述所有关心和支持本书修订出版的同人表示衷心感谢！

在编写修订本书的过程中，我们参考了大量的文献资料，利用了部分网络资源，引用了一些专家学者的研究成果和一些公司的案例资料，在此对这些文献的作者及公司表示崇高的敬意和诚挚的谢意！

由于编者水平有限，书中难免存在疏漏，敬请广大读者批评指正。

编　者

2024 年 3 月

第一版前言

近年来，快递行业以约 50%的年增长率快速发展，截至 2018 年 11 月，全国快递营业网点超过 10 万个，快递从业人员超过 300 万人。为满足社会对快递人才的需求，国内高职院校纷纷开设快递专业或对原有物流管理专业进行转型调整，增加快递专业方向，培养快递行业急需的快递运营人才。本书就是为了满足快递人才培养需求而编写的。

本书打破以知识传授为主要特征的传统学科课程模式，以任务为中心组织课程内容，按任务驱动的项目化教学思路编写，力图让学生在完成具体项目的过程中学会完成相应工作任务，构建相关理论知识，培养快递运营的职业能力。

本书由广东科学技术职业学院郑克俊教授任主编，邓柏城、陈洁玲任副主编。具体分工为：郑克俊负责拟定编写提纲，编写了项目一、项目四和项目六，迟青梅、郑克俊合编了项目二，邓柏城、郑克俊合编了项目三，陈洁玲、郑克俊合编了项目五。青海交通职业技术学院的甄小明副教授、辽宁建筑职业学院的李宁老师和邹学家老师为本书提供了大量的相关资料。广东科学技术职业学院王建林教授、杨晓红副教授、朱海鹏副教授，广州华商职业学院胡亟飞系主任、张德荣专业主任、李海东处长，中山大学新华学院王红旗讲师，广东建设职业学院黄立君副教授，广东工业大学华立学院郑克磊讲师，顺丰速运公司梁燕修经理，中国邮政速递公司王露经理等人员参与了本书编写大纲的讨论，并对编写工作提出了很好的建议。在此对上述所有关心、支持本书出版的同人表示衷心感谢！

在本书的编写过程中，我们参考了大量的文献资料，利用了部分网络资源，引用了一些专家学者的研究成果和一些公司的案例资料，在此对这些文献的作者和相关公司表示崇高的敬意和诚挚的谢意。

由于编者水平有限，书中难免存在疏漏，敬请广大读者批评指正。

编　者

2019 年 11 月

目 录

项目一 快递运营认知 1
任务一 快递的基本概念与分类 1
一、快递的基本概念 1
二、快递的分类 2
单项实训 1-1 4
任务二 快递网络与快递的基本作业流程 5
一、快递网络 5
二、快递的基本作业流程 8
单项实训 1-2 12
任务三 快递业的主要运营模式 12
一、直营模式 12
二、加盟模式 14
单项实训 1-3 17
任务四 我国快递业发展情况 18
一、我国快递业务发展情况 18
二、我国邮政快递通信能力和服务水平 19
单项实训 1-4 20
习题 20

项目二 分拨中心与营业网点 21
任务一 快递分拨中心 21
一、快递分拨中心概述 21
二、自动分拣系统 26
三、分拣作业处理 27
单项实训 2-1 32
任务二 快递营业网点 32
一、营业网点 32
二、网点人员配置 36
三、网点业务简介 37
单项实训 2-2 39
任务三 快递网点管理实训 40
一、召开工作例会 40
二、网点排班 40

　　　三、人员管理 41
　　　四、网点作业效率分析 42
　　　五、网点质量管理 44
　习题 46
项目三　收件 47
　任务一　快件收寄 47
　　　一、快件收寄认知 47
　　　二、大客户收件 51
　　　三、国际快件收寄 52
　　　单项实训 3-1 54
　任务二　快件验收 54
　　　一、快件验收的工作内容 54
　　　二、禁限物品验视 54
　　　三、快件包装 57
　　　单项实训 3-2 59
　任务三　运单填写与粘贴 60
　　　一、快递运单认知 60
　　　二、运单填写 64
　　　三、运单粘贴 71
　　　单项实训 3-3 74
　任务四　称重计费 76
　　　一、计算快件重量 76
　　　二、营业款计算 77
　　　单项实训 3-4 80
　任务五　增值快件的收寄 82
　　　一、保价快件 82
　　　二、限时快件 85
　　　三、代收货款快件 86
　　　单项实训 3-5 88
　任务六　收件后续处理 88
　　　一、快件交接 88
　　　二、收寄信息复核 89
　　　三、营业款交接 90
　　　单项实训 3-6 91
　习题 91

项目四 快件分拨处理 92

任务一 总包接收 92
一、接收前的准备 93
二、检查总包路单 93
三、检查车辆封志 94
四、拆解车辆封志 95
五、总包卸载 96
六、总包接收验视 98
七、异常总包处理 99
单项实训 4-1 100

任务二 总包拆解 100
一、总包拆解认知 100
二、拆解前准备 100
三、拆解总包 101
四、总包拆解信息比对 101
五、总包拆解异常处理 102
六、特殊快件的接收与核验 103
七、单据归档 105
八、作业工具的整理与检查 106
单项实训 4-2 106

任务三 快件分拣 108
一、快件分拣认知 108
二、分拣方式 109
三、分拣操作 111
四、国内快件分拣 114
五、分拣后复核 119
六、快件分拣异常的处理 120
单项实训 4-3 122

任务四 快件封发 124
一、快件的登单 124
二、总包封装 125
三、总包路单及其制作 128
单项实训 4-4 129

任务五 总包装车发运 130
一、出站交接 130
二、总包装发 131
三、建立车辆封志 132

四、快件信息汇总比对 132
　　单项实训4-5 138
习题 138

项目五　派件 139

任务一　交接检查 139
　　一、快件派送的类型 139
　　二、派前准备 141
　　三、快件检查与交接 142
　　四、增值快件的交接 144
　　单项实训5-1 145

任务二　设计派送路线 146
　　一、派送段的划分 146
　　二、派送路线的设计 148
　　三、快件排序 150
　　四、派送路单制作 151
　　单项实训5-2 153

任务三　派送 154
　　一、派送的概念与工作要点 154
　　二、快件装运 154
　　三、派送安全 155
　　四、快件签收 156
　　五、其他派送 159
　　单项实训5-3 161

任务四　特殊快件的派送 161
　　一、异常快件的派送 161
　　二、增值快件的派送 164
　　单项实训5-4 167

任务五　派送后续处理 167
　　一、派送信息的复核 167
　　二、派送信息的录入 168
　　三、派件存根联的处理 168
　　四、无法派送快件的处理 169
　　五、款项交接 172
　　单项实训5-5 173
习题 173

项目六　快递客户服务与管理 175

任务一　快递服务礼仪与规范 175
一、快递服务礼仪 175
二、收派员服务规范 178
单项实训 6-1 183

任务二　快递客户服务 184
一、客服人员应具备的素质 184
二、电话服务 185
三、快件查询 187
四、快件更址与撤回 190
五、投诉处理 190
六、赔偿处理 194
单项实训 6-2 195

任务三　快递客户开发 197
一、客户调查与分析 197
二、客户信息采集与分类 199
三、业务推介 203
单项实训 6-3 205

任务四　快递客户维护 205
一、快递客户维护的途径与方法 206
二、预防客户流失的措施 208
单项实训 6-4 209

习题 210

参考文献 211

项目一　快递运营认知

【学习目标】

通过本项目的学习和训练，要求学生掌握快递的基本概念与分类，熟悉快递网络，掌握快递的基本作业流程，了解国内快递业的现状与发展趋势。

【主要知识点】

快递的基本概念与分类；快递的基本作业流程；快递网络的基本模式。

【关键技能点】

熟悉快递网络；掌握快递的基本作业流程。

任务一　快递的基本概念与分类

任务描述：要求学生理解快递的基本概念，掌握快递的类别及其特点。

一、快递的基本概念

1. 快递的相关定义

我国国家标准《快递服务 第 1 部分：基本术语》（GB/T 27917.1—2023）将"快递服务"定义为："按照约定的时限、方式快速完成的寄递活动。"而寄递是指"将信件、包裹、印刷品等物品按照封装上的名址递送给特定个人或者单位的活动。"寄递包括收寄、分拣、运输、投递等环节。

2. 快递与物流

（1）区别。快递是物流的一个子行业。确切地说，快递包含了物流活动的基本要素，属于"精品物流"。快递的基本要素包括包装、换装、分装、集装、分拣、分拨与配送、信息处理和网络技术。合格的快递服务集中体现了物流系统和物流技术的实际应用状况。

（2）关系。快件的传递是实物流通的一种形式。快递与物流之间是一种从属关系，如图 1-1 所示。

3. 快递与邮政

快递与邮政具有相似之处，但在本质上略有不同。

（1）相似之处。二者均通过递送网络提供文件或物品；递送对象都是文件或物品；都含有信息传输或实物递送的成分。

图 1-1　快递与物流的关系

（2）不同之处。邮政业务是普遍服务，即政府定价、财政补贴、全面覆盖、不苛求时效性，给所有人提供基本信息服务；快递业务则由快递企业根据市场需求实施差别化定价，政府负责监督，投递网络根据市场需求决定，满足客户的个性化需求。

4．快递与运输的区别

快递的对象主要有两类：第一类是文件，主要包括商务信函、银行票据、报关单据、合同、标书等；第二类是包裹，主要包括企业资料、商品样品、零配件等各类物品。

快递与普通运输有显著区别。快递的运费一般大大高于普通运输方式，支持其存在的市场基础是快递所创造的时间价值。快递的对象本身并不会创造价值，但是由于这些物品发挥作用的时效性和商品使用寿命的时效性，使得时间对于这些商品和物品来说具有特殊的价值。

二、快递的分类

按不同的分类标准，快递有多种类别。

1．按照运输方式划分

（1）航空快运。航空快运是指航空快递企业通过航空运输，收取发件人的包裹和快件并按照承诺的时间将其送交指定地点或者收件人，并将运送过程的全部情况包括即时信息提供给有关人员查询的门对门速递服务。

《快递服务 第1部分：基本术语》

（2）铁路快运。铁路快运是指依托多层次、网络化的铁路线网，使用先进的快速化装载器具，利用现代化通信技术作为管理手段，通过科学有效的运输组织方法将货物迅速、经济、安全、准确地送达目的地的过程。中国铁路小件货物特快专递运输简称"中铁快运"，英文全称为"CHINA RAILWAY EXPRESS"，缩写为"CRE"，国内网络已遍及包括香港在内的120多个大、中城市，形成连锁服务网络。

（3）公路快运。公路快运是指利用机动车（包括汽车、货车和摩托车）及非机动车（如人力三轮车）等公路交通运输工具完成快递运输服务。

（4）水路快运。水路快运即用水路相对最快的方式从事水上运输，在客户指定时间内将货物安全送达目的地。

2．按照递送区域范围划分

（1）国际快递。国际快递是指在两个或两个以上国家（或地区）之间开展的快递、物流业务。其主要服务对象为外贸行业的商业信函、文件、票据等物品，如美国联邦快递。

（2）国内快递。国内快递是指在一个国家内部完成对服务对象的运送服务，收货人、发货人以及整个运送过程都在一个国家境内，进一步可分为同城快递、全国快递。同城快递的代表企业是美团配送，全国快递的代表企业如顺丰速运。

3．按照快递服务的主体划分

（1）外资快递。外资快递是指由国外企业经营的快递业务，如联邦快递（FedEx）、UPS、DHL等。

（2）国营快递。国营快递是指由国家经营的快递业务，如中国邮政EMS、中铁快运等。

（3）国内民营快递。国内民营快递是指由国内民营企业经营的快递业务，如顺丰、圆通、申通、中通、韵达等。

4．按照送达时间划分

按送达时间分类，快递主要有当日达、次晨达、次日达、隔日达、定日达五种，其各自特征如图1-2所示。

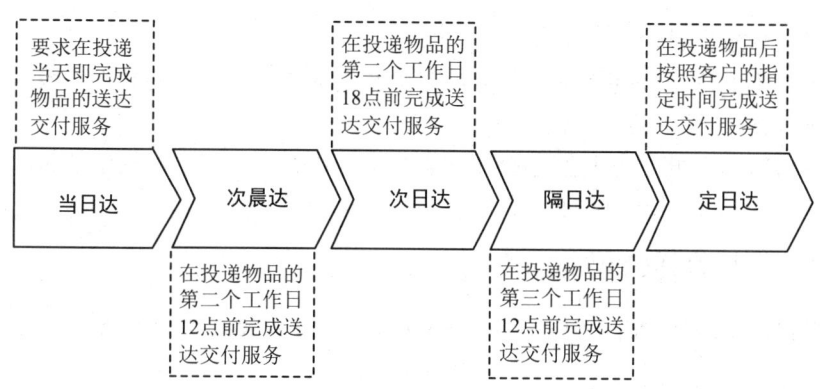

图 1-2 当日达、次晨达、次日达、隔日达、定日达的特征

5．按照赔偿责任划分

（1）保价快件。保价快件是指客户在寄递快件时，除支付运费外，还按照声明价值的费率缴纳保价费的快件。

（2）保险快件。保险快件是指客户在寄递快件时，除支付运费外，还按照快递企业指定的保险公司承诺的保险费率缴纳保险费的快件。

（3）普通快件。普通快件是指支付快件运费而不对快件实际价值进行保价并缴纳保价费的快件。

6．按照业务方式划分

（1）基本业务。基本业务是指收寄、分拣、封发和运输单独封装的、有名址的信件、包裹和不需要储存的其他物品，并按照承诺实现将其送达收件人的门对门服务。这是快递企业的核心业务。

（2）增值业务。增值业务是指快递企业利用自身优势在提供基本业务的同时为满足客户特殊需求而提供的延伸服务，如顺丰速运公司为客户提供的增值服务有保价服务、签单返还、代收货款、垫付货款、正式报关、委托收件、包装服务和通知派送等。

7．按照付费方式划分

按照付费方式，快递主要分为寄件人付费、收件人付费和第三方付费三种，如图 1-3 所示。

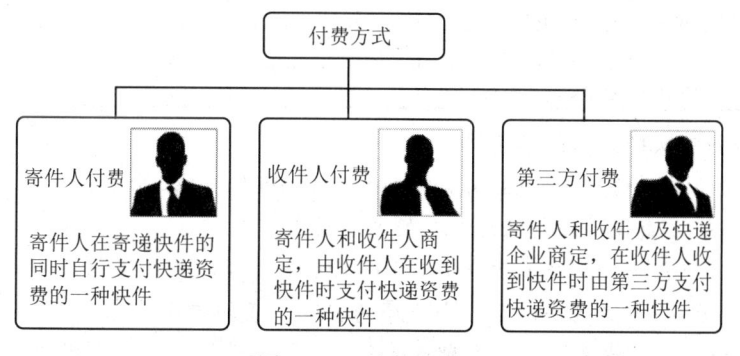

图 1-3 三种付费方式

8. 按照结算方式划分

（1）现结快件。现结快件是快递业务员在快件收寄或派送现场向寄件人或收件人以现金或支票方式收取快件资费的一种快件。

（2）记账快件。记账快件是快递公司与客户达成协议，由客户在约定的付款时间或周期内向快递公司拨付资费的一种快件。

📖 例 1-1　认识快递公司 logo

我国常用快递公司的 logo 和全球主要邮政快递公司的 logo 分别如图 1-4 和图 1-5 所示。

图 1-4　我国常用快递公司 logo

图 1-5　全球主要邮政快递公司 logo

📖 例 1-2　顺丰控股简介

☞ 单项实训 1-1

顺丰控股简介

1. 快递企业及其基本业务认知

分别访问联邦快递（中国）、中国邮政 EMS、顺丰速运这三家公司的网站，浏览网页内容，根据网站内容填写如表 1-1 所示内容。

表 1-1　三家快递公司的客服电话、主要业务类型及特色

快递企业名称	网　　址	客服电话	主要快递业务类型	主　要　特　色
联邦快递（中国）	http://fedex.com/cn			
中国邮政 EMS	http://www.ems.com.cn/			
顺丰速运	http://www.sf-express.com			

2. 查询国内外快递公司基本情况

（1）访问快递 100 网站（https://www.kuaidi100.com/），注册快递 100 账户，并登录系统，查询国内外快递公司的基本情况。

（2）用手机扫码（见图 1-6）下载快递 100 App 并体验收寄、查询快件或微信扫码（见图 1-7）体验快递 100 小程序的收寄、查询快件功能。

顺丰控股的独特优势与未来展望

3. 观看视频"顺丰控股的独特优势与未来展望"，进一步认识中国快递企业"顺丰控股"，了解该企业的独特优势与未来发展。

图1-6　扫码下载App　　　　图1-7　微信扫码体验小程序

4. 认识快递相关职业岗位

（1）观看视频"快递员和快件处理员职业分别设置5个等级"和"快件处理员"，了解快递员和快件处理员的职业等级划分。

（2）观看视频"快递行业需要的员工"，了解快递行业对员工的要求。

（3）观看视频"她的青春不迷茫""国内各个快递企业快递员现状及收入""'90后'小哥掌管10个快递站"，了解快递员的工作及职业发展。

任务二　快递网络与快递的基本作业流程

任务描述：要求学生熟悉快递网络，掌握快递的基本作业流程。

一、快递网络

1. 快递网络的含义

快递网络是由若干个快递呼叫中心（或称客户服务中心）、面向客户服务的网点、负责快件集散的网点，以及连通这些网点的网路，按照一定的原则和方式组织起来的，按照一定的运行规则传递快件的网络系统。它是一个统一的整体，各部分紧密衔接，依靠整个网络的整体功能，完成快件递送的任务。

2. 快递网络的构成

快递网络包括以下四个构成要素。

（1）呼叫中心。呼叫中心也称"客户服务中心"，是快递企业普遍使用的旨在提高工作效率的应用系统。它主要负责通过电话、网络系统受理客户委托，帮助客户查询快件信息，回答客户咨询，受理客户投诉，等等。

（2）面向客户服务的网点。面向客户服务的网点通常称为业务网点。

一般而言，一个业务网点负责指定的服务范围，即在指定的服务范围内，所有客户的收件、派件都将由此网点完成。此外，还需按时段将网点所收取的快件送至中转场参加中转，并将本服务范围内的派件从中转场带回。每个业务网点根据所服务范围的面积、客户数量、业务量配备数量不等的收派员。

业务网点的设置，一般依据当地人口密度、居民生活水平、整体经济社会发展水平、交通运输资源状况、快递公司发展战略等因素综合考虑，应本着因地制宜的原则，科学合理地设置。从目前我国快递企业的设置情况来看，城市业务网点多于农村，东部地区业务网点多于西部地区，经济发达地区业务网点多于经济欠发达地区。业务网点是快件传递网络的"末梢神经"，担负着直接为客户服务的职责。

业务网点具有客户服务、操作运营和市场开发三大功能，它既是客户服务的密切接触点，又是市场营销的前沿。为了全面掌握市场情况，业务网点势必分布广泛；为了在尽可能短的时间内为客户服务，业务网点分布势必比较密集。但出于对成本和利润的考虑，业务网点的建设不能随意盲目，其布局对快递企业来说举足轻重。

随着快递服务企业的快速发展，快递企业业务网点硬件设施的科技含量日益提高，服务质量和服务效率得到进一步提升，服务功能也朝着多样化、综合化和个性化的方向发展。

（3）负责快件集散的网点。负责快件集散的网点通常称为中转场、集散中心或分拨中心，是快件传递网络的节点，主要负责快件的分拣、封发、中转任务。

一个中转场下辖若干个业务网点。中转场负责区域内所有业务网点的快件集散，也就是将区域内所有业务网点收取的快件集中到一起，按目的地分类汇总，然后通过飞机、火车或汽车等运输工具将快件转运至其他相应的中转场。同时，其他各地发往本区域的快件，由当地相应的中转场发送至此，再由本中转场按业务网点分类汇总，继而发往各个业务网点。

快递企业一般根据自身业务范围和快件流量设置不同层级的中转场。一般全国性企业设置三个层级的中转场，区域性企业设置两个层级，同城企业设置一个层级。以全国性企业为例，第一层级是大区域或省际中心，除完成本地区快件的处理任务外，主要承担各大区或省际的快件集散任务，是大型处理和发运中心，一般建设于地处全国交通枢纽的城市，如北京、上海、广州等。第二层级是区域或省内中心，除完成本地快件的处理任务外，还要承担大区（省）内快件的集散任务，一般建设于省会城市。第三层级是同城或市内中心，主要承担本市快件的集散任务。大区域或省际中心对其他大区域或省际中心及其所辖范围内的区域或省内中心、同城或市内中心建立直封关系。区域或省内中心对其大区域或省际中心、本大区内的其他区域或省内中心，及其所辖的同城或市内中心建立直封关系。

中转场的设置方式和位置，对快件的分拣、封发和交运等业务处理和组织形式，以及快件的传递速度和质量起着决定性作用。随着快递技术的广泛应用、快递业务量的迅猛增长，中转场的处理方式也由手工操作向半机械化和自动化处理方式过渡。

（4）连通快件集散网点的网路。连通中转场与中转场的网路称为一级网路，一般是航线或公路干线。航线的任务是用快递公司自己的飞机或通过包机、租舱位的方式实现快件在两地的传递。公路干线的任务是由专门的货车在两中转场间来回对开、往返实现送件。若两中转场间没有匹配的航线或快件流量小以致不足以开通公路干线，则会采取外包的形式将快件打包交给货运代理公司完成递送任务。

连通中转场与业务网点的网路称为二级网路，也称支线网路。由于业务网点与中转场间的快件流量有限，在实际操作中一般使用小型车辆实现快件的传递。

快递网路的构成如图1-8所示。

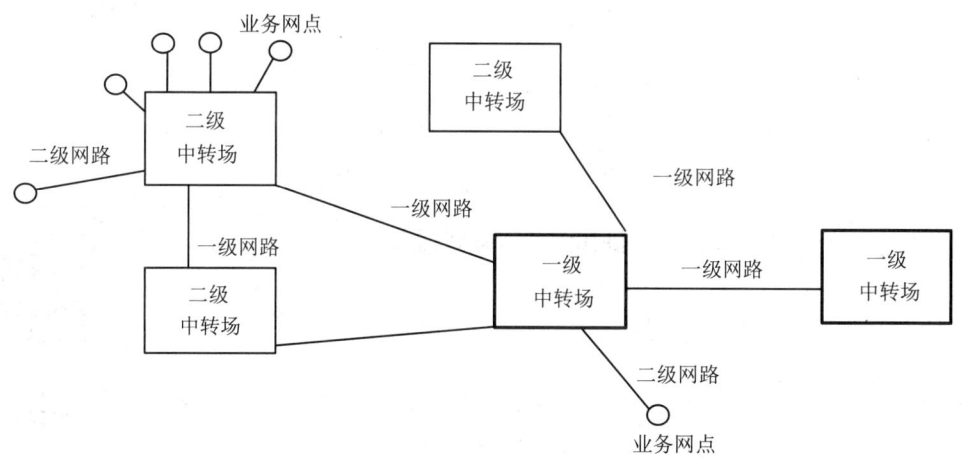

图1-8　快递网路的构成

3．快递网络的基本模式

快递网络的基本模式主要有点点直达网络模式和轴辐式网络模式两种。

（1）点点直达网络模式。点点直达就是在各个运输节点之间建立运输通道，形成网状运输网络，如图1-9所示。

（2）轴辐式网络模式。轴辐式网络模式分为单枢纽轴辐式网络和多枢纽轴辐式网络。

单枢纽轴辐式网络就是将所有的运输量集中到一个中心节点（hub），再由中心节点向各个节点发运的网络模式，如图1-10所示。

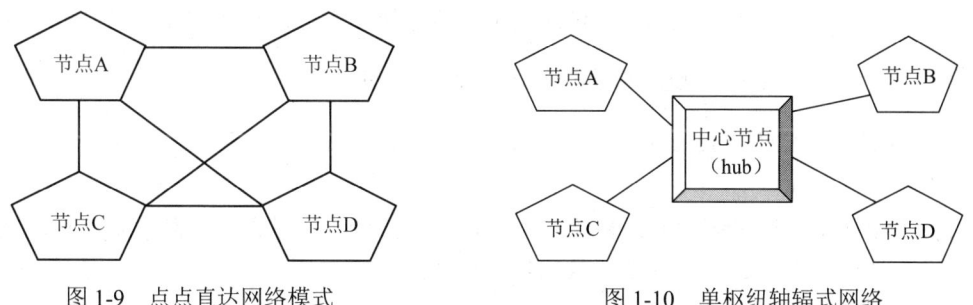

图1-9　点点直达网络模式　　　　图1-10　单枢纽轴辐式网络

多枢纽轴辐式网络就是设立一定数量的中心节点，将周围多个运输节点的运量集中到中心节点进行运量合并后再进行运输的网络模式，如图1-11所示。

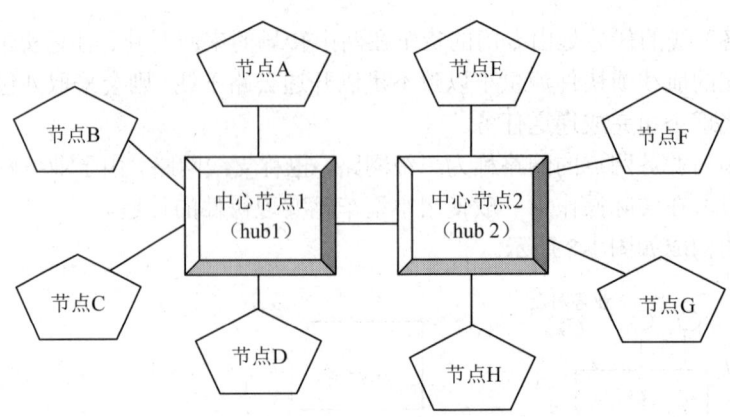

图 1-11　多枢纽轴辐式网络

📖 **例 1-3　顺丰控股覆盖全球的物流网络设施**

二、快递的基本作业流程

顺丰控股覆盖全球的物流网络设施

快递的基本作业流程一般包括寄件下单、上门取件、快件入库、分拨转运、出库派送、客户签收和回单，如图 1-12 所示。

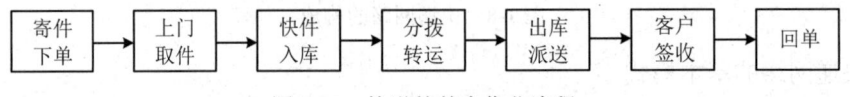

图 1-12　快递的基本作业流程

1. 寄件下单

客户可能会通过电话、网络或之前订立的合同将自己的寄件需求告知快递公司客服中心，客服中心在收到客户需求信息后将客户需求信息传达给所属片区对应的快递员，使其能及时到客户处取件。非首次寄件客户可能保留有负责该片区的快递员的联系方式，因此客户也可以直接联系该快递员寄件。如果客户附近就有快递业务网点，客户也可以直接去业务网点寄件。随着智能手机的广泛应用，目前基本上所有快递企业均可以使用手机 App 下单。

📖 **例 1-4　支付宝中"我的快递"App 下单界面**

图 1-13 是支付宝中"我的快递"App 的启动界面，点击"预约寄件"，将显示如图 1-14 所示界面。

寄件下单要求快递客服中心或快递员准确记录客户的地址信息、所寄物品及其数量，以便快速准确地到达客户处，并携带适量的包装材料。

2. 上门取件

上门取件是指快递员接收到快递公司客服中心接单员下发的客户寄件需求信息后，至客户处收取快件，并在规定时间内，将快件统一带回分部的过程。

在上门取件过程中，要求快递员在最短的时间内合理安排取件路线到达寄件客户处收取快件，并避免收取违禁品，正确计算和收取运费，对物品进行包装处理，协助客户填写运单并在规定时间内将快件交往分部仓库，以便参加正常中转。

图 1-13 "我的快递"App 启动界面　　图 1-14 "预约寄件"界面

上门取件是快递员直接接触客户的环节，快递员代表着整个快递公司的形象，其做事态度以及对快件操作的熟练程度在一定程度上影响着整个快递公司在客户心目中的形象，因此，快递员在上门取件之前一定要注意自己的形象，平时练好基本功，否则，客户不会放心地将快件交出。上门取件过程不仅仅是收件，也是一个营销的过程，因此，一个标准、规范的流程至关重要。

3．快件入库

快件入库是指快递员将从客户处收取的快件交给分部仓库，进行短时间存放，同时，对于已收集并已经分拣好的需要发出的快件进行巴枪扫描、装车、封车、登记等操作，最后将快件从本地区（包括分部）发到区域中转分拨中心。

这个流程主要包括快递员将所集货物交与仓管员、仓管员接收、短时间仓储、装车、与司机交接等环节。

4．分拨转运

分拨转运是指将区域内各分部的快件经运输送达区域中转分拨中心，然后按照一定的规则（如按所属地）进行分拣处理的过程。去往同一区域目的地的快件经过打包、扫描、装车和干线运输（一般是空运或公路运输）运达目的地所在区域中转分拨中心，然后按照快件的不同地址所属区域再次进行分拣、扫描、打包和装车，运往目的地分部。

此步骤的交接环节和分拣环节较多，包括分部和区域中转分拨中心的交接、区域和区域的交接、区域中转分拨中心和分部的交接，所以容易产生问题件，如由于分拣不精确造成错运、快件经过连续的装卸作业发生货损等。因此，这个步骤需要提高快递企业的分拣作业能力和规范化作业程度，减少问题件。

5．出库派送

出库派送即派件是指快递员与仓管员交接完毕后，根据运单上的派件要求，在规定时间内，将快件送达指定地点，交付给指定收件人。

派件一般来说是快件流转的最后一个环节。派件必须按照运单上收件人的具体地理位置进行派送，目的是在保证快件安全完整的情形下，尽快将快件派往收件客户处。同上门取件即收件一样，这个环节也是快递员直接接触客户的环节，只不过收件时接触的是寄件客户，派件接触的是收件客户。因此，快递员在这个过程中也应十分注意传递给客户的企业形象。一个形象良好、操作娴熟的快递员能传递给客户一个优秀企业的良好印象。

6．客户签收

在派件时，由收件人开箱检验，确保货物完好，之后收件人在"收件公司存根联"签字确认，这个过程称为客户签收。

7．回单

回单（签单）是收货人收取货物的凭证。快递员将客户签字的回单返回给公司的客服部门，由客服部门录入信息系统，以便进行统计分析。如果是月结客户，可凭系统导出的数据和客户对账结款。

📖 例1-5　圆通快递的业务服务流程

圆通快递服务流程的主要环节包括快件揽收、快件中转、干线运输、快件派送，其中，快件中转环节主要由公司自营枢纽转运中心体系负责，快件揽收和派送环节主要由加盟商网络负责。公司通过自主研发的信息化平台进行路由管控、操作节点监控、转运中心及加盟商管理、资金结算等，基本实现快件生命周期的全程信息化控制与跟踪，以及全网络信息化管理。

1．快件揽收

快件揽收主要由发件人所属区域的加盟商负责，揽件加盟商通过上门揽件、门店收取等方式揽收快件，与此同时，公司的信息化平台通过电子面单接入、PDA（快递送货人员随身带的设备）扫描等方式获取快件揽收信息并从备选路由数据库中自动挑选合适的路由，从而开始对快件生命周期的全程控制与跟踪。快件揽收完成后，揽件加盟商根据快件的目的地信息、尺寸和重量完成初步分拣、建包，并将快件运送至始发地转运中心。

快件揽收环节的具体流程如图1-15所示。

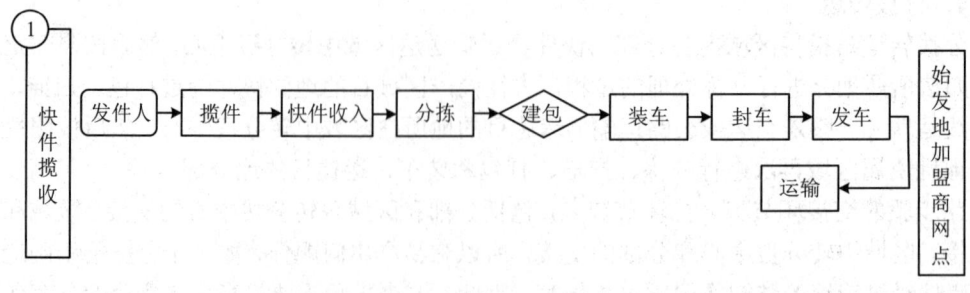

图1-15　快件揽收流程

2. 快件中转及干线运输

（1）快件中转流程。快件完成揽收环节工作并运送至始发地转运中心后，由始发地转运中心对揽件加盟商运送的进港快件进行称重、进一步分拣、建包，并通过航空、公路或铁路等干线运输方式实现从始发地转运中心至目的地转运中心的运输；目的地转运中心对进港快件进行拆包，并根据不同的加盟商派送区域进行分拣，实现目的地转运中心与派送加盟商的准确对接。

快件中转及干线运输的具体流程如图1-16所示。

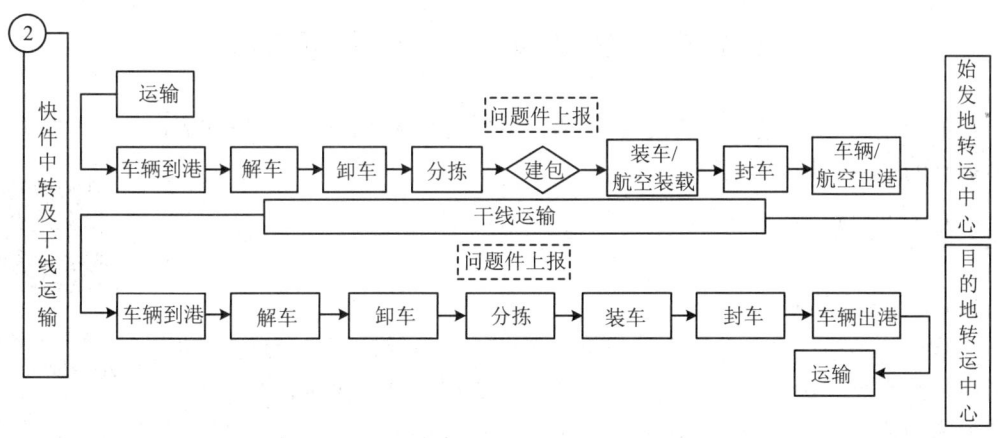

图1-16　快件中转及干线运输的具体流程

（2）路由设计与网络优化。路由是快件运输的基本路径，路由设计决定了不同揽收、派送区域的中转线路及快件时效。圆通"金刚系统"会在每一单快递揽收时从备选路由数据库中自动挑选适合的路由及各节点的送达时点要求，各转运中心及加盟商按照系统生成的路由执行快件的运输中转。圆通会根据不同线路的业务规模、转运中心的分布情况和处理能力，以及运能等因素，在综合考虑成本与时效的基础上，持续对路由设计进行优化调整。

3. 快件派送

目的地转运中心完成分拣后，由负责该派送区域的加盟商接收快件，并安排将快件送达收件人。在快件派送过程中，圆通开发的"行者系统"将为快递员提供建议派送路径，以提高派送效率，并实现公司对全网快递员的追踪、调度和管控。

快件派送环节的具体流程如图1-17所示。

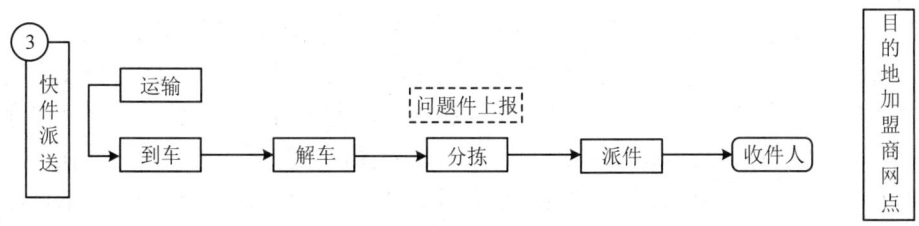

图1-17　快件派送流程

☞ **单项实训 1-2**

1. 用支付宝中的"我的快递"App 寄快递、付款和查快递。

以寄件人身份登录支付宝中的"我的快递"App，选择一家自己熟悉的快递公司（如顺丰、圆通、韵达等），将一本重量在 1 kg 内的图书从你所在的学校快递给你的家人。用手机在线填写地址、收件人、电话等相关信息，体验寄快递、付款和查快递的过程。

2. 用手机下载菜鸟 App，体验快递收寄和查询功能。

任务三　快递业的主要运营模式

任务描述：要求学生掌握快递业的两种主要运营模式，即直营与加盟，并能根据快递企业所拥有的资源选择运营模式。

一、直营模式

1. 直营模式的概念

直营模式是指由企业总部直接投资、经营、管理经营网络和路由的经营形态，是常见的快递业运营模式。在我国，典型的直营快递企业有中国邮政速递物流股份有限公司（EMS）、顺丰速运（集团）有限公司（顺丰或 SF）、京东物流等。直营快递企业的主要特点是总部与分支机构均属于同一法人，两者的利益基本一致，不存在利益冲突。

《快递服务 第 2 部分：组织要求》

2. 直营模式的优点

采取直营模式，快递企业能够统一资金、统一经营战略、统一管理人事、统一利用企业整体资源，完美地体现和执行企业的行销理念，维护统一的形象与品牌，因此各个网点能够在多方面达成共识，从而较好地支撑快递服务。

直营模式抛开了中间代理、加盟环节，直面消费者，可以赚取更多利润，同时可以通过与市场的直接接触获得更有效的市场信息，从而做出较为正确的经营决策。直营快递企业整体的科技水平、信息化水平、装备水平较高，业务操作比较规范，业务处理能力较强。它们通常有自己长期合作的运输车队和航空公司，投递速度快，效率相对较高。

3. 直营模式的缺点

直营模式的缺点体现在快递企业需要投入大量的资金购买或租用厂房、设备、运输工具，组建专属的运输团队，拓展自身的网点覆盖区域，等等，所以对资金的需求比较大。受此影响，在直营模式下，企业对一个地区的直营店数量需要进行严格控制，因而快递服务网络覆盖范围相对较小，一般仅覆盖到地市级，网络拓展的速度相对较慢。此外，直营快递企业的投资周期较长，需要耗费较长时间来打造品牌、培育团队、拓展业务、营造文化；企业管理成本相对较高，一旦企业发展到一定规模，直营店过多必然导致组织管理方面的问题；各分店的自主权较小，利益关系不紧密，各分店的主动性、积极性、创造性难以得到充分发挥。

例 1-6　顺丰控股直营模式的优势

纵观快递行业，已进入世界 500 强的美国邮政、德国邮政、FedEx、UPS 和法国邮政均采用直营模式。图 1-18 是顺丰控股直营模式业务的基本流程，图 1-19 是顺丰控股直营模式的主要优势。

图 1-18　顺丰控股直营模式业务的基本流程

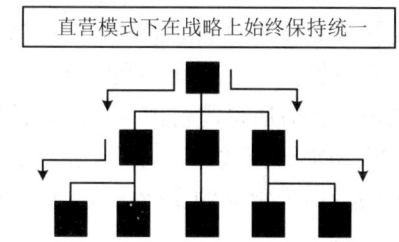

图 1-19　顺丰控股直营模式的主要优势

顺丰控股采用对全网络强有力管控的运营模式，是目前首家采用直营模式的 A 股快递公司。顺丰控股总部控制了全部快递网络和核心资源，包括收派网点、中转场、干支线、航空枢纽、飞机、车辆、员工等。相比加盟运营模式，直营模式对各环节具有绝对控制力，有助于公司战略自上而下始终保持统一，保障公司战略和经营目标的有效达成。

相比加盟模式，直营模式有如下优点。

（1）保证公司经营的稳定性和可控性。快递行业具有规模性和网络化特征，涉及成千上万个经营网点和数十万名员工，确保公司经营的稳定性和可控性是确保未来可持续发展的重点。顺丰控股从总部到网点的各级经营机构，以及从收件到中转再到派件的各核心业务环节，均以自营模式为主，仅部分非核心环节辅以外包模式，不仅能保证公司经营的稳定性，还能确保在异常风险事件、运营时效、质量及成本等方面的可控性，确保公司未来可持续、健康向前发展。

（2）有助于运营管理和终端产品的标准化，进而提升快递服务的质量和效率。顺丰控股在全网络范围内均实行标准化管理，加之公司内部自上而下实行统一的运营监控和考核机制，可有效保障服务质量和时效，确保良好的客户体验和感知。

（3）有助于增强内部管理的规范性和合规性。得益于直营模式统一化、标准化和可控性的优点，顺丰控股对外经营、内部管理、财税遵从和企业治理等各方面的规范性和合规性得以保障，规避了各项合规性风险，对国家、监管机构和全体股东负责。

（4）有助于提升客户满意度和品牌美誉度。直营模式使公司更贴近客户，能第一时间全面准确地了解客户的需求、倾听客户的声音。在面对问题时，能第一时间跟进处理、回访客户，保证服务质量和客户满意度，日积月累，成就了顺丰控股客户满意度和品牌美誉度连续

13年排名第一的荣誉。

（5）有助于公司掌握全流程数据和核心信息。在直营模式下，信息系统和全流程数据集中、统一管控，有利于企业实施有价值的大数据分析和应用。正所谓"谁拥有了用户数据，谁就抢占了先机"。

二、加盟模式

1. 加盟模式的概念

加盟模式是指快递企业依靠各地的经营者通过特许加盟的方式，进入快递企业的运作网络，参与快件的收寄与投递，从而扩大快递企业的网络通达范围，各地的经营者通过承包负责的区域发展快递业务，从而实现赢利。

在加盟模式下，总部首先按区域设立总加盟商，之后由总加盟商继续划分给更小的加盟商分包，一直分包到最基层的业务网点。总部提供网络接入，并对加盟商在人员培训、组织结构、经营管理等方面予以协助，加盟店也需付出相应代价的经营形态。我国快递企业中的申通、圆通、中通、韵达等均采用加盟模式。

采用加盟模式，总部与加盟商均为独立的企业法人，两者的法律地位是平等的，因而存在利益多元化的问题。

📖 例1-7 圆通速递的加盟运营模式

1. 模式概述

圆通速递致力于搭建与合作伙伴和谐共生的快递业务平台，采用枢纽转运中心自营化和末端加盟网络扁平化的运营模式，掌控枢纽转运中心等核心资源，并有效调动庞大的加盟网络中的资金和人力资源，将快递服务网络末端延伸至全国各地，圆通速递的运营网络如图1-20所示。

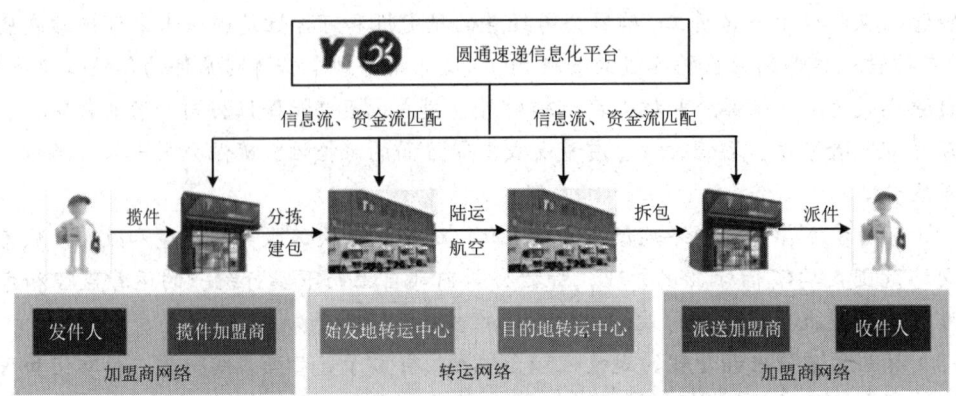

图1-20 圆通速递的运营网络

圆通速递的揽收、派送环节工作主要由加盟商承担，各加盟商负责固定区域内快件的揽收、派送工作，其终端网点及快递员构成了服务体系中最末端的网络体系，承担了快递服务"最后一公里"的工作，实现"门到门"的服务。圆通速递为加盟商提供快件的运输中转、标准化管控、客户服务、安全管理、流程管理、信息技术、资金结算、员工培训、广告宣传及推广支持等综合服务,并授权其在日常运营中使用公司的商标和企业VI(视觉设计)。

圆通速递采取扁平化加盟模式,具体表现为加盟商数量多、单一加盟商的业务覆盖范围小。在业务分工上,加盟商负责末端网络运营,圆通速递则负责干线运输和转运操作,全网的操作流程由圆通速递进行统一协调。该模式通过对网络核心节点的掌握与对网络核心资源的统一调配,具有网络掌控力强、网络相对稳定等优势。同时,圆通速递通过领先的信息化平台实现对数量庞大的加盟商网络的监测和控制,并依据全方位的标准化体系对全网的服务质量进行有效管理和提升。

2. 加盟商终端门店网络

终端门店是快递服务的最末端,具有快件揽收、派送和初步分拣功能,终端门店网络及覆盖率直接影响快递服务的开展范围和服务能力。终端门店网络主要由加盟商建设并运营,此外还包括圆通驿站、店中店和代办点等灵活多样的末端网络形式,不同形式终端门店的职能及定位如表1-2所示。

表1-2 不同形式终端门店的职能及定位

门店形式	职能及定位
圆通驿站	按照总部形象要求设计,市场定位于快递的社区服务,可自提,方便到店客户进行快件收发,并提供其他增值服务
店中店	由合作的第三方提供场地,加盟商派驻快递员入驻现场为客户提供收派等服务
代办点	加盟商与第三方合作,协助加盟商完成周边区域的快件收派工作,方便客户上门自提

3. 加盟商管理模式

圆通速递制定了《派件时效监控标准及网络运行异常上报制度》《网点规范操作标准》《网点评估考核管理办法》《加盟网点培训管理制度》等一系列加盟商管理制度和标准,并通过领先的信息化平台对加盟商进行管理与考核。

(1)加盟商遴选流程。圆通速递在加盟商的营业资质、资金规模、场地设备和人员配置等方面均设置了相应的准入条件,以保证加盟商网络的质量和服务能力。在收到潜在加盟商提交的申请资料后,圆通速递会对申请方进行资信评估,在评估通过后,适时安排申请方至转运中心或其他现有加盟商处实习,以便其在未来更快融入圆通速递的网络体系。以上步骤完成后,申请方将进入圆通速递加盟商资源库,在原有加盟商出现清退、分割、转让等情况而需要引入新加盟商时,圆通速递将从上述资源库中选择相应区域的潜在加盟商进行筛选,并最终确定新的加盟商。

(2)加盟商培训制度。圆通速递建立了完善的培训体系,针对制度、业务流程等方面对加盟商进行培训。圆通速递对加盟商的培训主要包括如下内容。

① 业前培训:在新加盟商开展业务前的基础培训。
② 经理人培训:针对加盟商发展壮大后的负责人培训。
③ 强制培训:加盟商被预警后的补充培训。

通过贯穿全程的培训体系,圆通速递可有效地向全网加盟商输出"文化与理念、标准与制度、资源与能力、服务与管控"概念,构建其利用信息化平台和标准化体系实施加盟网络管控的基础。

（3）加盟商日常监控。通过信息化平台，圆通速递可实时监控加盟商的订单状态、操作过程、硬件及人员状态等信息，并设置了可量化的考核指标体系对加盟商进行日常监控与考核。圆通速递对加盟商的主要考核指标包括：① 业务量。② 快件及时签收率。③ PDA规范使用。④ 揽收及派送延误率。⑤ 快件遗失率。⑥ 普通投诉率及申诉率。

（4）加盟商考核与淘汰。圆通速递对加盟商的各项考核指标进行实时监控后，会对加盟商进行定期考核。当考核指标低于一定目标值时，会对加盟商发出预警，并视情节轻重采取单独跟进、强制培训、驻点指导等措施。

如果加盟商连续多个月度被预警且强制培训整改后的效果仍不理想，圆通速递将考虑终止其加盟合作或调整其经营区域，同时将提前从潜在加盟商资源库中选择新的加盟商。新加盟商可在原加盟商彻底退出前实现与圆通速递网络的无缝衔接，保证快递业务的平稳过渡。

（5）异常加盟商的应急处置机制。在日常经营中有可能存在个别加盟商因经营不善或其他原因导致偶发的快递积压等异常情况，圆通速递制定了完善的应急处理机制应对这种特殊突发情况，维护网络平稳运转，保证经营活动正常运行，具体规定如下。

① 若因极端或突发情况导致快递积压的情形出现，事发单位应迅速向圆通速递相关部门报告，提出支援请求。

② 圆通速递针对突发情况成立处置突发事件领导小组，负责对实际情况进行评估研究，提出工作方案及部署，并通过指挥、组织全网内相关资源，及时解决过程中遇到的困难和问题。

③ 圆通速递及相关省区管理层级成立应急行动小组，听从领导小组调遣，以就近和本区域优先支援为原则，迅速抵达现场控制局势，协助维持业务正常运转秩序，并协助完成积压快件的转运和派送，确保组织落实，快速反应，有效应对。

若出现积压快递数量较大的突发情况，圆通速递也将在应急行动小组支援协助的同时，协调周边转运中心及各加盟商网点资源，尽快妥善处理积压快件，最大限度地减少因加盟商变更而导致的业务波动。

2．加盟模式的优点

在企业的发展初期，总部可以收取加盟费授权经营，借助加盟商的资金、人脉、管理资源迅速进入当地市场并占有市场，资金投入较少。加盟商自行招聘员工、自行定价、自行制定策略抢占市场，所以通过加盟形式可在较短的时间内将业务覆盖到全国，能够很快形成自己的品牌，如申通、圆通、中通、极兔、韵达这五家公司的业务基本覆盖了全国地级市、部分县甚至中东部地区的乡镇。另外，加盟模式下企业的业务发展速度较快，并且由于总部与加盟商各为独立法人，所以管理成本相对较低。表1-3是2022年韵达快递加盟商及其服务网络分布情况，表1-4是2022年韵达快递销售金额前十名加盟商的运营情况。

表1-3　2022年韵达快递加盟商及其服务网络分布情况

单位：个

节点类型	东北大区	华北大区	华东大区	华南大区	西北大区	华中大区	西南大区
加盟商	421	628	1438	368	314	449	606
网点及门店分布	2579	3427	10 369	5394	2465	4832	4235

续表

节点类型	东北大区	华北大区	华东大区	华南大区	西北大区	华中大区	西南大区
转运中心	5	9	34	9	4	8	7

资料来源：韵达控股股份有限公司2022年度报告。

表1-4 2022年韵达快递销售金额前十名加盟商运营情况

序号	名称	城市	揽件量/万票	快件服务量/万票	员工数量/人
1	加盟商一	深圳	87 482	160 807	7500
2	加盟商二	中山	21 069	32 472	1526
3	加盟商三	金华	20 535	21 853	270
4	加盟商四	郑州	12 119	23 740	1450
5	加盟商五	广州	16 812	22 361	261
6	加盟商六	广州	16 700	26 669	406
7	加盟商七	金华	12 244	12 720	235
8	加盟商八	揭阳	12 133	13 398	326
9	加盟商九	福州	7609	17 173	900
10	加盟商十	揭阳	10 359	11 626	135

资料来源：韵达控股股份有限公司2022年度报告。

3．加盟模式的缺点

特许加盟方式使总部对各加盟商的横向管理控制减弱，不能适应快递业各网点之间一体化管理的要求。这种方式在发展中容易出现网点间各自为政、网点控制力松散和执行力薄弱，甚至出现低价抢夺市场、恶性竞争等问题，从而导致行业整体利润下降，产品同质化严重，运作模式和网络扩张方式趋同；由于加盟店内部管理薄弱、整体装备水平较低，投诉率升高，差错率上升，破损、丢失、错发、延误事件屡见不鲜；从业人员业务操作不规范，大部分特许加盟商没有建立规范的用人制度、业务和职业技能培训制度，专业化、技能型人员紧缺，严重制约了快递企业的规范化发展。

单项实训1-3

1．访问京东物流网站（https://www.jdl.com/），浏览网页中有关"京东快递快运"方面的内容，回答下列问题。

（1）京东快递的服务优势有哪些？

（2）京东快递提供哪些增值服务？具体内容有哪些？（请列表回答）

（3）京东快递的服务产品主要有哪些？各有什么特点？（请列表回答）

2．通过访问韵达控股股份有限公司网站（网址是http://www.yundaex.com），完成以下两项任务。

（1）总结该公司快递产品和服务的具体内容。

（2）总结该公司的运营模式。

3．快递企业产品、服务与运营模式比较。

通过访问顺丰、韵达、申通、圆通、中通这五家快递公司的网站，查询相关资讯，比较这五家快递公司的产品、服务及运营模式的异同，填写表 1-5。

表 1-5　五家快递企业产品、服务及运营模式异同

快递企业	网　　址	提供的主要产品和服务	运　营　模　式
顺丰			
韵达			
申通			
圆通			
中通			

任务四　我国快递业发展情况①

任务描述：要求学生了解我国快递业发展情况。

一、我国快递业务发展情况

1．业务规模

2022 年邮政行业寄递业务量完成 1390.9 亿件，同比增长 2.7%。其中，快递业务量完成 1105.8 亿件，同比增长 2.1%。

2022 年邮政集团函件业务量完成 9.4 亿件，同比下降 13.5%；包裹业务量完成 1757.3 万件，同比下降 3.6%；订销报纸业务完成 165.6 亿份，同比增长 1.0%；订销杂志业务完成 6.9 亿份，同比增长 0.7%；汇兑业务完成 433.3 万笔，同比下降 32.9%。

2022 年邮政行业业务收入（不包括邮政储蓄银行直接营业收入）完成 13 509.6 亿元，同比增长 6.9%。其中，快递业务收入完成 10 561 亿元，同比增长 2.3%。快递业务收入占行业总收入的比重为 78.2%，比 2021 年下降了 3.5 个百分点。

中国快递业崛起：从费劲到极速送货

中国快递既便宜又快速，是怎么做到的？

快递与包裹服务品牌集中度指数 CR_8 为 84.5。

2．业务结构

2022 年同城快递业务量完成 128.0 亿件，同比下降 9.3%；异地快递业务量完成 957.7 亿件，同比增长 4.0%；国际/港澳台快递业务量完成 20.2 亿件，同比下降 4.1%。同城、异地、国际/港澳台快递业务量占全部比例分别为 11.6%、86.6%和 1.8%。

2022 年同城快递业务收入完成 684.5 亿元，同比下降 16.2%；异地快递业务收入完成 5229.0 亿元，与 2021 年同期持平；国际/港澳台快递业务收入完成 1161.1 亿元，同比下降 0.2%。同城、异地、国际/港澳台快递业务收入占全部比例分别为 6.5%、49.5%和 11.0%。

3．区域结构

东、中、西部地区快递业务量比重分别为 76.8%、15.7%和 7.5%，快递业务收入比重分别为 77.6%、13.4%和 9.0%。东部地区完成快递业务量 849.6 亿件，同比增长 0.4%；实现业

---

① 国家邮政局. 2022 年邮政行业发展统计公报[EB/OL]. （2023-05-26）[2024-03-19]. https://www.spb.gov.cn/gjyzj/c100276/202305/d5756a12b51241a9b81dc841ff2122c6.shtml.

务收入8196.8亿元，同比增长1.5%。中部地区完成快递业务量173.5亿件，同比增长10.1%；实现业务收入1417.0亿元，同比增长6.2%。西部地区完成快递业务量82.7亿件，同比增长4.6%；实现业务收入953.0亿元，同比增长3.6%。

快递业务量排名前五位的省份依次是广东、浙江、江苏、山东和河北，其快递业务量合计占全部快递业务量的比重达到65.8%，较2021年前五位占比下降0.2个百分点。快递业务收入排名前五位的省份依次是广东、上海、浙江、江苏和山东，其快递业务收入合计占全部快递业务收入的比重达到64.7%，较2021年前五位占比提高0.1个百分点。

快递业务量排名前十五位的城市依次是金华（义乌）、广州、深圳、揭阳、杭州、东莞、上海、汕头、苏州、泉州、北京、武汉、成都、温州和佛山，其快递业务量合计占全部快递业务量的比重达到51.1%。

快递业务收入排名前十五位的城市依次是上海、广州、深圳、金华（义乌）、杭州、北京、东莞、苏州、揭阳、佛山、成都、武汉、天津、郑州和宁波，其快递业务收入合计占全部快递业务收入的比重达到55.5%。

二、我国邮政快递通信能力和服务水平

1. 机构设备

全行业拥有各类营业网点43.4万处，比2021年年末增加2.1万处，其中设在农村的11.7万处，比2021年年末增加0.1万处。快递服务营业网点23.1万处，比2021年年末增加0.3万处，其中设在农村的7.6万处，比2021年年末增加0.1万处。全国拥有邮政信筒信箱9.2万个，比2021年年末减少0.3万个。全国拥有邮政报刊亭0.8万处，比2021年年末减少0.1万处。全行业拥有国内快递专用货机161架，比2021年年末增加19架。全行业拥有汽车36.8万辆，比2021年年末增加1.9万辆，其中快递服务汽车26.5辆，比2021年年末增加1.4万辆。

2. 通信网路

全国邮政邮路总条数4.4万条，比2021年年末减少0.2万条。邮路总长度（单程）1142.5万千米，比2021年年末减少50.3万千米。全国邮政农村投递路线10.4万条，比2021年年末减少0.1万条；农村投递路线长度（单程）414.7万千米，比2021年年末减少0.9万千米。全国邮政城市投递路线11.5条，比2021年年末增加0.4万条；城市投递路线长度（单程）237.5万千米，比2021年年末增加3.6万千米。全国快递服务网路条数21.2万条，比2021年年末增加1.2万条。快递服务网路长度（单程）4870.4万千米，比2021年年末增加564.8万千米。

3. 服务能力

全行业平均每个营业网点服务面积为22.1平方千米；平均每个营业网点服务人口为0.3万人。邮政公司城区每日平均投递2次，农村每周平均投递5次。全国年人均函件量为0.7件，每百人订有报刊量为7.6份，年人均快递使用量为78.3件。年人均用邮支出956.9元，年人均快递支出748.5元。

数据告诉你快递背后的经济活力

快递背后的关键技术，让你的快递更快、更安全！

快递行业竞争状况

单项实训1-4

1. 阅读"中国快递发展指数报告"。登录国家邮政局官网（https://www.spb.gov.cn/），在主页找到"统计&指数"栏目，进入该栏目，阅读各月份的"中国快递发展指数报告"，了解我国快递业的发展状况。

2. 访问网页

观看视频"持续发力 完善县乡村三级寄递物流体系"（https://www.spb.gov.cn/gjyzj/c100027/202309/ee32d271cb094a4ba8024 2750189 d952.shtml），了解我国乡村寄递物流建设情况。

2022年快递公司十大品牌

3. 你认为目前我国快递企业在经营发展中存在哪些主要问题？结合你的感受，写一篇500字左右的总结。

习　　题

一、简答题

1. 简述快递与物流的关系。
2. 什么是快递网络？
3. 简述快递的基本作业流程。
4. 简述快递加盟模式的优点与缺点。

二、自测题

项目一　自测题

项目二 分拨中心与营业网点

【学习目标】

通过本项目的学习和训练,要求学生掌握快递分拨中心的配置和功能,掌握自动分拣系统的构成和分拣操作流程;了解快递营业网点的设置要求和基本的管理方法。

【主要知识点】

分拨中心的功能;分拣操作流程;快递营业网点的设置要求;营业网点的管理基本方法。

【关键技能点】

分拣作业处理方式;快递营业网点的基本管理。

任务一 快递分拨中心

任务描述:要求学生掌握快递分拨中心的配置和功能,掌握自动分拣系统的构成和分拣操作流程。

一、快递分拨中心概述

1. 快递分拨中心

快递分拨中心是进行快件分拣集散的一个网络节点,也称为分拣中心或转运中心。

图 2-1 是国内某快递公司其中一个分拨中心的布局平面图。该分拨中心设计为 300 米×200 米的长方形场地,占地面积约 60 000 平方米,设置行政楼、分拨作业场、停车场和员工食堂等功能区域和双门环式道路,既节约了场地,又保证了运行的通畅。

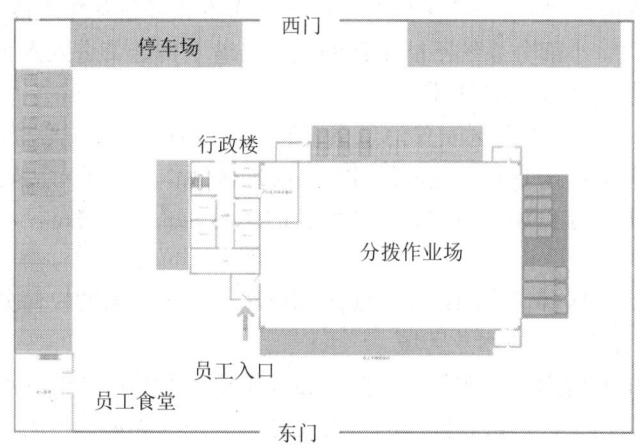

图 2-1 某分拨中心布局平面图

图 2-2 是该分拨中心作业场规划平面图。该分拨中心规划了业务区、装卸货区、信息设备区、半自动分拣区以及人工分拣区等功能性区域。

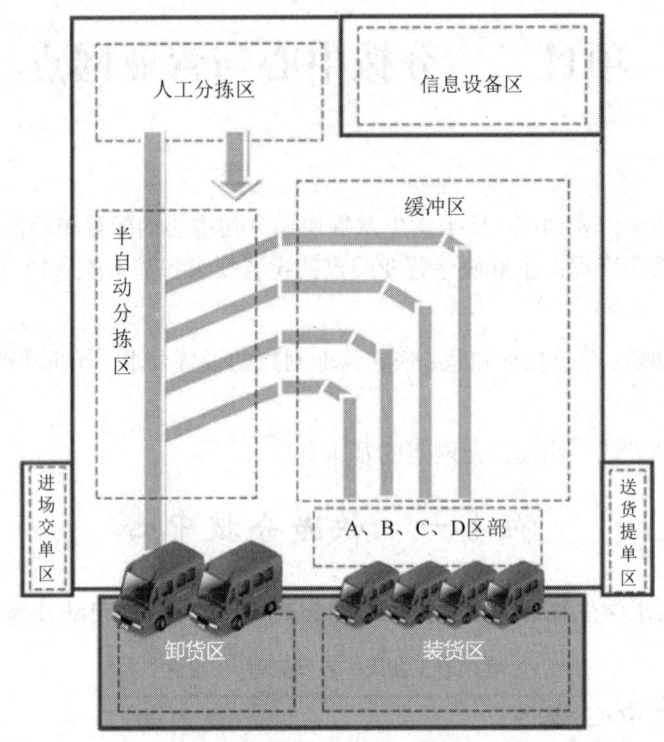

图 2-2　某分拨中心作业场规划平面图

（1）装卸货区。装卸货区由一个水平面月台建成，左侧为分拨中心收件车辆卸货区域，右侧是经过分拣后快件装车的区域。

（2）业务区。业务区为图 2-2 中左右两个突出的长方形区域，分别是收件车辆进厂提交单据并录入系统（进场交单）和送货至区部的车辆提取单据（送货提单）的地方。

（3）半自动分拣区。半自动分拣区配备一条主传送带和多条互相连接的分部传送带分支。

（4）人工分拣区。小部分系统不能识别的快件沿着主传送带进入人工分拣区，由作业人员辨别后送回到所属分部支流传送带上。

（5）信息设备区。信息设备区安置信息系统的一些设备、分拨中心控制系统等设施仪器。

（6）缓冲区。分部传送带延伸进入缓冲区。缓冲区的作用在于对周转量过大的分部快件的运送时间进行延长，起到调整节拍、缓冲作业的作用。缓冲区的路径设置决定缓冲区作用的大小。

（7）A、B、C、D 区部。A、B、C、D 区部将属于不同分部的快件分类后，由装车人员扫码录入信息，进入包装车的作业区域。

图 2-3 是分拨中心内部运作实景。分拨中心运作模式为对从其他网点汇集的快件进行集中、交换，再根据路由规则，按照快件的目的地进行分拣归类后，转运到下一个分拨中心或城市的站点，实现快件在整个网络中从分散到集中再到分散的流动过程。

图 2-3 分拨中心内部运作实景

快递分拨中心简介　　《快件处理场所设计指南》

2．快递分拨中心的功能

快递分拨中心的功能主要是接收、分拣和封发快件。

快件接收功能是指从快递网点发出的快件到达分拨中心之后，工作人员与司机或跟车人员进行基层营业网点的快件交接查核，进行总包或单包的卸车检查、拆解、验收，并对异常件进行适当处理，分清责任，保证质量，方便考核。

快件分拣是指借助分拨中心的半自动或全自动分拣线、智能分拣柜，处理人员按照快件详情单的地址、电话号码、航空代码等信息进行分类，以便根据快件的流向进行快件的封发，组织运输和配送。

快件封发是指将同一寄达地或需要转运的快件通过分拣集中到一起，封成快件总包后装车发运。

3．快递分拨中心的分级

快递分拨中心是快件传递的重要节点，一般分为三级，即一级、二级、三级分拨中心，如图 2-4 所示。各级分拨中心相互配合，主要负责辐射区域或地区的快递分拣、封发、中转任务。

一级分拨中心是指辐射全国或重要区域的枢纽分拨中心，一般设置在一线城市，日处理快件数达十万件以上，如北京、上海、广州、武汉等地的分拨中心，辐射周边和全部或部分干线运输线路和地区。

二级分拨中心提供的是区域或地区分拨服务，一般设置在二线城市或部分三线城市，日处理快件数在几万件以上。

三级分拨中心提供地区分拨服务，一般设置在三线城市，日处理快件数在一万件以下。

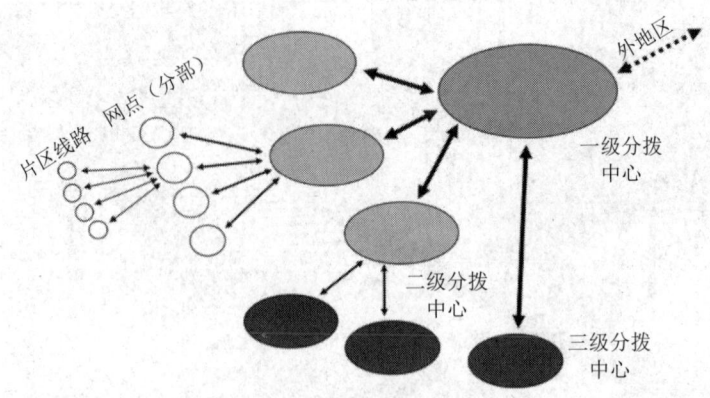

图 2-4　分拨中心的分级

📖 例 2-1　京东物流昆山无人分拣中心概况[①]

自建物流一直以来都是京东制胜市场的法宝。为了不断强化这一优势，京东对物流的投入始终不遗余力，并取得了显著成效。京东拥有全国电商行业中最大的物流基础设施和网络，截至 2017 年 6 月 30 日，在全国范围内拥有七大物流中心，运营 335 个大型仓库，物流网络覆盖 2691 个区县。

昆山无人分拣中心作为京东物流众多无人化战略项目中的一个，聚焦整个转运环节的无人化，定位于通过机器替代人工，实现货物的快速、高效中转，同时解放人力，大幅减少现场运营异常状况的发生，提高客户满意度。

该中心主要分为自动卸车区、到件缓存区、空笼存放区（见图 2-5）、倾倒区（将笼箱内货物倾倒放入输送线，见图 2-6）、单件分离区（见图 2-7）、分拣区（见图 2-8）、AGV（自动导引车，automated guided vehicle）充电区（见图 2-9）、RFID（射频识别技术，radio frequency identification）识别区、AGV 自发货区（装车区，见图 2-10）及控制中心（见图 2-11）等多个功能分区。

图 2-5　空笼存放区

---

① 任芳. 京东物流昆山无人分拣中心成功运行[J]. 物流技术与应用，2017（10）：96-100.

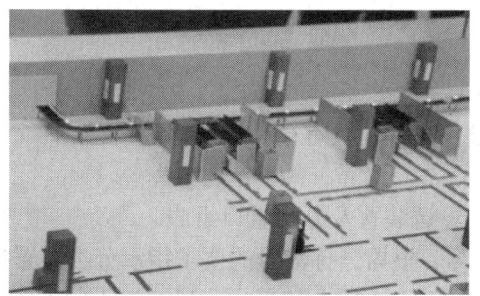

图 2-6　倾倒区

图 2-7　单件分离区

图 2-8　分拣区

图 2-9　AGV 充电区

图 2-10　AGV 自发货区

图 2-11　控制中心

该中心内自动化系统设备主要分两期投入。首期投入的设备包括高速交叉带分拣机系统、输送系统、AGV、笼箱及自动防跌落卷帘、笼箱导轨,以及大量扫描、识读设备。二期投入设备主要为自动卸载设备、单件分离设备等。其中,25 台 AGV 通过 AGV 调度系统完成自主搬运、自动避让、优先任务执行等工作并自动充电。整个无人分拣中心内的作业由京东自主研发的任务管控中枢京东云 DCS(data computer service,数据计算服务)智能管控系统指挥管理,如实现高速交叉带分拣机的自动控制、AGV 的搬运调度,以及 RFID 信息处理等功能。

昆山无人分拣中心可以显著提升分拣效率,分拣能力达到 9000 件/小时,同时可大量节省人力。

二、自动分拣系统

自动分拣系统是先进分拨中心必备的设施条件之一，具有很高的分拣效率。

1. 自动分拣系统的基本构成

自动分拣系统一般由控制装置、分类装置、输送装置及分拣道口组成。

控制装置的作用是识别、接收和处理分拣信号，根据分拣信号的要求指示分类装置按货物品种、货物送达地点或货主的类别对货物进行自动分类。分拣需求可以通过不同方式，如条形码扫描、色码扫描、键盘输入、重量检测、语音识别、高度检测及形状识别等方式，输入分拣控制系统，根据分拣信号决定某一种货物该进入哪一个分拣道口。

分类装置的作用是根据控制装置发出的分拣指示，使货物改变在输送装置上的运行方向，进入其他输送机或分拣道口。分类装置的种类很多，一般有推出式、浮出式、倾斜式和分支式等，不同的装置对分拣货物的包装材料、包装重量、包装物底面的平滑程度等有不同的要求。

输送装置的主要组成部分是传送带或输送机，其主要作用是使待分拣货物通过控制装置和分类装置。输送装置的两侧一般要连接若干分拣道口，使分好类的货物滑下主输送机（或主传送带），以便进行后续作业。

分拣道口是已分拣货物脱离主输送机（或主传送带）进入集货区域的通道，一般由钢带、皮带、滚筒等组成滑道，使货物从主输送装置滑向集货站台，在那里由工作人员将该道口的所有货物集中后入库储存或组配装车，并进行配送作业。

以上四部分装置通过控制系统联结在一起，构成一个完整的自动分拣系统。

2. 自动分拣系统的特点

（1）能连续、大批量地分拣货物。自动分拣系统不受气候、时间、人的体力等的限制，可以连续运行，单位时间分拣件数多。

（2）分拣误差率低。自动分拣系统分拣误差率的高低主要取决于所输入分拣信息的准确率高低，而后者又取决于分拣信息的输入机制，如果采用人工键盘或语音识别方式输入，则误差率在3%以上，如采用条形码扫描输入，除非条形码的印刷本身有差错，否则不会出错。因此，目前自动分拣系统主要采用条形码技术识别货物。

（3）分拣作业基本实现无人化。建立自动分拣系统的目的之一就是减少人员的使用，减轻员工的劳动强度，提高人员的使用效率。自动分拣系统能最大限度地减少人员的使用，基本做到无人化。分拣作业本身并不需要使用人员，人员的使用仅局限于以下工作：送货车辆抵达自动分拣线的进货端时，由人工接货；由人工控制分拣系统的运行；分拣线末端由人工对分拣出来的货物进行集载、装车；自动分拣系统的经营、管理与维护。例如，美国一公司配送中心面积为10万平方米左右，每天可分拣近40万件商品，仅使用400名左右员工。

快递自动分拣系统

快递自动分拣系统需要配备哪些人员

📖 例2-2 顺丰、韵达自动分拣系统概况

1. 顺丰

顺丰速运公司全自动分拣支持系统通过自主研发的地址识别算法与数据分发逻辑，提前准确识别快件单元区域，为运营的收端、中转端、派端提供准确的数据支撑，支持运营环节中的经济圈、同城、重货等产品分拣，最大中转场的全自动分拣设备能力峰值可达15万件/小时；2017年分拣支持系统全网覆盖范围的扩大，极大地提升了中转分拣效能和网点出仓时效，降低了对人员的技能要求，节约了人工成本。全自动分拣支持系统可极大地提升企业的运营效率并降低人工成本，是传统物流迈向智能物流的重要技术提升环节。

2. 韵达

韵达快递公司根据服务导向和应用场景需求，逐步在全国枢纽分拨中心上线了全自动或半自动分拣设备。自动分拣的核心技术由公司自主研发，结合地址归集算法，主要应用于"智能矩阵"和"自动交叉带"两种硬件。以"自动交叉带"分拣系统为例：在分拣、中转、运输全过程中，仅需扫码一次，货物全程不落地，分拣效率高达2万件/小时，分拣误差率为1/10 000，同等货量下可节省分拣人力，有效避免人工分拣误差率高带来的二次处理成本和车线资源浪费，既提高了工作和管理的效率，又确保了快递服务的时效性和稳定性。

2017年，韵达继续加大对自动化设备的投入和改造。各转运中心依托服务网络强大的信息系统支持，实现互联互通的操作、运输、分拣、信息识别管理工作，并通过超强的信息前置和智能分拣设备，对产能不断进行提升，分拣的速度、准确性、安全性和人均效能等指标均提升到行业较高水平。

三、分拣作业处理

1. 分拣作业操作流程

快递公司在分拨中心完成分拣作业，其操作流程如图2-12所示，主要有以下几个步骤。

快递自动分拣系统及其功能

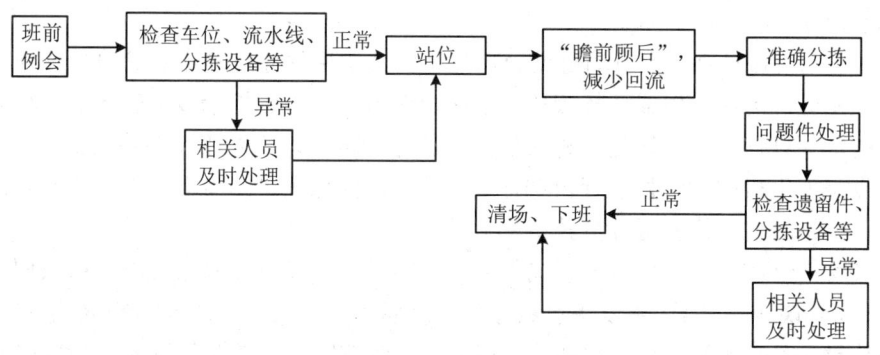

图2-12 分拣作业操作流程

（1）班前例会。相关员工在规定时间、规定地点集合，参加班前例会。

（2）检查车位、流水线、分拣设备等。例会结束后，进入操作场地，向班组长领取相关

操作物料、设备。检查相关操作物料、设备能否正常使用,如有异常,立即找相关人员修理。

(3)站位。流水线拨货员站在相应卡位,面朝快件传来的方向,手不得放在皮带机缝隙处,流水线拐角处拨货员的手不得放在动力滚轮中间,以免夹伤手部。站立角度以与流水线成45°为最佳。

(4)"瞻前顾后",减少回流。拨货员在本区域拨货的同时必须了解前一个区域和下一个区域的快件,做到"瞻前顾后",尽可能减少回流。

(5)准确分拣。分拣过程中要看清货物地址或编码,准确分拣,如果分拣错误,应将货物重新放入流水线,重新回流。

(6)问题件处理。分拣过程中遇到问题件时,拨货员应及时做相应的处理或找专人处理,务必遵守职业道德,不得监守自盗。

(7)检查遗留件、分拣设备等。检查是否有遗留件、仪器设备是否正常,如有异常,立即找相关人员处理。

(8)清场、下班。做好交接工作,准备下班。

2. 分拣处理方式

分拣是快件处理过程中的重要环节,分拣正确与否决定快件能否按预计的时限、经合理的路线、以有效的运输方式送达客户。目前,国内快递企业在分拣操作中大多以运单上书写的地址、邮编、电话区号为依据进行分拣,其分拣处理方式按使用工具的不同一般分为三种:手工分拣、半自动机械分拣和自动化分拣。在分拣过程中,部分快递企业由于作业量大和分拣寄达目的地较多,采用先初分、后细分的两次分拣方式,而大部分快递企业则采用直接细分的分拣方式。

(1)手工分拣。手工分拣分为初分和细分两种。初分是指因受赶发时限、运递方式、劳动组织、快件流向等因素的制约,在分拣时不是一次性直接将快件分拣到位,而是按照需要先对快件进行宽范围的分拣。细分是指对已经初分的快件按寄达地或派送路段进行再次分拣,将快件放置到目的地所属的分拣栏或架内。在手工分拣时,一般使用的设备有分拣格口(见图2-13)、分拣区域、手推车等。分拣格口即分拣基本单元,它因分拣时传统使用的格口、格架而得名。分拣区域是指一个分拣工作岗位所担负的一定分拣范围,是快件细分生产组织的作业单元。

(2)半自动机械分拣。半自动机械分拣是将待分拣快件通过输送装置进行输送,并在一定程度上识别分拣区域或生成分拣代码,由作业人员根据机械指示或人工判断,在接件口对输送到位的快件进行拣取。这是一种人机结合的分拣方式,是对手工分拣方式的一种改进。其主要特点是使用机械对快件进行自动输送,可减轻分拣人员的劳动强度,改善分拣作业环境,实现连续不断的分拣,提高分拣效率。

(3)自动化分拣。自动化分拣方式采用自动分拣流水设备,通过智能系统条码识别,按目的地集包,其误差率极低,可以将包裹分拣的准确率从手工分拣的80%提高到99.9%以上。自动化分拣设备具有不受气温、时间、人员体力影响的特点,能够长时间且高效率地分拣货物,平均每小时可分拣上万件,与手工分拣相比,不仅节省成本,而且时效高、更精准。在人员配置方面,自动化分拣只需要安排扫描二维码及替换包裹袋的相应人员,基本可实现无人化分拣。目前,国内的顺丰、"三通一达"等快递企业已在上海、北京、杭州等城市纷纷上线自动化分拣设备,但仅仅限于分拣小件、文件类快件,大件快件仍需要采用半自动机械方式进行分拣。自动化分拣装置如图 2-14 所示。

图 2-13　分拣格口

图 2-14　自动化分拣装置

📖 例 2-3　京东物流昆山无人分拣中心的主要作业流程

快递自动分拣设备

（1）自动卸车。京东物流车将昆山无人分拣中心周边地区所覆盖的 13 个仓内打包好的快递包裹（规格小于 500 mm × 500 mm × 500 mm，种类为除液体、易碎品外的全品类商品）以带笼箱运输的方式运抵昆山无人分拣中心站台，系统自动为 AGV 派发卸车任务。AGV 将笼箱从车厢内叉取出来之后根据业务繁忙程度将笼箱直接运至倾倒区或者到件暂存区。

（2）自动供包。利用自动倾倒设备将笼箱内的货物放置到输送线上，货物随输送线被送至单件分离区，空笼箱由 AGV 送至空笼存放区。

（3）自动分离。输送线将包裹分流到三条皮带机上，通过自动化单件分离设备对包裹进行分离，并让包裹在输送线上自动靠边。包裹在到达分拣系统输送线的过程中自动居中，并由测量光幕测量包裹体积、重量等信息，上传至智能生产管理系统（intelligent production management system，IPMS），同时可追踪视频监控系统（trackable video surveillance system，TVSS）可以实时查询、追踪所有数据。

（4）自动扫描。包裹随分拣系统输送线先经过底面扫描，再经过五面扫描装置，实现对包裹的六面扫描，保证面单信息被快速识别并上传系统。扫描及传输设备分别如图 2-15 和图 2-16 所示。

图 2-15　扫描设备

图 2-16　货物进入交叉带分拣机系统

如果出现扫描异常件，系统则直接将其分配到异常件格口，落入笼箱后等待后续处理。

（5）自动分拣及落包。系统根据包裹信息分配格口，同时控制交叉带分拣机系统（见图2-17），使其落入相对应的笼箱。由于格口与地面有一定距离，为了防止包裹跌落到笼箱外，同时对高速滑落的包裹进行一定缓冲从而保护包裹，在笼箱上部装有防跌落卷帘（见图2-18），当笼箱满半时，防跌落卷帘自动升起。

图2-17　交叉带分拣机系统

图2-18　防跌落卷帘

（6）自动取货。笼箱内的感应装置可以感应货物装载情况，当装满时，会自动发送信号给控制系统，控制系统即中止该格口的落包作业，并调度AGV前来取货。与此同时，系统会给其他的AGV下达指令，将暂存在笼箱等待作业区（见图2-19）的笼箱送至该格口，系统同时恢复该格口的落包指令。其间，笼箱会持续从存放区补货到待作业区。

（7）自动装车。AGV将装满货品的笼箱叉取至笼箱输送导轨上，导轨的电机提供动力将笼箱输送至AGV发货区，同时导轨能起到一定的笼箱缓存作用。发货站台上的AGV将笼箱从导轨上取下，经过RFID识别区（见图2-20），由系统识别是否有异常发货订单，如无异常，AGV直接将笼箱送至在月台等候的京东物流车。

图2-19　笼箱等待作业区

图2-20　RFID识别区

京东物流车共有两种类型：一种在车厢里加装有笼箱输送导轨，AGV将笼箱放入导轨即完成装车作业；另一种未加装导轨，AGV则需要进入车内放置笼箱。为了更好地保护笼箱内的货品，人们在车厢内壁两侧做了特殊处理，便于进一步用绳带固定笼箱。

3．分拣操作要求

在分拨中心，快件分为直封和中转两种方式。快件的直封，就是快件分拣中心按快件的寄达地点把快件封发给到达城市分拣中心的一种分拣

快递包裹"已出口直封"的含义

方式;快件的中转,就是快件分拣中心把寄达地点的快件封发给相关的中途分拣中心,经再次分拣处理,然后封发给寄达城市分拣中心的一种分拣方式。

分拣操作主要有按地址分拣和按编码分拣两种。按地址分拣俗称地址分拣法,处理人员分拣快件的依据就是运单上的收件人地址,应在运单上用唛头笔明显标记该快件流向的省份、城市名称,以提高分拣效率;按编码分拣就是处理人员按照运单上所填写的城市航空代码、邮政编码或电话区号进行分拣,这种方式有利于分拣的自动化。

4. 特殊情况处理

大件分拣员在发现路区代码错标时,应及时更改,并重新在流水线上操作。更改时必须将错误的代码划掉,并重新标注代码。

建包分拣、路区代码标注时,如发现代码错标,应及时交给班组长处理,更改正确的中转地址;如发现时中转车辆未发车,必须将快件中转出去。

在路区代码标注过程中,如一时不能确定正确的路区代码,或因地址不详不能确定,不应随便标注代码,或直接进入流水线,而应先将货物留下,待咨询其他同事确定后,标注正确代码再中转。

各分拣岗位如发现外包装破损或面单脱落等问题件,应及时报班组长处理。尤其是对于散落的内寄物,在报班组长后,应协助班组长收集清点,不得监守自盗。如遇流水线中断且需较长时间维护,或出现停电且暂不确定来电时间,必须启动应急方案以保障操作。

📖 例 2-4　某快递公司分拣中心的分拣作业概况

某快递公司分拣中心的占地面积相当于 12 个标准足球场,整体建筑费用达 4.16 亿元,其中自动化设备的造价高达 3 亿元,该分拣中心外观如图 2-21 所示。

每天下午,快递员收来的包裹就从图 2-22 中的传送带进入三个不同的通道,即 3 kg 以下的小件滑道、3 kg 以上的包裹滑道和不规则包裹滑道,它们分别进入小件分拣区、包裹分拣区和人工分拣区。

图 2-21　分拣中心外观　　　　　　图 2-22　分拣中心内部

小件分拣区包括 2 台分拣机和 414 个滑槽,每小时的分拣量可达 4.5 万件,包裹经过解包、分拣、建包的过程,再被送到包裹传送带上完成最终的分拣,如图 2-23 所示。

包裹分拣区包括 2 台分拣机和 95 个滑槽系统,分拣依靠五面照相机读取标签,通过系统内的识别,把包裹送到代表不同目的地的滑槽,如图 2-24 所示。

图2-23 小件分拣区

图2-24 包裹分拣区

☞ **单项实训 2-1**

1. 问题讨论：一个完善的分拨中心应该具备哪些条件？请举例说明。
2. 请老师联系一家快递公司在当地的分拨中心，带领学生前去参观学习，了解分拨中心的地理位置、内部布局、设备设施配置以及运营的大致状况。要求学生拍摄3张以上照片且能简要介绍该分拨中心的基本情况。

任务二　快递营业网点

任务描述：要求学生了解快递营业网点的设置要求，掌握快递营业网点管理的基本技能。

一、营业网点

1. 营业网点的概念

营业网点是快递企业最基本的业务单位——面向客户实现收寄和投递快件的场所，是企业快递网络的始端和末端。营业网点也称为快递营业场所或业务网点，一般按照距离最接近客户原则布局在城市或乡村的各个角落，其选址通常根据地理位置、交通条件、客户密度、环境条件、组织管理和成本等因素确定。

《邮政业服务设施设备分类与代码》

📖 **例 2-5　顺丰速运业务网络**

顺丰速运以全部自主经营、自有资源规模化发展的模式在全国稳步推进网络建设。为了满足快件时效性和流量的要求，顺丰速运构建了一张以各级分拨中心为节点，以航空、公路干线为弧线，以自动识别系统和运营信息系统为"中枢神经"的干线网络。顺丰速运业务网络结构如图2-25所示。

目前，顺丰速运业务覆盖全国335个地级市、2813个县级市，拥有近2.9万个自营网点及代理网点，其国际业务涉及美国、俄罗斯、加拿大、日本、韩国、印度、巴西、墨西哥、智利和欧盟、东盟等53个国家和地区，国际小包业务覆盖全球225个国家和地区。

项目二　分拨中心与营业网点

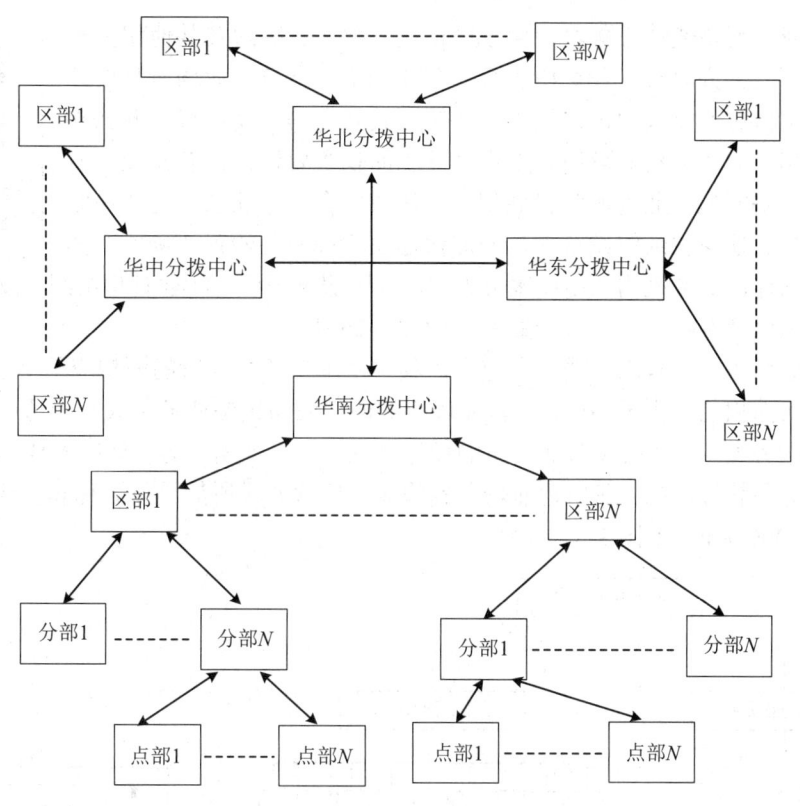

图 2-25　顺丰速运业务网络结构示意图

例 2-6　韵达快递加盟商及其服务网络分布

截至 2022 年 12 月 31 日，韵达快递公司已在全国设立了 76 个自营枢纽转运中心，枢纽转运中心的自营比例为 100%；在全国拥有 4224 家加盟商及 33 301 家配送网点（含加盟商），加盟比例为 100%；服务网络已覆盖全国 31 个省、自治区和直辖市，地级以上城市除青海的玉树、果洛藏族自治州和海南的三沙市外已实现 100%全覆盖；公司全网快递员数量为 17.87 万人。2022 年韵达快递公司加盟商及其服务网络分布情况具体如表 2-1 所示。

表 2-1　2022 年韵达快递公司加盟商及其服务网络分布情况（不含港澳台）

单位：个

节点类型	地区						
	东北大区	华北大区	华东大区	华南大区	西北大区	华中大区	西南大区
加盟商	421	628	1438	368	314	449	606
网点及门店	2579	3427	10 369	5394	2465	4832	4235
转运中心	5	9	34	9	4	8	7

2．营业网点相关要求

2015 年，国家邮政局发布邮政行业标准《快递营业场所设计基本要求》（YZ/T 0137—2015），对快递营业网点的设计提出了具体要求。

快递营业场所是快递服务组织用于提供快件收寄、投递及其他相关末端服务的场所,分为自有营业场所和合作营业场所。自有营业场所是快递服务组织利用自有产权或通过购买、租赁等形式获得房屋使用权,并独立开展快递及相关业务的营业场所。依据功能和面积等要素,自有营业场所可进一步分为基本型营业场所和拓展型营业场所。合作营业场所是快递服务组织通过与其他单位或组织合作,开展快递及相关业务的营业场所,其合作对象包括连锁商务机构、便民服务组织、社区服务组织、物业管理组织、政府机关、院校、同业组织以及专业的第三方企业等,如图2-26所示。

《快递营业场所设计基本要求》

快递营业场所应具有固定的独立空间,其中基本型营业场所的面积应不小于15 m²,拓展型营业场所面积应不小于30 m²且营业场所的面积应与快递业务量大小相适应。同一服务品牌的快递服务组织,其快递营业场所的设计应保持同一风格。场所外应悬挂体现快递服务组织统一服务品牌标识的标牌。营业场所标牌应包括营业场所的具体名称和营业时间,尺寸为400 mm × 300 mm,如图2-27所示。

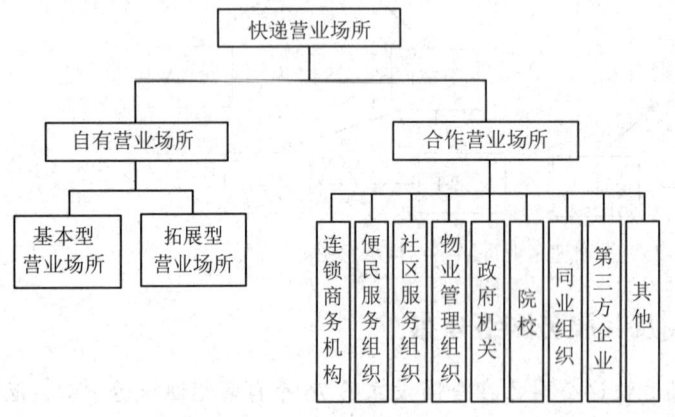

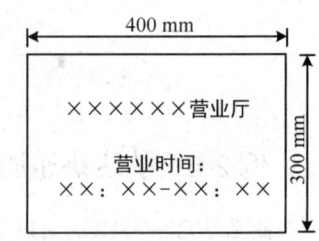

图2-26 快递营业场所分类示意图　　图2-27 营业场所标牌的规格尺寸

快递营业场所墙体应于醒目位置采用张贴或其他方式展示以下信息:经营资质证明;服务种类、服务承诺、资费标准;禁限寄物品目录、收寄验视规定、安全生产警示;服务电话、监督投诉电话和电子邮箱。

自有营业场所应根据现场实际,在场所内划分业务接待区、暂存区、操作区、停车及装卸区、充电区等相关功能区域,各功能区域可用标线进行分割,保持出入畅通,方便人员、车辆及快件的进出,如图2-28和图2-29所示。

业务接待区应满足如下要求:向用户提供业务咨询服务;便于用户填单、等候或提取快件;便于快件的交寄、接收、验视、封装、称重和信息采集;等等。

暂存区应满足如下要求:可临时存放快件;文件类和物品类应分开存放;揽收件和投递件应分开存放;错发件、无着快件、破损件、毁损件等异常快件应分开存放。

操作区应满足如下要求:可依据流向对揽收件和投递件进行分拣处理;可对揽收件进行打包处理;可对打包件进行称重;可满足特殊业务处理要求。

停车及装卸区应满足如下要求:设置车辆减速、限速标志;设置机动车和非机动车停靠区域标线;方便停车和完成快件装卸操作;车辆停放整齐;等等。

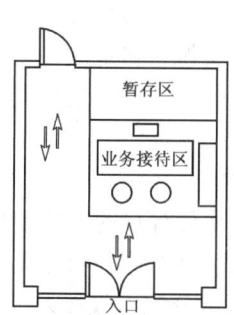
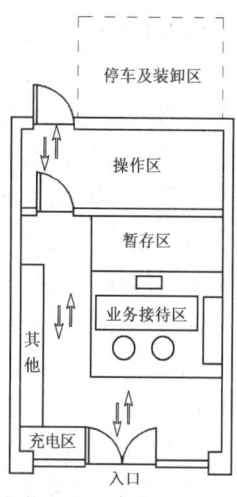

图 2-28　基本型快递营业场所功能区划分　　图 2-29　拓展型快递营业场所功能区划分

充电区应满足如下要求：可为电动车辆充电；应与其他区域隔离；电动车的充电设备及要求应符合国家相关标准；应具有防触电、防火防爆的安全措施。

其他应满足的要求包括：应设置用于存放物料、消防器材等物品的区域，用于商品展示、业务推广的区域，用于用户体验的区域，用于员工休息的区域等。

快递营业场所内应配置相关的办公设备或设施，主要包括：供用户填单用的书写台、座椅；计算机、手持终端、采集器（扫描枪）等基本营业终端设备；电子磅秤或台秤、卷尺或皮尺等计量工具；宽带、电话、传真等通信设施设备；货架、包装工具、手推车等操作设备；快递封装用品；等等。

此外，快递营业场所还应配备与场所面积相适应的消防设施、设备及器材。快递营业场所内严禁使用明火，以及与快递服务无关的电器等其他设备。

快递网点需要配置哪些设备

《邮政业安全生产设备配置规范》

《快递专用电动三轮车技术要求》

3．网点收派人员区域分配与调度

（1）区域分配必须考虑的因素：① 业务量。区域分配应综合考虑该区域的业务量情况、市场潜力以及个人收派能力，科学、合理地分配区域，既要保障收派工作量的饱和度，防止收派量过少，造成收派资源浪费、收派成本过高，也要避免因超负荷分配导致收派业务无法及时完成。② 响应时间。在划分区域时，区域的最大直径由快递企业规定的最迟响应时间决定，即

　　　　　　区域的最大直径=最迟响应时间×运输工具的正常速度

（2）人员定区管理。定区管理是指指定一名收派人员专门负责某一区域的收派工作。通

过定人定区,可以实现如下目标:① 收派人员能够充分掌握该区域的道路、建筑、交通、客户群体等信息,合理地设计收派线路并把控收派时间,提高收派效率。② 通过人员定区管理,将收派人员的工号与区域编码绑定,可以实现收派任务自动分配、实时跟踪管理。③ 能够深入了解该区域的市场情况与客户习惯,有利于开发市场和开展客户维护工作。

(3) 收派任务调度。收派任务调度是指在确定受理业务后,根据系统中受理前端提供的委托信息分配任务,下达收派指令,同时协调安排适当人车资源,它是执行上门收派件任务的重要环节。调度部门通过与收派人员、客户服务人员以及操作员的沟通协调,确保信息完整、及时传达,监督取派件任务的及时完成。

收派任务调度的方式主要有信息系统自动调度和人工调度。

① 信息系统自动调度。快递业务受理后,信息系统将结合客户的委托地址,与已经设置好的收派区域编码进行匹配关联,自动将收件指令发送到区域对应的收派人员的无线通信设备上或者自动生成收派任务表。当信息系统无法自动将任务分配给收派人员时,会将任务分配至相应的片区管理调度部门,再由该片区的调度人员进行人工调度。

② 人工调度。在没有采用信息系统自动分配的快递企业,或者在信息系统无法进行准确分配的情况下,一般采用人工调度方法。人工调度是指专职的调度人员根据接收到的收派任务信息和收派件的详细地址,确定具体的区域与收派人员,设计收派线路和收派方案,生成收派任务表,并将收派任务表、收派指令传达给相应的收派人员。

二、网点人员配置

1. 网点人员配备

营业网点是直接面向客户服务的快递门店,一般直接分布在客户所在地附近,为所在区域客户提供快递服务。营业网点规模较小,一般采用直线职能式组织结构,设置网点经理、仓管、客服、业务员等岗位,如图 2-30 所示。一个营业网点一般配备经理 1 人,仓管 2~3 人,客服 2~3 人,业务员 10~30 人。

2. 网点人员岗位职责

网点人员的岗位设置及其工作职责如表 2-2 所示。

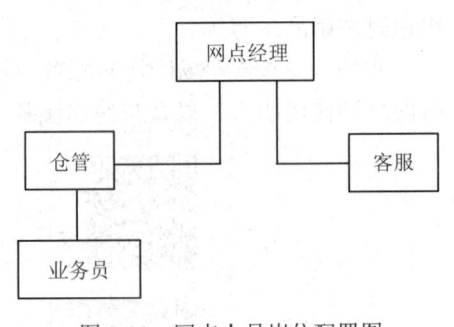

图 2-30 网点人员岗位配置图

表2-2 网点人员岗位设置及其工作职责

岗 位	工 作 职 责
网点经理	(1) 在公司分部的领导下,负责营业网点的全面管理工作; (2) 负责完成营业网点的经营业绩任务和运营质量考核工作; (3) 负责本营业网点的人员管理、教育培训、安全管理; (4) 对网点辖区内的客户进行开发和维护; (5) 负责监控网点代收货款、到付款等资金的安全; (6) 完成上级交办的其他任务

续表

岗　位	工　作　职　责
仓管	（1）负责进出仓货物分拣与破损货物交接； （2）协助经理检查业务员的车辆，排除安全隐患； （3）及时分配业务员收派快件； （4）操作回单，处理转件和问题件； （5）完成上级安排的其他任务
客服	（1）接听所在网点电话，及时处理、受理业务； （2）负责网点进出仓货物查询工作； （3）打印面单，核对面单内容是否准确，如实将面单信息录入系统； （4）及时处理好各问题件，处理客户投诉； （5）收回货款，及时与公司分部对账； （6）完成上级安排的其他任务
业务员	（1）负责宣传公司的业务和产品，开发、维护客户； （2）按公司要求安全、快速、准确地完成收派件工作； （3）及时回收货款并在规定时间内如数上交公司财务； （4）妥善回答客户提出的各种问题，做好客户服务； （5）完成上级交办的其他任务

三、网点业务简介

1．收派件

收派件是快递网点的主要业务，其操作流程大致如下。

（1）派件流程。派件流程如图 2-31 所示。

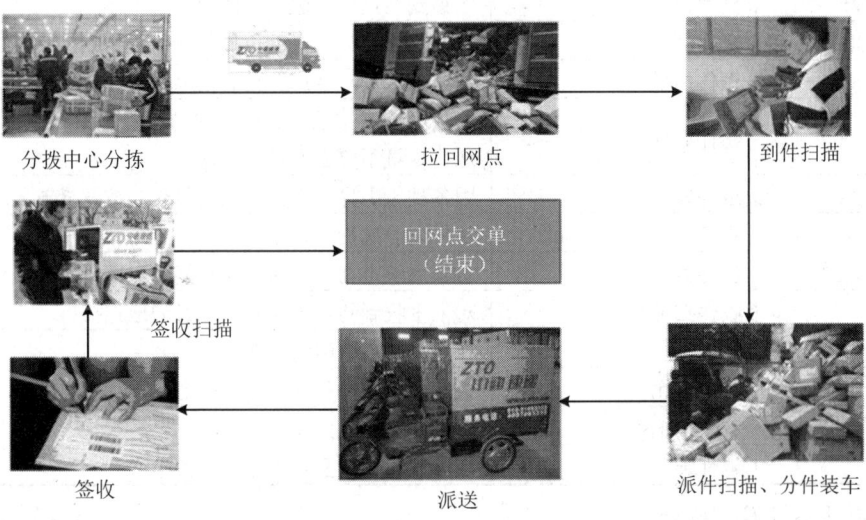

图 2-31　快递网点派件流程

（2）收件流程。收件流程如图 2-32 所示。

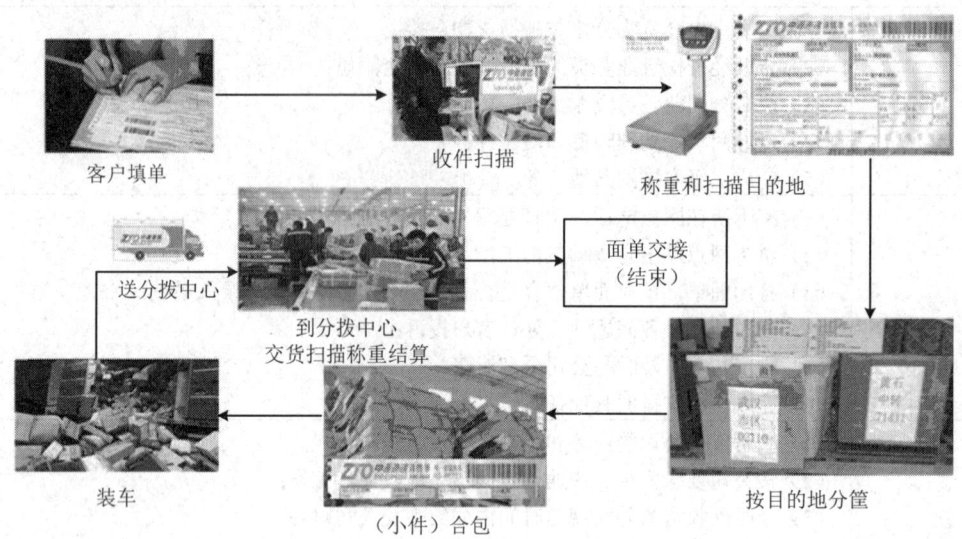

图 2-32　快递网点收件流程

（3）快递网点的工作内容。表 2-3 所示是快递网点一天的工作内容。

表 2-3　快递网点一天的工作内容

时　　间	工 作 内 容	说　　明
3:00—5:00	分拨中心提件	公司晚班车送货人员不回，等候在分拨中心流水线分拣出属于网点的货物并装车
6:00—8:00	到件扫描	包裹到网点后要进行到件扫描
6:00—8:00	分件到人	每个快递员分到自己负责区域的货物
8:00—10:00	派件扫描	快递员送货，客户签收后扫描上传
8:00—10:00	错件处理	分拨中心拿错的，尽快和对方网点联系，安排直接派送，尽量不要造成对方延误
8:00—14:00	退件处理	因各种原因导致客户不收的包裹，按发货方要求退回
11:30 起	完成中午取回的派件	中午取一次货回来派送
10:00—12:00	派签对比	总部系统查询上午的派件和签收对比情况是否达标
14:00 起	收件扫描	对上午收到的件进行称重和目的地扫描
15:00 前	派件	在分拨中心带回的派件
20:00 前	派签对比	查询中午派件和签收的对比情况
16:00 始	收件扫描	下午的收件晚上发车
20:00 前	退件装车	当天的退件都要当天返回分拨中心

2．网点业务开发与推介

网点业务开发与推介是指快递员在收派快件时主动向客户介绍快递服务的行为。收件员、派件员均可开展本公司的快递业务开发与推介工作。

快递员的一天

快递网点工作人员可以采取向客户发放宣传资料（如个人名片、宣传单、价格表等）、主动询问客户需求、利用公司口碑通过老客户向新客户推介等方式进行业务开发与推介。

快递网点工作人员在向客户推介本公司快递服务产品或回答客户关于本公司快递服务产品的咨询时，应准确把握客户对快递服务的要求，并有针对性地向其推介符合其要求的快递服务产品。

现在开快递驿站还能挣钱吗？

例2-7 收派件及时、快速，赢得了客户

顺丰速运东莞石碣分部有一个月结客户是一家手袋厂，与石碣分部的业务量保持在每月2000票左右，属于关键客户。两年前，该厂还不是顺丰速运的寄件客户，只有派件业务联系。顺丰速运东莞石碣分部收派员小游在派件的过程中选择以顺丰速运的派件速度快于其他公司的优势来说服该客户而避开价格较贵问题。首先，他在与该厂人员的谈话中将顺丰速运的收派件时间与其他公司的收派件时间进行对比。顺丰速运早上第一班收派员于8:00之前上班，9:00之前一般派完件，而其他公司至少8:30才开始上班，也就是说，其他公司到件至少比顺丰速运晚半小时，况且很多快运公司在人员配备上不分班次，负责范围太大，在限时服务上没有保障，而顺丰速运在收件和派件上都有时间保障。然后，他友好地向客户赠送了一些运单，希望其在合适情况下试一试顺丰速运的服务。随后几天，该客户便陆续开始寄件。这时，该收派员便抓住时机，客户每次下单后都是第一时间赶到，有时客户刚刚放下电话，还没把单子填写好，他就到了，让客户真正感觉到一种超出期望值的速度。最后，该客户决定将业务交给顺丰速运，甚至要求与该厂有业务往来的客户都要使用顺丰速运寄件。

把事情做好，业务自然来

单项实训2-2

1. 实地参观快递公司营业网点

实地参观你所在学校附近的一家快递公司营业网点，详细了解该网点的场地布局、设施配置和人员分工情况，并向网点经理或工作人员咨询该营业网点的主要管理制度。参观之后，制作一份介绍这个网点的PPT，并向全班同学展示汇报。

2. 调研快递营业网点一天的工作内容

实地走访顺丰、韵达、申通、圆通、中通这五家快递公司的营业网点各一个，参照表2-3列出各快递网点同一天的工作内容，比较各营业网点同一天的工作内容的异同，最终将调研情况和比较结果写成一份调研报告。

快递网点经营分析

如何提高快递网点运营效率，减少快递错分和丢件？

任务三　快递网点管理实训

任务描述：要求学生掌握快递网点经理应具备的基本职业技能，具体包括召开工作例会、网点排班、人员管理、网点作业效率分析和网点质量管理。

一、召开工作例会

1. 实训目的

通过召开工作例会，加强对快递收派业务人员工作过程的监督和管理，提高收派工作质量；通过组织、召开、主持工作例会，培养学生的管理能力。

2. 实训时间

每周开展，每次会议 5 分钟。

3. 实训要求

（1）将全班分为 5 组（具体组数根据学生人数而定，建议每组 10 人以内），各组在每周实训开展前或当日实训结束后召开工作例会。一般情况下，组员包括网点经理 1 名、收货组长 1 名、理货员 1 名、派送组长 1 名、收派员若干名。

（2）各组轮流由一名学生组织、主持每次例会；教师每周轮流参与各组会议。

（3）各组组长轮流，每周一位在当天实训结束前 5 分钟，针对总体实训情况在全班进行会议总结。

4. 实训结果

（1）拟定会议内容。例会要有明确议题，具体内容可以针对学生的真实训练情况而定，也可以自主假设快递网点作业情况。举例如图 2-33 所示。

```
网点工作例会内容要点

1. 仪容仪表检查。提醒：昨天张三没戴工牌。
2. 作业工具检查。提醒：昨天李四的手机没电了。
3. 时效指标要求。提醒：收件 1 小时需响应。
4. 安全操作提示。提醒：遵守安全三项制度。
5. 特殊作业提示。提醒：天气预报有雨，做好安全防护。
6. 昨天网点业务案例分析。例如，徐六被投诉情况及后果。
7. 业务知识抽查。例如，电动车安全检查及注意事项。
```

图 2-33　网点工作例会内容要点

（2）组织并召开例会，并撰写会议纪要。

二、网点排班

1. 实训目的

通过学习网点作业人员排班，培养学生的基层班组管理能力。

2. 实训任务

该快递网点有六个派送区域，实行定区管理，每个区域需安排一名收派业务员，业务员每周允许轮休一天，请制定业务员排班和轮休表。

3. 实训要求

制定排班及轮休表。

4. 实训结果

提交排班及轮休表1份。

三、人员管理

1. 实训目的

学会根据快递网点业务量的变化和管理要求合理调配人员，培养学生的基层班组管理能力。

2. 实训任务

快递收派业务高峰期即将到来，快递公司要求各快递网点制定临时人员安排预案。快递网点经理想要知道哪些派送线路上需要补充更多的临时人员，以确定临时人员安排方案。

3. 实训要求

（1）确定关键指标。快递网点日常管理中，为适应运营状况变化实施的人员管理主要体现为数量、区域、岗位与岗位职责的调整。人员管理需要兼顾效率和公平两个方面。保持收派业务量的相对均衡考虑的就是公平，考核指标的达成率就是考虑效率。高峰期实施人员管理的调整时，需要考虑的最关键指标是延误率。

（2）确定关键线路。具体分为以下三个步骤。

第1步，收集数据。网点经理从快递运营系统中调出了网点所有收派业务员近3个月的延误率数据，如表2-4所示。

表2-4 收派业务员延误率统计表（整体延误率为2.41%） 单位：%

工 号	8月	9月	10月	工 号	8月	9月	10月
001	1.16	2.18	1.62	016	1.05	0.81	0.69
002	1.93	0.75	2.8	017	2.96	1.64	1.3
003	0.89	2.94	1.12	018	2.34	0.52	0.86
004	0.55	0.62	0.19	019	0.92	1.08	1.01
005	1.22	2.73	2.51	020	1.37	1.97	0
006	2.9	2.27	1.72	021	1.23	2.98	0.14
007	5.75	6.31	5.18	022	1.83	0.47	0.59
008	1.97	1.07	0.24	023	1.61	1.04	2.17
009	0.99	1.17	1.68	024	2.88	0.95	0.57
010	2.45	1.46	1.81	025	0.58	0.43	2.6
011	4.77	5.13	5.14	026	5.26	6.9	5.69
012	1.64	2.91	0.66	027	2.33	2.51	1.13
013	0.32	2.38	0.2	028	2.95	0.82	0.89
014	0.16	0.57	0.04	029	1.42	0.68	2.34
015	0.81	0.7	1.04	030	2.66	1.66	1.03

第 2 步，明确标准。网点经理设定了连续 3 个月延误率为 5%左右的管理标准。

第 3 步，数据分析。根据这一标准，网点经理确定了 3 个区域，即工号为 007、011、026 的收派业务员负责的区域。

（3）制定人员补充初步方案。

4. 实训结果

（1）人员调配方案。网点经理拟定了一个初步方案，运营部和人事专员将依据这个初步方案做出详细的工作安排。

① 收派分离，部分收派业务员专职从事收寄业务。
② 抽调操作人员补充到派送延误率较高区域。
③ 抽调操作人员补充到预计派送业务量增幅较大区域。
④ 抽调操作人员作为预备人员，随时补充到派送高峰区域。
⑤ 其他部门大部分人员在高峰时段补充到操作岗位。
⑥ 招聘一定数量的临时人员。
⑦ 全员开展操作和收派业务培训及演练。

（2）经理的感悟。对人员进行调整的时候，要尽量排除偶然因素的影响，所以，除了关注作业效率指标，还应对其持续程度做出规定。要应对快递业务量的波动性，快递网点的管理者要注重对员工一岗多能的培养，这样当某些关键岗位出现缺勤或缺员时，随时可以有应急的后备力量。

四、网点作业效率分析

1. 实训目的

通过对快递网点作业数据进行分析，计算收派作业效率，为改进网点工作提供决策依据。

2. 实训任务

某快递网点收派业务员按工号对应负责 1~21 号派送区域，其 8~9 月出勤天数和派件量情况如表 2-5 和表 2-6 所示。

表 2-5 收派业务员 8 月出勤天数和派件量

工 号	天数/天	派件量/件	工 号	天数/天	派件量/件	工 号	天数/天	派件量/件
001	27	3003	008	26	2588	015	24	2315
002	25	2620	009	25	2403	016	28	2659
003	25	2577	010	24	2322	017	21	1933
004	23	2180	011	26	2627	018	28	2608
005	24	2538	012	27	2751	019	25	2455
006	30	2982	013	26	2501	020	26	2678
007	26	2709	014	27	2884	021	26	2567

表 2-6　收派业务员 9 月出勤天数和派件量

工　号	天数/天	派件量/件	工　号	天数/天	派件量/件	工　号	天数/天	派件量/件
001	22	2314	008	26	2633	015	26	2512
002	27	2957	009	26	2516	016	25	2388
003	27	2829	010	24	2482	017	26	2429
004	25	2479	011	25	2630	018	25	2283
005	25	2612	012	27	2488	019	24	2499
006	26	2509	013	23	2185	020	26	2726
007	24	2451	014	27	2903	021	26	2375

3. 实训要求

（1）计算所有区域的总平均日派件量。

（2）计算各区日均派件量。

（3）运用图表工具分析不同派送区域的差异。

（4）提出改进意见。

4. 实训结果

（1）所有区域的总平均日派件量

　　= (8月、9月所有区域派件量总和) ÷ (8月、9月所有区域出勤天数总和)

　　= 100 件/天

（2）各区日均派件量

　　= (8月、9月每个区域派件量总和) ÷ (8月、9月每个区域出勤天数总和)

计算结果如表 2-7 所示。

表 2-7　各区域日均派件量

工号（区域）	1	2	3	4	5	6	7	8	9	10	11
日均派件量/件	109	107	104	97	105	98	103	100	96	100	103
工号（区域）	12	13	14	15	16	17	18	19	20	21	
日均派件量/件	97	96	107	97	95	93	92	101	104	95	

（3）根据表 2-7 绘制各区域日均派件量直方图（见图 2-34）。

（4）分析。分析的思路就是比较每一个区域的日均派件量和所有区域的总平均日派件量。对明显高于和明显低于总平均日派件量的区域应该予以特别关注，这会直接影响员工的收入平衡。

网点经理根据经验设定了 5% 的浮动水平后，从图 2-34 可以看出 1 号区域、2 号区域、14 号区域的日均派件量明显高出了平均水平，而 17 号区域、18 号区域的日均派件量则明显低于平均水平，这表示相应收派业务员所负责的收派区域必须进行必要的调整。

收派业务员所使用的业务手机由公司统一配发，安装有公司统一提供的应用软件，能够准确记录收派业务员每天收派作业的行动轨迹。这些行动轨迹在快递网点的信息管理系统上可以进行里程的统计。当网点经理用 A 业务员的总行进里程除以总收派件量，并与所有员工的平均值进行对比时发现，A 业务员完成一件快件的收派任务所行进的里程明显高于其他业务员，则表明 A 业务员有可能并不能很好地完成收派路线的设计，其配送路线需要改进。

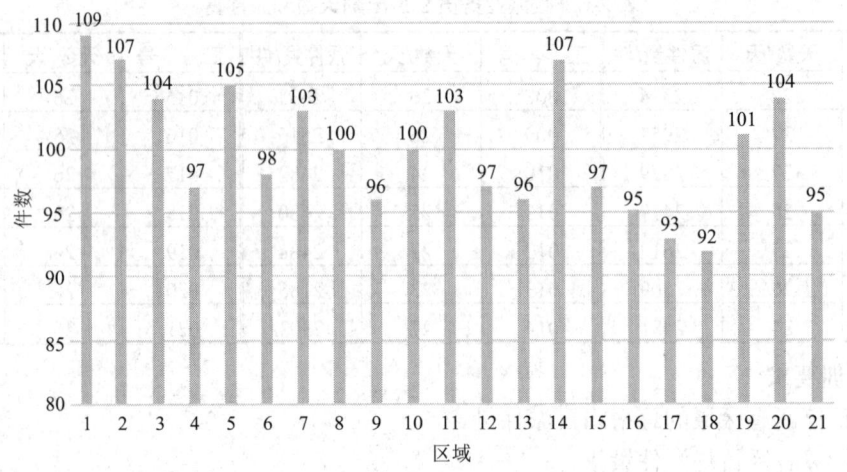

图 2-34　各区域日均派件量直方图（单位：件）

五、网点质量管理

1. 实训目的

学会采用 PDCA 对快递网点实施质量管理。

2. 实训任务

快递网点最近被总公司多次罚款，问题集中在三个方面：延误、破损、遗失。这让网点经理头疼不已。更为棘手的是，每次发生问题后，网点经理都会在例会上强调要认真，要注意避免这三个问题，但效果有限。于是，网点经理决定采取 PDCA 对网点实施质量管理。

3. 实训要求

优质高效是快递服务的生命线。快递网点的每一个业务环节都有严格的时效和质量管控要求。快递企业对于网点的绩效考核指标体系如图 2-35 所示，快递网点管理者要通过科学有效的质量管理方法改善这些关键的考核指标。

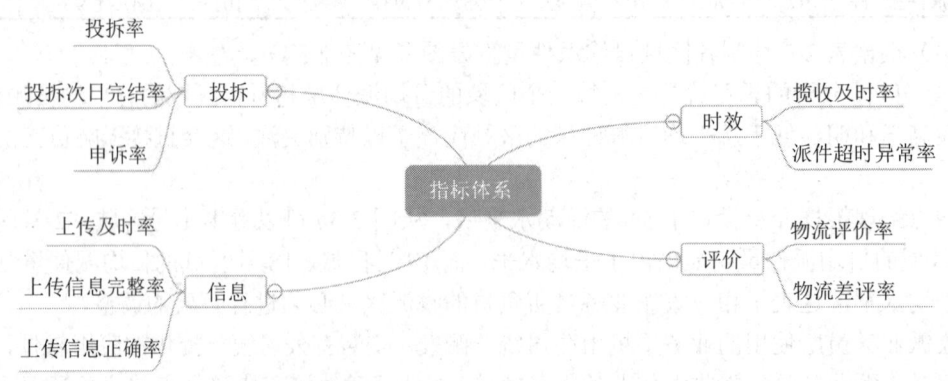

图 2-35　快递网点绩效考核指标体系

采用 PDCA 实施质量管理的具体步骤如下。

（1）计划（plan）。

第 1 步：问题界定。网点经理针对近期的延误、破损、遗失现象进行了问题统计，结果如表 2-8 所示。

表 2-8 问题统计表

问题件	问题描述	件数/件	问题件	问题描述	件数/件
延误	流水线夹件	12	破损	到件破损	25
延误	场地未清场	25	破损	派后返破损	2
延误	面单掉落	5	遗失	有到件扫描，无派件扫描	6
延误	包袋未清	7	遗失	网络错分件，有中转离港扫描，无到件扫描	5

第 2 步：原因分析。以上问题大都发生在现场作业环节。网点经理首先对自己所管理的快递网点的现场作业流程进行梳理，结果如表 2-9 所示。

表 2-9 快递网点现场作业流程

步　　骤	处 理 员	工 作 内 容
1	快件处理员	卸车后做到件扫描
2	快件处理员	分件至快递员格口
3	收派业务员	排序后做派件扫描
4	收派业务员	派件后做签收扫描

审视这个看似环环相扣的流程，网点经理觉得漏洞百出，如没有现场的数据比对——快件处理员发现处理中心错分件可能私自截留而不做分拣扫描、收派业务员发现快件处理员错分时也有可能不做派件扫描而私自截留、收派业务员为节省时间不做派件扫描最后直接做签收扫描等。因此，必须对现场作业管理中的问题进行系统分析。为此，网点经理使用鱼骨图这一分析工具来对现场作业管理的五个要素——人、机、料、法、环进行分析，如图 2-36 所示。

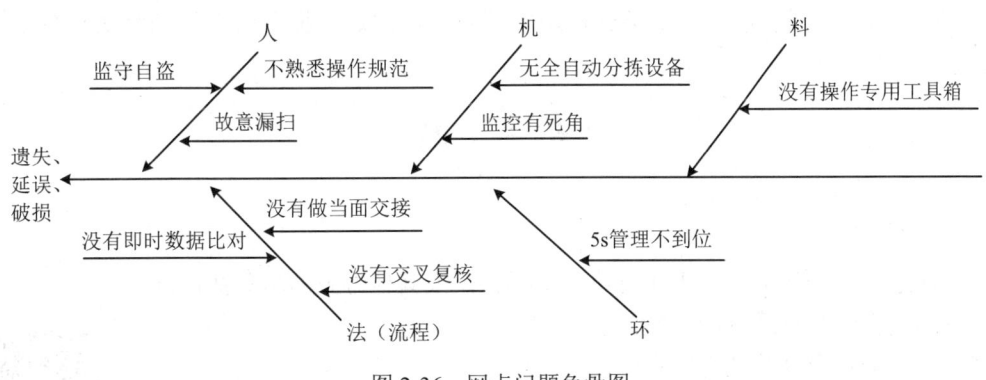

图 2-36 网点问题鱼骨图

第 3 步：确定主要原因。通过分析，网点经理确定了问题的主要原因：延误主要由现场遗漏造成；破损主要由卸车时大件压小件、包装不合格造成；遗失主要由错分件后收派业务员故意漏扫造成。

第 4 步：提出解决问题的办法。针对上述问题，网点经理提出了以下解决办法，如表 2-10 所示。

表 2-10 解决办法列表

措施类别	具体办法
设备	做大小件分区，双线卸车；增加监控全覆盖
人员	快件处理员带专用工具箱进场，换外套，不得携带私人提包；收派业务员交叉做派件扫描
流程	快件处理员人手一枪，即扫即分；列出清场检查表，快件处理员清场签字后才能离场休息；不合格包装件拒收或更换合格包装
数据	收派业务员扫描派件后与快件处理员做数据比对后才能离场派件；快件处理员到件数据与处理中心离港数据比对后才能离场休息
薪酬	拆分 1 元 1 单的派费，调整为基础派费 0.5 元，派件扫描执行 0.2 元，以签收率的 96% 为基础，每增加 1% 奖 0.1 元，以 99% 为封顶

（2）执行（do）。进入执行阶段后，网点经理并没有一次性推行所有措施，而是采取了渐进式办法。最先推行的是薪酬调整措施，这大大提高了收派业务员派件扫描的执行率，然后是设备、人员流程方面的措施跟进，最后实施数据的比对工作。

（3）检查（check）。网点经理为每项工作的推进都制订了周密的计划，并按计划检查工作的落实情况，并发现了问题：收派业务员做交叉派件扫描时，薪酬中派件扫描计提无法落实，因此网点经理不得不停止了交叉扫描这项工作。

（4）处置（action）。这一阶段，网点经理做了两项工作：一是对前期的工作成果和经验进行评估和总结；二是对遗留的问题进行梳理，这些问题需要在今后工作中予以解决。

4. 实训结果

效果总结：

遗失件解决得较好——只要数据能及时比对，总能及时发现漏扫。

延误问题部分解决——遗落现场的快件都能通过清场及时得以弥补，但面单脱落问题件的延误没有解决。

破损件问题部分解决——现场破损基本解决，但派后破损并没有得到解决且发生了内件丢失。

习 题

一、简答题

1. 快递营业场所墙体应于醒目位置采用张贴或其他方式展示哪些信息？
2. 简述自动分拣系统的特点。
3. 快递人员定区管理有什么好处？

二、自测题

项目二 自测题

项目三 收 件

【学习目标】

通过本项目的训练和学习,掌握快递收寄的流程、禁限物品验视、快件的包装、运单填写与粘贴、称重计费、快件交接和营业款交接等操作技能。

【主要知识点】

快递收寄的流程、禁限物品验视、运单填写与粘贴要求、称重计费方法。

【关键技能点】

快件的包装技能、运单填写与粘贴技能。

任务一 快件收寄

任务描述: 要求学生理解上门揽收、网点收寄、大客户收件的基本概念,掌握上门揽收、网点收寄、大客户收件的流程。

一、快件收寄认知

快件收寄是快递运营处理的首要环节,是指快递企业在获得客户订单后指派快递业务员从客户处收取快件和收寄信息的过程。

快件收寄的基本流程主要包括快件验视、快件包装、填写运单、称重计费、收取费用、粘贴运单、快件运回和交件交单,如表3-1所示。

表3-1 快递收寄的基本流程

流程	任 务	工 作 要 点
1	快件验视	(1)检查客户发送的物品是否属于禁运物品; (2)检查物品的重量、规格是否符合寄递相关规定
2	快件包装	(1)指导或协助客户使用规范的包装物料和填充物品进行包装; (2)仔细检查包装,保证物品的安全
3	填写运单	(1)指导客户正确、完整地填写运单,并检查运单; (2)告知客户阅读运单背面条款
4	称重计费	(1)对包装好的快件进行重量和体积的测量; (2)按公司资费标准计算运费和保险费,并在运单上准确标记
5	收取费用	根据客户选择的支付方式进行现金结算或记账
6	粘贴运单	(1)将运单交给客户检查,并请其签字确认; (2)按要求将运单粘贴到快件指定位置
7	快件运回	将快件妥善保管并及时运回快递网点

续表

流 程	任 务	工 作 要 点
8	交件交单	(1) 将运回的快件交给网点仓管； (2) 将随附单据交给网点客服处理

快件收寄一般分为上门揽收和网点收寄两种形式。

（一）上门揽收

上门揽收是指快递业务员到客户家里或其办公地点收取快件，并询问、验视、封装、填写单据和收取费用的过程。

1. 上门揽收的流程

上门揽收的流程包含收件准备、接收信息、核对信息、上门收件、验视快件、指导客户填写运单、告知阅读运单条款、包装快件、称重计费、收取资费、客户签字、粘贴运单和标识、快件运回、交件交单和交款共15项内容，如图3-1所示。

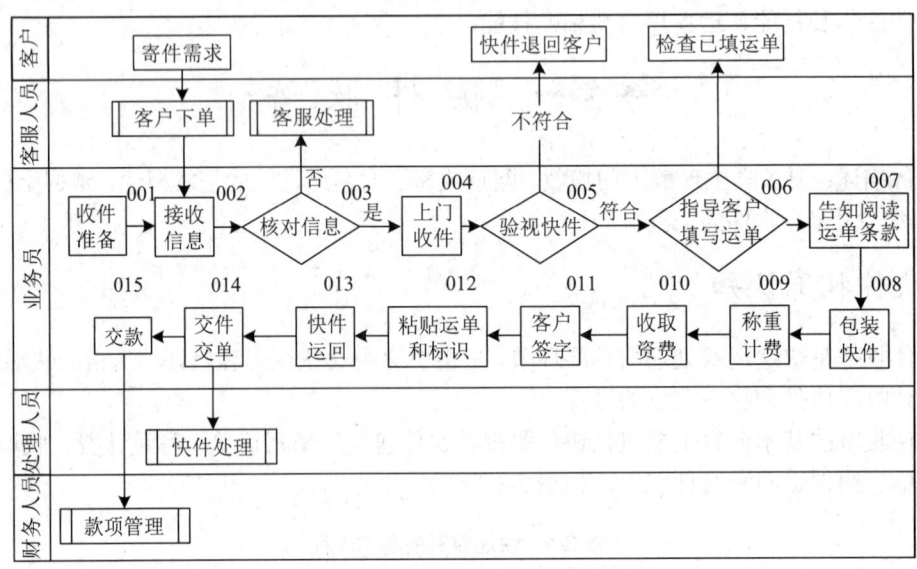

图 3-1 上门揽收的流程

2. 上门揽收各环节的工作要点

（1）收件准备。快递员需要及时做好收件相关准备工作，具体如表3-2所示。

表 3-2 收件准备工作

序 号	准备事项	工 作 要 点
1	操作设备准备	检查手机，确保其处于畅通状态； 检查清点所需工具：弹簧秤、卷尺、备用移动电源、大头笔、圆珠笔、美工刀、雨具、收派网兜、绑带等
2	物料准备	准备适量物料：普通面单、特运面单、到付面单、易碎贴纸、贵重物品贴纸、文件袋、包装袋（特大、大、中、小号）、纸箱、包装填充物、胶带等

续表

序 号	准备事项	工作要点
3	单证准备	收据或发票、宣传单或价格表、零钱； 工牌、身份证、驾驶证、行驶证等个人证件
4	个人仪容仪表准备	穿着整洁干净的工服，佩戴工牌，整理好仪容仪表，调整好自己的心态和情绪
5	业务准备	浏览公司的宣传栏，掌握公司最新的业务动态及相关操作通知

（2）接收信息。业务员按公司规定接收客户寄件信息，主要有快递公司客服人员通知信息、客户电话或短信、客户在网上直接下单的订单信息等。目前很多快递公司都要求业务员每间隔半小时去一次客服部，以便确认是否有未收到的信息，或每半小时查看一下手机通话记录、短信，确认是否有未取件客户订单。

（3）核对信息。业务员接收到订单信息后，要及时认真阅读订单信息内容。如果客户直接致电快递业务员，业务员应做好相应的信息记录。业务员应仔细核对订单信息，如果地址不在本人负责区域内，应立即反馈到客服部；如果订单正确，则根据订单信息安排行车路线，在规定时间内到达客户处取件。当客户地址超出业务员的服务范围或信息有误时，业务员必须及时反馈给客服人员或客户。

（4）上门收件。业务员应根据快递公司承诺的收取快件时限，在约定的时间内到达客户处收取快件。

（5）验视快件。业务员应检查快件的重量和规格是否符合寄件规定，如快件重量或体积超限，可建议客户将快件分成多件寄递，若客户不同意，则礼貌地将快件退回给客户。开箱验视寄递物品时，如发现属于禁止寄递或超出限制寄递要求，应礼貌地将物品退回给客户。

（6）指导客户填写运单。如果客户尚未填写运单，业务员应指导客户正确填写运单；如客户已经填好，则应对运单内容进行核查，确保运单填写符合规范。

（7）告知阅读运单条款。业务员应告知客户阅读运单背面的背书条款。

（8）包装快件。业务员应指导或协助客户使用规范包装物料和填充物品包装快件，使快件符合运输的要求，确保寄递物品安全。

（9）称重计费。业务员应对包装完好的快件进行称重，计算快件资费，并将计费重量及资费分别填写在运单的相应位置。

（10）收取资费。业务员应确认快件资费的支付人员和支付方式（现付、记账等）。如果客户选择寄付现结，则收取相应的资费；如果客户选择寄付记账，则必须在运单账号栏注明客户的记账账号。

（11）客户签字。业务员应与客户确认运单信息，确认无误后必须要求客户在"寄件人签署或盖章"栏内签字确认，业务员不得代替或伪造客户签字。业务员必须将运单的"寄件公司存根联"交客户留底，业务员留取"结账联"，其他几联运单则随货。

（12）粘贴运单和标识。业务员应严格按照粘贴规范，将运单、标识等粘贴在快件外包装的指定位置。

（13）快件运回。业务员应将收取的快件在规定时间内运回快递公司的收寄处理点。业务员应根据当班次仓管员截止收件时间和自己所处的位置，确定返回公司的时间，确保快件可以及时转运。车辆运输途中要确保关好车门，摩托车和自行车运输要保证小件入包、大件捆绑牢固、易碎品妥善放置,确保快件在运输途中的安全。

(14)交件交单。快件运回后,快递网点的仓管员必须认真地对每一票快件进行复查。业务员应将快件"结账联"随货一起交给仓管员,确保单件一致。业务员与仓管员交接完毕,确认单件数量无误后,双方在"收件交接表"上签名确认。

(15)交款。业务员应将当天收取的款项交给收寄处理点的相应工作人员。

(二)网点收寄

网点收寄是指客户到快递公司营业场所寄发快件,由快递服务人员进行询问、验视、封装、填写单据和收取费用的过程。

1. 网点收寄的流程

网点收寄的流程包含收件准备、客户引导、验视快件、指导客户填写运单、告知阅读运单条款、包装快件、称重计费、收取资费、客户签字、粘贴运单和标识、交件交单和交款共12项内容,如图3-2所示。

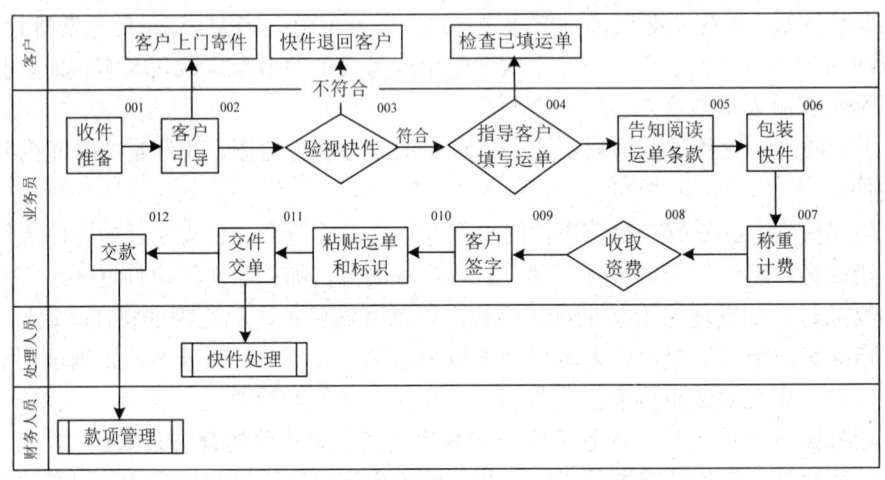

图3-2 网点收寄流程

网点收寄流程与上门揽收流程基本相同,只是网点收寄的第2步与上门揽收的第2~4步不同。

2. 网点收寄工作要点

网点收寄工作要点如表3-3所示。

表3-3 网点收寄工作要点

序号	流程	工作要点
1	准备	快递业务员应提前准备好需要使用的操作设备、用品用具、运单等
2	收取快件	(1)欢迎。快递业务员应保持标准站姿,向客户主动问好,如"欢迎光临,请问需要帮助吗?"; (2)收取。快递业务员与客户确认需寄送的快件时,应双手接过快递和运单; (3)验视。快递业务员应询问和验视客户物品,如果是违禁物品,应礼貌告知客户不予受理

续表

序 号	流 程	工 作 要 点
3	指导客户填写运单	（1）填写运单。快递业务员应指导客户填写运单，当客户不清楚相关内容时，快递业务员应主动讲解与指导；当客户填写得不详细时，快递业务员应耐心解释； （2）检查运单。客户填好运单后，快递业务员应对填写内容进行检查，提示客户阅读运单背面背书条款
4	包装、称重计费、指导客户签字	（1）包装。若客户未提供包装，业务员则按照公司规定操作，并及时清理现场；如客户提供包装，业务员则仔细检查包装的严实性与牢固性，做好易碎品的防护处理及标识； （2）称重计费。业务员向客户说明称重规则和计费标准，并解答客户的疑问；称重计费后，请客户检查确认； （3）指导客户签字。业务员双手将运单递给客户，右手食指轻轻指向收件人签署栏，请客户签字并将客户留存联递给客户
5	收取费用	询问客户付费方式（现结、记账）。若客户选择现结，快递业务员带领客户到收费柜台交费；若客户选择记账，快递业务员应在运单栏注明客户的记账账号
6	运单信息录入、粘贴运单、交件、交款	快递业务员在完成上述工作后，必须及时将运单信息录入系统，并按粘贴规范将运单、标识等粘贴在快件的适当位置，然后复查快件包装和运单内容，确认没问题后将快件交送快件配送人员，快递业务员每天应将当天收取的款项交给财务人员

二、大客户收件

1. 大客户的概念与特点

大客户是指与快递公司签订了合作协议且每天发件数量达到了一定标准的客户。

中国邮政速递物流
EMS 揽投作业流程

大客户具有合作次数较多、服务方式特定和服务要求高等显著特点。具体来说体现在以下几个方面。

（1）大客户是与快递公司签订合作协议的公司或个人，通常就付款事宜、快递价格、服务要求等方面签订合作协议。

（2）大客户的快递业务量较大，与快递公司的合作次数较多。

（3）大客户的快件具有较固定的特点，通常由快递公司为其制定特定的服务方式。

（4）大客户要求服务及时、周到、全面、保证质量。

2. 大客户收件安排

由于大客户的业务量大，快递公司及相关快递人员应对大客户的收件工作做特殊安排。

（1）收件频次。每个工作日应至少安排一次收件工作，如有需要可每天安排两次收件工作。

（2）收件准备。定期为大客户提供标准化包装件、快递单据，以方便客户随时填写寄件信息。

（3）收件处理。大客户所投寄快件的类型较为固定且已完成包装和运单填制，收件员可称重计费后直接收取快件,无须特殊验视、指导运单填写和帮助包装等工作。

(4)费用结算。大客户的快递费用结算由快递企业统一安排财务人员负责。

三、国际快件收寄

1. 国际快件的分类

国际快件一般分为文件和包裹两类。

(1)文件类国际快件。文件类国际快件是指法律法规规定予以免税且无商业价值的文件、单证、票据及资料,品名申报为"DOC"(文件),申报价值为"0 美元"。

(2)包裹类国际快件。包裹类国际快件是指法律法规允许进出境的货样、广告品,需要以实际价值进行申报。包裹类国际快件需要客户提供形式发票或商业发票。包裹根据其申报价值的高低又分为高价值包裹和低价值包裹。各国对高价值包裹和低价值包裹的划分标准不尽相同。

《邮件封面书写规范——国际信函》

2. 国际快件的重量和规格限度

(1)重量限度。国际快件每件最高重量为 50 kg。有的国家对包裹限重 20 kg、15 kg 或 10 kg,因此,包裹重量限度应以寄达国限度为标准。我国采用的单件最高重量限度为 50 kg,单票不超过 250 kg。

(2)规格限度。非宽体飞机载运的快件,每票快件重量不超过 80 kg,体积一般不超过 40 cm×60 cm×100 cm。宽体飞机载运的快件,每票快件重量一般不超过 250 kg,体积一般不超过 100 cm×100 cm×140 cm。

《邮件封面书写规范 第 2 部分:国际》

3. 国际快件服务费

在国际快件业务中,资费一般采用首重加续重的计算方法,资费计算公式为

$$资费=首重价格+(计费重量-首重)\times 单价$$

由于国际快件业务涉及全球多个国家和地区,为了让快递业务员更加迅速地计算国际快件的服务费,同时让客户更加直观地了解寄递到各个国家的服务费,快递企业大都采用分区计费的方法,按照各个国家的地理位置自行制定收费规则。中国邮政 EMS 国际及港澳台特快专递、中速快件资费表如表 3-4 所示。

表 3-4 中国邮政 EMS 国际及港澳台特快专递、中速快件资费表

单位:元

资费区	起重 500 g 及以内		续重 500 g 或其零数
	文件	物品	
一区	90	130	30
二区	115	180	40
三区	130	190	45
四区	160	210	55
五区	180	240	75
六区	220	280	75
七区	240	300	80

续表

资 费 区	起重 500 g 及以内		续重 500 g 或其零数
	文 件	物 品	
八区	260	335	100
九区	370	445	120

资料来源：中国邮政速递物流官网：https://www.ems.com.cn。

4．国际快件详情单填写注意事项

寄件人用英文、法文或寄达国通晓文字填写寄、收件人详细地址和联系方式，如使用英文、法文以外文字填写时，必须用英文、法文或中文注明寄达地国名和城市名；寄往日本、韩国及中国香港、澳门、台湾地区的邮件可用中文填写；寄往中国台湾地区的详情单及邮件封面上，不得使用"中华人民共和国""P.R.CHINA""中华民国""ROC""REP.CHINA"等字样。文件类快件可只填写快件详情单，物品类快件除填写快件详情单外，还应填写形式发票、内件品名及详细说明等内容，应使用英文填写，申报价值用美元表示。

《国内邮政包裹详情单》

5．国际快件通关

国际快件业务与国内快件业务的流程大致相同，都要经历快件收寄、分拣、转运、派送等基本流程，但是因为国际快件业务在运输过程中需要经过进出境环节，所以在进出境过程中应当遵照各国进出境的相关法律和要求。目前，世界各国都设置海关机构，代表国家对进出境环节实施监管。国际快件业务在进出境过程中需要受到海关的监督，所以国际快件业务与国内快件业务相比增加了通关环节。

《邮政特快专递详情单》

通关又叫清关、结关，是指海关对快递服务组织呈交的单证和快件依法进行审查、征收税费、批准进口或出口的全过程，主要包括快件的申报、查验、征税、放行等环节。

国际快件通关的通俗解释就是快递企业在将快件运出 A 国关境前，先向 A 国海关书面报告所运载的快件品名，经过 A 国海关查验，确认实际运载物品与报告中的描述一致后，给予放行的过程。在此过程中，A 国海关可能会根据本国情况向快递企业收取相应的税费。A 国海关同意放行后，快件经过运输到达 B 国关境，同样快递企业需要在将快件运进 B 国关境时，向 B 国海关申报所运物品，经过 B 国海关的查验确认后，此物品进入 B 国，然后由快递企业在 B 国进行派送。在快件转运的过程中，因涉及 A、B 两国的海关，如果快递企业所运载的快件不能满足 A 国或 B 国的要求，则快件无法完成转寄。国际快件在寄递的过程中，需要根据海关的相关规定，准备相应的资料，如发票、报关委托书等。

国际快递和国内快递的区别

国际快递的寄送流程和注意事项

国际进境快件查验流程

快件报关方式分类

☞ **单项实训 3-1**

1. 假如你是某快递公司营业部的取件员,接到营业部客服中心发来的取件信息(见表 3-5),现驱电动三轮车赶往客户处。根据你所接收的工作任务,把工作内容与步骤写出来。

表 3-5 取件信息

序 号	取 件 地 址	联 系 人	电 话	物品及其数量
A	深圳市福田区福华三路 88 号	吴先生	0755-12345678	文件 1 封
B	深圳市龙岗区南澳镇人民路 33 号	郑先生	0755-12312312	衣服约 5 kg
C	深圳市福田区益田路 3013 号	王先生	0755-23423423	药品 1 箱
D	深圳市龙岗区大鹏镇市场街 5 号	陈先生	0755-45645645	图书 5 本
E	深圳市南山区艺园路 139 号	褚先生	0755-78978978	信函 100 封

2. 使用手机 App"菜鸟",下单一票取件业务,模拟快递公司业务员收到菜鸟下单信息后的取件过程。

任务二 快件验收

任务描述:要求学生掌握禁限物品验视、快件包装技能。

一、快件验收的工作内容

接收快件后的快件验收工作具体包括 4 项内容,如表 3-6 所示。

表 3-6 快件验收的工作内容

序 号	工 作 内 容
1	验视快件外观,核查禁限物品
2	规范包装快件
3	确定快件计费重量与运费
4	粘贴运单与随运单证

二、禁限物品验视

1. 验视快件并核查禁限物品

(1)寄递物品外观验视。验视是指对寄递物品的外观、性质等内容进行检查,核实是否属于禁限物品、是否符合快递安全要求。如果发现禁限疑似品,应请客户提供物品性质的相关证明,若客户无法提供相关证明或者相关证明无法证实物品为非禁限物品,则可委婉地谢绝客户,表示此件不能收取。在验视外观时,一般会同时检查寄递物品的实际数量,确保实际数量与运单上注明的数量保持一致。如果运单上没有填写物品的数量,则必须与客户当面确认。

(2)寄递物品内包装验视。内包装验视是指检查快件内包装。快递员应查验寄递物品是否有内包装，如有内包装，应检查内包装是否完好、内包装是否适合运输规定等项目。

2. 禁限物品分类

禁限物品是指国家法律法规禁止寄递的物品，其主要分类如表3-7所示。

表3-7 快递禁限物品

类 别	主要禁限物品
1. 枪支（含仿制品、主要零部件）弹药	枪支（含仿制品、主要零部件）：如手枪、步枪、冲锋枪、防暴枪、气枪、猎枪、运动枪、麻醉注射枪、钢珠枪、催泪枪等； 弹药（含仿制品）：如子弹、炸弹、手榴弹、火箭弹、照明弹、燃烧弹、烟幕（雾）弹、信号弹、催泪弹、毒气弹、地雷、手雷、炮弹、火药等
2. 管制器具	管制刀具：如匕首、三棱刮刀、带有自锁装置的弹簧刀（跳刀）、其他相类似的单刃、双刃、三棱尖刀等； 其他：如弩、催泪器、催泪枪、电击器等
3. 爆炸物品	爆破器材：如炸药、雷管、导火索、导爆索、爆破剂等； 烟花爆竹：如烟花、鞭炮、摔炮、拉炮、砸炮、彩药弹等烟花爆竹及黑火药、烟火药、发令纸、引火线等； 其他：如推进剂、发射药、硝化棉、电点火头等
4. 压缩和液化气体及其容器	易燃气体：如氢气、甲烷、乙烷、丁烷、天然气、液化石油气、乙烯、丙烯、乙炔、打火机等； 有毒气体：如一氧化碳、一氧化氮、氯气等； 易爆或者窒息、助燃气体：如压缩氧气、氮气、氦气、氖气、气雾剂等
5. 易燃液体	如汽油、柴油、煤油、桐油、丙酮、乙醚、油漆、生漆、苯、酒精、松香油等
6. 易燃固体、自燃物质、遇水易燃物质	易燃固体：如红磷、硫黄、铝粉、闪光粉、固体酒精、火柴、活性炭等； 自燃物质：如黄磷、白磷、硝化纤维（含胶片）、钛粉等； 遇水易燃物质：如金属钠、钾、锂、锌粉、镁粉、碳化钙（电石）、氰化钠、氰化钾等
7. 氧化剂和过氧化物	如高锰酸盐、高氯酸盐、氧化氢、过氧化钠、过氧化钾、过氧化铅、氯酸盐、溴酸盐、硝酸盐、过氧化氢水溶液等
8. 毒性物质	如砷、砒霜、汞化物、铊化物、氰化物、硒粉、苯酚、汞、剧毒农药等
9. 生化制品、传染性、感染性物质	如病菌、炭疽、寄生虫、排泄物、医疗废弃物、尸骨、动物器官、肢体、未经硝制的兽皮、未经药制的兽骨等
10. 放射性物质	如铀、钴、镭、钚等
11. 腐蚀性物质	如硫酸、硝酸、盐酸、蓄电池、氢氧化钠、氢氧化钾等
12. 毒品及吸毒工具、非正当用途麻醉药品和精神药品、非正当用途的易制毒化学品	毒品、麻醉药品和精神药品：如鸦片（包括罂粟壳、花、苞、叶）、吗啡、海洛因、可卡因、大麻、甲基苯丙胺（冰毒）、氯胺酮、甲卡西酮、苯丙胺、安钠咖等； 易制毒化学品：如胡椒醛、黄樟素、黄樟油、麻黄素、伪麻黄素、羟亚胺、邻酮、苯乙酸、溴代苯丙酮、醋酸酐、甲苯、丙酮等； 吸毒工具：如冰壶等
13. 非法出版物、印刷品、音像制品等宣传品	如含有反动、煽动民族仇恨、破坏国家统一、破坏社会稳定、宣扬邪教宗教极端思想、淫秽等内容的图书、刊物、图片、照片、音像制品等

续表

类　　　别	主要禁限物品
14．间谍专用器材	如暗藏式窃听器材、窃照器材、突发式收发报机、一次性密码本、密写工具、用于获取情报的电子监听和截收器材等
15．非法伪造物品	如伪造或者变造的货币、证件、公章等
16．侵犯知识产权和假冒伪劣物品	侵犯知识产权：如侵犯专利权、商标权、著作权的图书、音像制品等；假冒伪劣：如假冒伪劣的食品、药品、儿童用品、电子产品、化妆品、纺织品等
17．濒危野生动物及其制品	如象牙、虎骨、犀牛角及其制品等
18．禁止进出境物品	如有碍人畜健康的、来自疫区的以及其他能传播疾病的食品、药品或者其他物品；内容涉及国家秘密的文件、资料及其他物品
19．其他物品	《危险化学品目录》《民用爆炸物品品名表》《易制爆危险化学品名录》《易制毒化学品的分类和品种目录》《中华人民共和国禁止进出境物品表》载明的物品和《人间传染的病原微生物名录》载明的第一、二类病原微生物等，以及法律、行政法规、国务院和国务院有关部门规定禁止寄递的其他物品

资料来源：中国邮政速递物流官网 https://www.ems.com.cn.

3．寄递服务企业对禁寄物品的处理办法

（1）企业发现各类武器、弹药等物品，应立即通知公安部门处理，疏散人员，维护现场，同时通报国家安全机关。

（2）企业发现各类放射性物品、生化制品、麻醉药物、传染性物品和烈性毒药，应立即通知防化及公安部门按应急预案处理，同时通报国家安全机关。

（3）企业发现各类易燃易爆等危险物品，收寄环节发现的，不予收寄；经转环节发现的，应停止转发；投递环节发现的，不予投递。对危险品要隔离存放。对其中易发生危害的危险品，应通知公安部门，同时通报国家安全机关，采取措施进行销毁。需要消除污染的，应报请卫生防疫部门处理。其他危险品，可通知寄件人限期领回。对内件中其他非危险品，应当整理重封，随附证明发寄或通知收件人到投递环节领取。

（4）企业发现各种危害国家安全和社会政治稳定以及淫秽的出版物、宣传品、印刷品，应及时通知公安、国家安全和新闻出版部门处理。

（5）企业发现妨害公共卫生的物品和容易腐烂的物品，应视情况通知寄件人限期领回，无法通知寄件人领回的可就地销毁。

（6）企业对包装不妥、可能危害人身安全、污染或损毁其他寄递物品和设备的，收寄环节发现后，应通知寄件人限期领回。经转或投递中发现的，应根据具体情况妥善处理。

（7）企业发现禁止进出境的物品，应移交海关处理。

（8）其他情形，可通知相关政府监管部门处理。

《邮件快件实名收寄验视操作规范》

快递验视实训

《快递服务 第3部分：服务环节》

三、快件包装

1. 包装基本常识

包装符合要求对保证快件安全、准确、迅速地送达客户起着极为重要的作用。尤其是流质和易碎物品,如果包装不妥,不但快件自身容易损坏,还会污损其他快件,甚至危及工作人员的安全。判断包装是否牢固,主要看经过包装后的快件是否能够经受长途运输和正常碰撞、摩擦、振荡、压力以及气候变化。因此,一定要按照物品性质、大小、轻重、寄递路程以及运输情况等,选用适当的包装材料进行妥善包装。

《邮件快件包装基本要求》

2. 常见快件包装材料

《快递封装用品 第1部分:封套》

《快递封装用品 第2部分:包装箱》

《快递封装用品 第3部分:包装袋》

(1) 外包装材料。外包装材料主要包括包装袋、包装盒、包装箱、包装筒等。

① 包装袋。包装袋是以纸板、塑料为主要原料,经加工形成的信封式封装用品,如图3-3所示。

   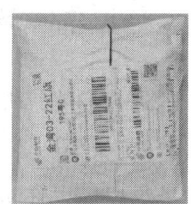

图3-3 包装袋

② 包装盒。包装盒是介于刚性和柔性包装之间的一种包装材料。常见的有木质包装盒(见图3-4)、铁质包装盒(见图3-5)、塑料包装盒(见图3-6)。

图3-4 木质包装盒　　　图3-5 铁质包装盒　　　图3-6 塑料包装盒

③ 包装箱。包装箱是刚性包装技术中的一类重要包装材料,属于刚性或半刚性材料,强度较高且不易变形。常见包装箱有瓦楞纸箱(见图3-7)、塑料箱(见图3-8)、木箱(见图3-9)。

④ 包装筒。包装筒(见图3-10)是筒身各处横截面形状完全一致的一种包装容器,是刚性包装的一种。包装筒有两种:小型包装筒和中型包装筒。

图 3-7　瓦楞纸箱　　　图 3-8　塑料箱　　　图 3-9　木箱　　　图 3-10　包装筒

（2）内包装材料。内包装材料用于填充货物与包装盒之间的空隙，防止货物晃动。常用的有海绵块、气泡膜、珍珠棉、隔离段、发泡胶、震板、气型塑料薄膜等。

① 海绵块（见图 3-11）。海绵块用于易碎物品的填充，可缓解寄递物品在搬运过程中受到的外部作用力。

② 气泡膜（见图 3-12）。气泡膜表面柔软且有气泡，可有效缓冲运输中外力对寄递物品的振荡性损伤，主要用于电子产品的包装。

③ 珍珠棉（见图 3-13）。珍珠棉体积小、有弹性，可用于填充包装空隙或对易碎物品进行填充，以保障快件运输安全。

④ 隔离段（见图 3-14）。隔离段用于防止寄递物品因相互碰撞而造成的损坏，主要用于包装易碎类物品，如手机、玻璃杯等。

 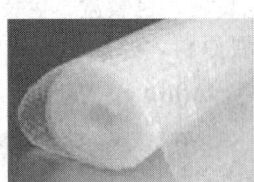 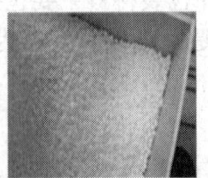 

图 3-11　海绵块　　　图 3-12　气泡膜　　　图 3-13　珍珠棉　　　图 3-14　隔离段

⑤ 发泡胶（见图 3-15）。发泡胶能够避免或者减少在运输过程中因与箱体碰撞而引起的货物损坏，还可缓解外部货物对该货物的挤压，适用于易碎及表面易划伤货物的包装。

⑥ 震板（见图 3-16）。震板俗称泡沫、泡沫板，为内填充材料，当快件受到振荡或坠落地面时，能起到缓冲、防震、防破损的作用。

⑦ 气型塑料薄膜（见图 3-17）。气型塑料薄膜可以作为小件物品的减震填充材料。

  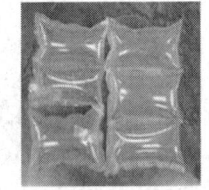

图 3-15　发泡胶　　　图 3-16　震板　　　图 3-17　气型塑料薄膜

3. 快件包装的原则

（1）适合运输。包装应坚固、完好，能够防止在运输过程中发生包装破裂、内物漏出或散失；能够防止因摆放、摩擦、振荡或气压、气温变化而引起的货物损坏或者变质；能够防止伤害操作人员或污染运输设备、地

《冷链寄递保温箱技术要求》

面设备及其他物品。

（2）便于装卸。包装材料除应适应货物的性质、状态和重量外，还要整洁、干燥且没有异味和油渍；包装外表面不能有凸起的钉、钩、刺等，要便于搬运、装卸和摆放。

（3）适度包装。要根据快件的尺寸、重量和运输特性选择合适大小的外包装与填充物，不足包装和过度包装都不可取。不足包装容易造成货物损坏，过度包装则会造成包装材料浪费。

4．快件打包方法

常用的快件打包方法有以下几种。

（1）"十字"打包（见图 3-18）。该方法适用于体积相对较小且长、宽、高三边长相差不大的快件，可以是正方体、长方体、底面直径与高的长度相近的圆筒或形状不规则的偏圆的快件。快件的两个底面是"十"，其他四个面是"1"。

（2）"廾字"打包（见图 3-19）。该方法适用于体积相对较大且长度较长的快件，可以是长方体、粗长条、长圆筒形状的快件。快件的上下两个底面呈"廾"形，两个侧面为"1"，两个侧面为"11"，如快件特别长且特别粗，可在长边上多次打包。

（3）"井字"打包（见图 3-20）。该方法适用于体积很大的长方体快件，便于搬运和装卸，快件上下两个底面呈"井"字，四个侧面的打包带为两条平行线。如快件需要特别保护，可沿侧面再做"井字"打包。

图 3-18　"十字"打包

图 3-19　"廾字"打包

图 3-20　"井字"打包

5．快件包装的注意事项

（1）适度包装，不能因片面地追求寄递物品的安全而导致包装材料的浪费。

（2）禁止使用报刊类物品、塑料薄膜类物品作为快件的外包装。

（3）对于重复利用的旧包装，必须清除原有运单及其他特殊的快件标记后方可再使用。

（4）对于价值较高的快件，在做好快件包装的同时，建议客户选择保价或保险业务。

（5）在使用纸箱包装时，应根据寄递物品的重量和体积选择合适的纸箱，避免因纸箱强度不够导致快件损坏。

《邮件包装箱第 2 部分：国际》

快递包装实训

单项实训 3-2

1．浏览韵达快递的网站（http://www.yundaex.com/cn/product_weijin.php），查看该公司规定的禁限物品。

2．以下物品应该采用什么包装材料，如何包装？

（1）一本书；（2）两瓶红酒；（3）一个硬盘；（4）一箱橘子；（5）一部带电池的单反

相机。

3. 下列哪些物品是禁限物品？

乙炔　氢气　铅笔　发令纸　梳子　火柴　固体胶　书　蓄电池　纸张　麻黄素　衬衣　仿真武器　MP4　有价证券　手机　汽油　未经药制的兽骨

4. 请把下列物品中属于禁限物品的爆炸物品选出来。

雷管　催泪弹　盐酸　汽油　发令纸　农药　炸药　双氧水　打火机　鞭炮　烟花　活性炭　火柴　救生器

5. 请把下列物品中属于禁限物品的选出来。

国家货币　有价证券　尸骨　动物器官　烟酒　贵重中药材　危险性病菌

6. 小李是顺丰速运的一名收派员，在某天的上门收件作业中，他碰到以下几种内件，请帮他选择合适的包装材料和辅料，并指出包装时有哪些注意事项。

（1）普通文件一份，厚度小于25 mm。

（2）飞机设计图纸一份，尺寸为1.5 m×0.8 m，要求不允许折叠。

（3）U盘1个。

（4）高档音箱一套。

（5）名牌运动鞋一双，带鞋盒。

7. 人身事故处理训练

为了预防发生事故，快递网点举办了安全生产教育会。会上，网点经理播放了3段视频。视频1中，快递员在包装快件时意外被美工刀划伤手；视频2中，在快递班车进场时，一名操作员被撞成重伤；视频3中，操作员分拣时闻到刺鼻化学品气味。该如何处置3段视频中的问题？

8. 请说明出现以下情况时的处置办法。

（1）发现快件中隐藏有枪支弹药或者毒品。

（2）发现快件中隐藏有放射性、腐蚀性、感染性危险品。

（3）发现快件中隐藏有反动宣传品。

9. 请说明发现危险化学品时的处置办法。

任务三　运单填写与粘贴

任务描述：要求学生了解运单的内容及其各联的功能，并掌握运单填写与粘贴技能。

一、快递运单认知

快递运单，又称快递详情单，是快递企业为寄件人准备的、由寄件人或代理人签发的运输单据。快递运单是快递企业与寄件人之间的寄递合同，其内容对双方具有约束力。当寄件人以物品所有人或代理人的名义填写并签署快递运单后，即表示接受和遵守快递运单的背书条款，并受法律保护。

1. 快递运单的内容

快递运单是一种格式合同，其内容由正面寄递信息和背面背书条款组成。如图3-21所示是中国邮政 EMS 运单正面，该运单背面背书条款如图 3-22 所示。

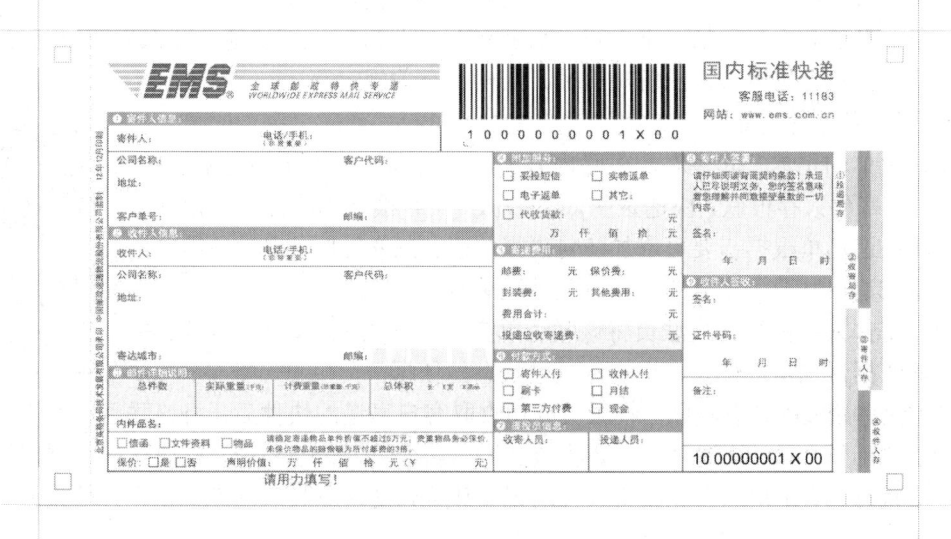

图 3-21　EMS 运单正面

图 3-22　EMS 运单背面

（1）运单正面内容构成。运单正面内容是对快件涉及信息的详细描述，主要包括寄件人信息，收件人信息，寄递物品的性质、重量、资费、数量，寄件日期，收件日期，付款方式，快递人员姓名或工号等内容。

每一份运单的正面都有一个条码（不同快递企业使用的条码规则不尽相同），条码与运单内容绑定，便于快件运输途中的查询和操作。

（2）运单背面内容构成。运单背面是运单的背书条款，是确定快递企业与寄件人之间权利、义务的主要内容。背书条款由快递企业和寄件人共

《寄递服务用户个人信息保护要求》

同承认、遵守，具有法律效力，自签字之日起确认生效。快递人员有义务在收取快件时提醒寄件人阅读背书内容。需要注意的是，快递人员不得代替寄件人填写运单。

运单背书条款主要包括以下内容：查询方式与期限、客户和快递企业双方的权利与责任、客户和快递企业产生争议后的解决途径、赔偿的有关规定等。

2. 运单各联的功能

快递运单的正本一式多联，各联内容和版式相同。国内快递运单宜采用三联，有寄件人存根联、快递企业（收件/派件）存根联和收件人存根联。国际出境快递运单根据需要可增加随包裹报关联。快递企业根据业务需要，可适当增减运单联数。常见的有以下几种运单联。

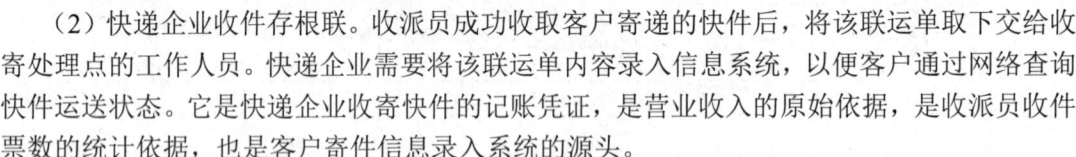

将他人手机号贴快递柜标明"美女服务"！

（1）寄件人存根联。收派员将该联运单交给寄件人保存，它是收取寄付费用的依据，也是寄件人查询快件运送状态的依据。

（2）快递企业收件存根联。收派员成功收取客户寄递的快件后，将该联运单取下交给收寄处理点的工作人员。快递企业需要将该联运单内容录入信息系统，以便客户通过网络查询快件运送状态。它是快递企业收寄快件的记账凭证，是营业收入的原始依据，是收派员收件票数的统计依据，也是客户寄件信息录入系统的源头。

（3）收件人存根联。派送快件成功后，收派员将该联运单交给签收快件的客户保存，该联运单是客户签收快件的证明和快递企业收取到付费用及记账款的凭证，也是快件出现问题时，客户投诉和理赔的依据。

（4）快递企业派件存根联。该联运单随快件同行，在快件到达目的地派送成功后，收派员将其取下交给收寄处理点的工作人员。该联运单是签收客户核收快件的依据，也是快递企业统计派送票数和派送营业收入的依据。

（5）随包裹报关联。进出口快件必须有报关使用的运单联，非进出口快件可不设此联。

（6）其他运单联。这是指各快递企业根据业务实际需求设计的、用作其他用途的运单联。

3. 快递运单的作用

（1）快递运单是寄件人与快递企业之间的寄递合同。运单是寄件人与快递企业之间缔结的快件寄递合同，在双方共同签名后产生法律效力，在快件到达目的地并交付给收件人后，合同履行完毕。

（2）快递运单是快递企业签发的已接收快件的证明。快递运单是快件收据，在寄件人将快件交寄后，快递企业就会将其中的寄件人存根联交给寄件人，作为已经接收快件的证明。一般情况下，它是快递企业收到快件并在良好条件下装运的证明。

（3）快递运单是付费方和快递企业据以核收费用的账单。快递运单记载着快递服务所需支付的费用，并详细列明了费用的种类、金额，因此可作为付费方的付费凭证，其中的存根联是快递企业的记账凭证。

（4）快递运单是报关单证之一。在快件到达目的地机场进行报关时，快递运单通常也是海关查验放行的基本单证。

（5）快递运单是快递企业安排内部业务的依据。快递运单随快件同行，证明了快件的身份。运单上载有有关该票快件收取、转运、派送的事项，快递企业会据此对快件的运输做出相应的安排。

4. 快递电子运单

快递电子运单是指将原始收寄等信息按一定格式存储在计算机信息系统中,并通过打印设备将快件原始收寄信息输出至热敏纸等载体上所形成的单据。

电子运单分为两联电子运单和三联电子运单两类。两联电子运单由上、下两联构成,上联是派件存根,下联是收件人存根,如图 3-23 所示。

图 3-23 两联电子运单

三联电子运单由上、中、下三联构成,上联是派件存根,中联是收件人存根,下联是寄件人存根。每联中间以横向模切线分割,如图 3-24 所示。

电子运单每联均由三层组成:第一层为热敏打印纸,用于信息打印;第二层为铜版纸或格拉辛纸等材料,用于粘贴;第三层为格拉辛离型纸,用于隔离。各层组合示意图如图 3-25 所示。

电子运单能减少人工录单环节,提高打印速度,降低出错率,节省纸张,节能环保,提高配送效率。现在几乎所有快递企业均已提供电子运单服务,消费者通过手机 App、微信等途径下单即可享受电子运单服务。

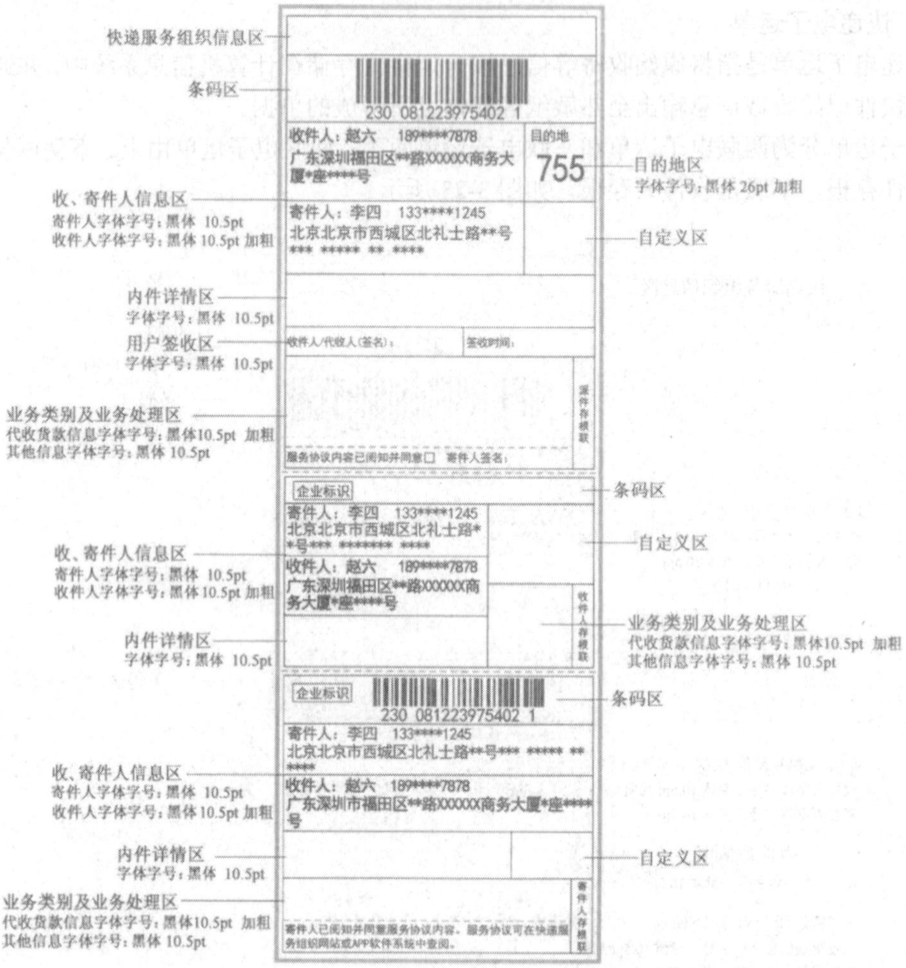

图 3-24 三联电子运单

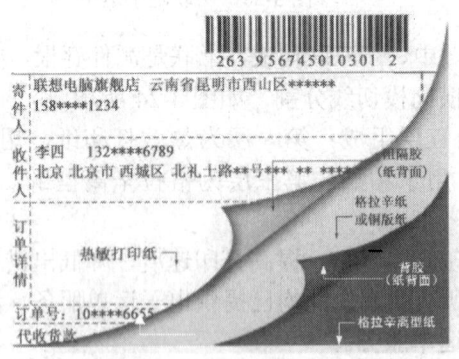

图 3-25 电子运单各层组合示意图

二、运单填写

快递企业一般根据邮政行业标准《快递服务》（YZ/T 0128—2007）中推荐的格式，结合企业快递服务产品类型设计运单格式。虽然各快递企业的运单格式存在差异,但运单栏目内容大同小异。

1. 运单填写的总体要求

(1)文字要求。填写运单必须使用规范的汉字,不得使用不规范的简化字,更不得使用自造字、异形字。如果使用少数民族文字,应当加注汉字。用外文或汉语拼音填写的,应当加注汉字名址。

(2)书写要求。在运单的正确位置填写各项内容。书写应使用黑色或蓝色笔,或使用打字机、针式打印机填写,确保各联所填写的内容一致,并且从第一联到最后一联的字迹都能清晰辨认。禁止使用铅笔或红色笔书写。字迹要求工整、刚劲有力,数字栏填写不能过大,不能压底线或超出运单方框的范围。数字书写要求如图3-26所示。

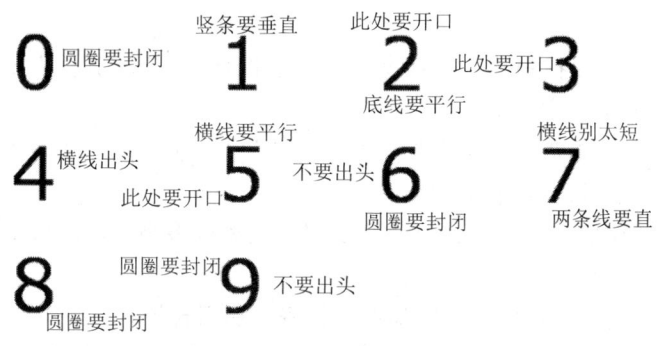

图3-26 数字书写要求

2. 运单填写规范

以图3-21所示的EMS运单正面为例,对运单填写规范说明如下。

(1)寄件人信息、收件人信息要确切。寄件人、收件人为"自然人"的,"公司名称"栏可省略不填。如未填写"公司名称",请务必详细填写寄件人、收件人地址。

寄件人、收件人为"法人"的,除填写具体的寄件人、收件人姓名外,还要清楚填写寄件单位和收件单位的全称。

寄件人、收件人的姓名要填写确切,应与有效证件上的姓名一致,不能以"王先生""李小姐"等不完整、不明确的信息代替。

寄件人、收件人的地址要完整。寄件人、收件人地址在非直辖市的,必须按省、市、县、街道、门牌号码(楼号、单元号、楼层、房号)填写,农村地址必须按省、市、县、乡、村的顺序填写。

不得只填写寄件人、收件人所在单位而省略具体地址。收件人地址在直辖市的,"省"栏可省略,其他遵从上述要求。

寄件人、收件人的电话号码要准确、有效。寄件人、收件人号码必须填写,优先填写手机号码。对于选择妥投短信通知业务的客户,寄件人电话必须填写手机号码。

客户自备单号或订单号,可与邮件号码绑定,对应客户订单系统进行跟踪查询。

为保证快递安全迅速送达,必须准确填写六位邮政编码。

(2)邮件详细说明:关于"总件数""实际重量""计费重量""总体积:长×宽×高"

一栏，应由收寄人员填写。

"总件数"最大值为1。

"实际重量"是指寄递物经包装后实际称量的重量。

"计费重量"是同一寄递物"体积重量"与"实际重量"相比较的大者。

"总体积：长×宽×高"是指寄递物的三边长度。

"内件品名"应注明内装物品的具体名称和具体数量。

"信函""文件资料""物品"由寄件人选填，在相应的"□"内打"√"，寄递物承运人有权依法验视内件。

"保价"：由寄件人自行选择是或否，在相应的"□"内打"√"。

"声明价值"是计算保价费用和出现邮件损毁后理赔的重要依据，必须据实填写（金银制品"保价声明价值"应与其提供留底的发票数量和面额保持一致），不能估计、杜撰（不保价则不用填写）。

（3）附加服务。"妥投短信""实物返单""电子返单""其他""代收货款"等附加服务根据快递企业相关规定填写。

（4）寄递费用。"邮费""保价费""封装费""其他费用""费用合计"由系统收寄完成后打印或收寄人员按实际金额填写。

"封装费"包括详情单、封套、包装箱及相关包装衬垫物（客户自备符合包装规格的除外）耗材费用。

"投递应收寄递费"为收件人付费邮件应收寄递费用合计。

（5）付款方式。"寄件人付""收件人付""刷卡""月结""第三方付费""现金"由寄件人选填，在相应的"□"内打"√"。

（6）"揽投员信息"。"揽投员信息"由揽收员、投递员签字或盖章。

（7）"寄件人签署"。揽收人员有义务向寄件人说明背书条款，请寄件人仔细阅读背书契约条款并签字（意味着理解并同意接受背书条款一切内容），同时写明寄件日期、时间。

（8）"收件人签收"。收到快件时请签名（章）确认并填写具体收到快件的日期、时间。若是他人代签收或指定收件人签收的，签名（章）后，还需注明有效证件号码和代收关系。

（9）"备注"。如需说明情况，请在此栏填写。

一票多件快件的编号信息必须通过手写或打印的方式标注在详情单备注栏。

严禁在快件运单上书写与业务无关的信息。

3. 运单填写举例

例3-1 顺丰速运国内件运单填写

根据以下信息填写快件运单。

请068068号收派员于2023年5月8日上午9点前往取件。

寄件地址：苏州市工业园区东单大厦A××-××

寄件公司：六合科贸

寄件人：张××（联系电话：××××××××××）

收件地址：绍兴市越城区袍江经济开发区

收件人：寿××收（联系电话：0575-×××××××××）

托寄物：棉质男式上衣5件，保价、客户声明价值为800元。重量为3.3 kg，包装纸箱长、宽、高分别为60 cm、60 cm、40 cm

付款方式：寄方张××支付

其他：原寄地代码为512AB，月结账号为5122233498，要求次日到达。

解答：填写国内件运单如图3-27所示。

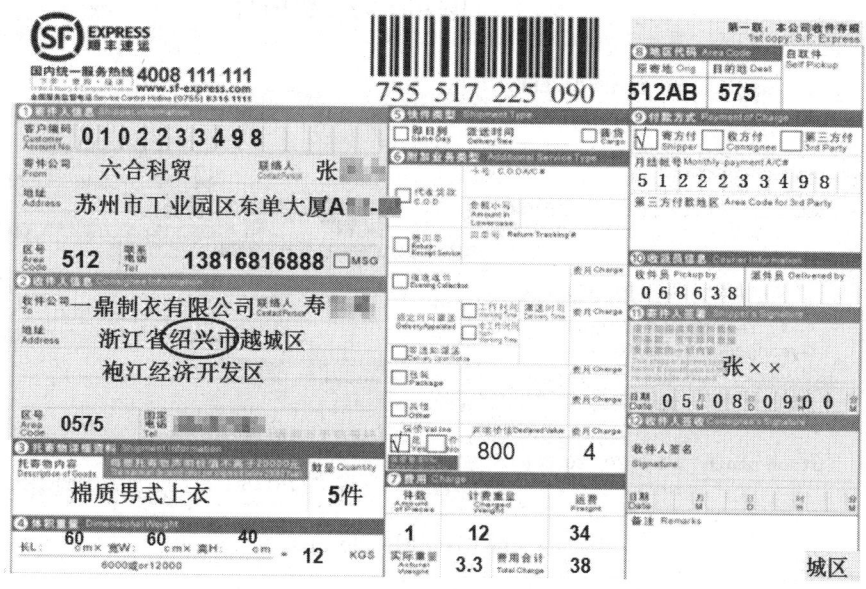

图3-27 顺丰速运国内件运单示例

例3-2 顺丰速运国际件运单填写

根据以下信息填写快件运单。

寄件地址：南通市海安县恒联路88号/No.88,Henglian Road,Haian Country,Nantong City,Jiangsu Provice,China

寄件公司：江苏联发纺织有限公司/Jiangsu Lianfa Textile Co.,Ltd.

寄件人：丁丁（0513-×××××××××）/Dingding

收件地址：韩国京畿道光州市驿洞×-×××/×-××, Yeok-dong,Gwangju-si,Gyeonggi-do,Seoul,Korea

邮编：138050

收件公司：马顺明/Shunming Ma

收件人：马顺明/Shunming Ma（电话：082-103-×××××××××）

托寄物内容：棉布/Cotton cloth

实际重量：0.3 kg

声明价值：20 USD

付款方式：运费收方付

收件员工号：070818　　汇率：1∶167.9　　报关批次：PVG0900ICN
收件时间：5月14日下午3点10分
点部代码：513D
解答：填写国际件运单如图3-28所示。

图3-28　顺丰速运国际件运单示例

例3-3　电子运单填写示例

图3-29和图3-30是韵达快递业务员办理的一票国内标准快递的电子运单，该运单是在"快递100"App上填写并生成的。

图3-29　电子运单填写页面　　　　图3-30　电子运单存根

例 3-4　顺丰电子面单（2 联）模板及填写标注（见图 3-31~图 3-33）

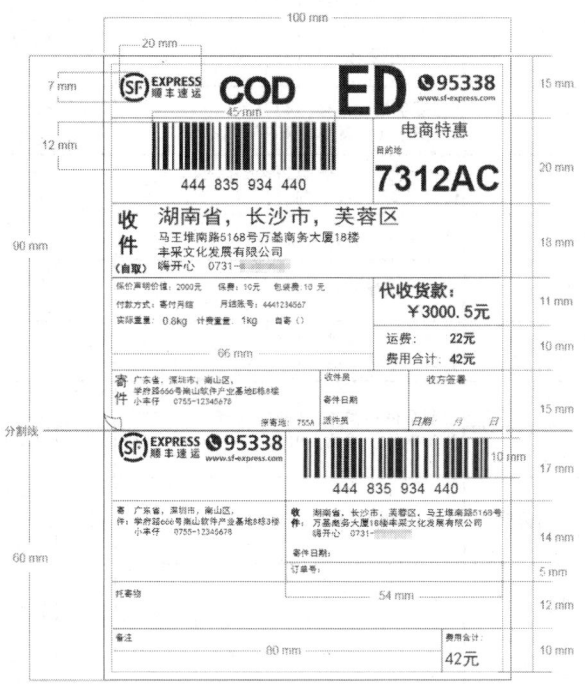

图 3-31　顺丰电子面单（2 联）模板

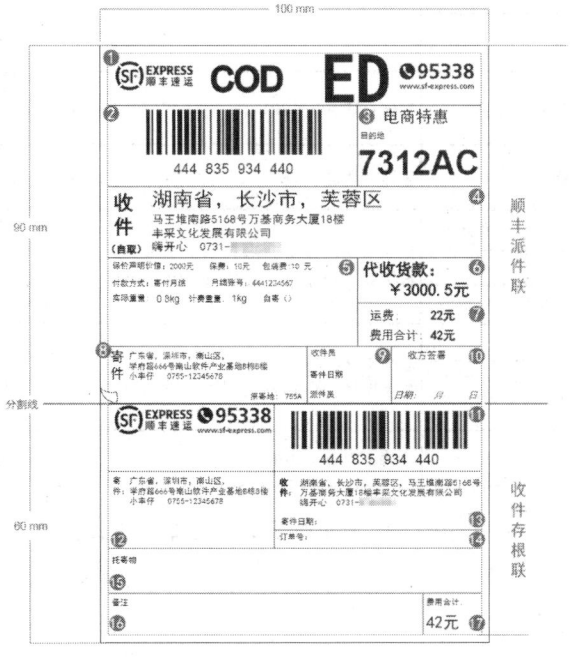

图 3-32　顺丰电子面单（2 联）模板标注

序号	信息类别	信息项目	格式（尺寸，字体，大小）	可否更改	备注
①	LOGO区	顺丰LOGO、热线电话标识	顺丰LOGO、热线电话在热敏纸上已印刷	否	
		个性化提示区，例如COD、POD	提示信息字体：Arial，24PT	是	COD表示代收货款业务，POD表示签单返还业务
		E标（陆运标识）提示区	E标签字体：黑体，48PT D标签字体：黑体，48PT	否	陆运、电商特惠标打印"E"，电商业务打印"D"
②	条码信息	条码	条码尺寸：45 mm×12 mm； 编码规则：Code128C	否	如条码不按此规则，则影响快件中转、派件，导致不能妥投
		运单号	数字字体：Arial，10PT		
③	业务类型目的地	服务产品名称	字体：黑体，12PT	否	例如：电商速配、标准快递、电商特惠
		目的地 目的地代码	汉字字体：黑体，6PT 数字、字母字体：Arial Bold，24PT	否	
④	收件方信息	收件人、收件地址	汉字字体：黑体，14PT，8PT 数字字体：黑体，8PT	否 否	收件（两字）、省、市、区三级地址使用14PT，其余使用8PT
		联系电话			
		自取件标识信息	字体：黑体，8PT	否	如果快件需要由收件人自行到快递公司网点取货，则需要打印"自取"标识
⑤	付费方式及增值服务信息	付款方式	汉字字体：黑体，6PT 数字字体：Arial，6PT	否	1. 付款方式：可打印【寄付月结】与【寄付月结、转第三方付】两种。 2. 月结账号：XXXXXXXXXX 若付款方式为【寄付月结、转第三方付】则需打印第三方付款方所在的顺丰网点代码。 3. 保价业务：若有，则需打印【保价声明价值】与【保费】；若无，则可不打印。 4. 代收货款：若有，则需打印【代收货款金额】；若无，则可不打印。 5. 增值服务不限于以上几种
		月结账号			
		第三方地区			
		保价			
⑥	代收款	代收货款业务	字体：黑体，12PT		
⑦	费用	运费	字体：黑体，9PT	否	运费如有增值服务则需打印合计，不能计算运费则可以不打印
⑧	寄件方信息	寄件人、寄件地址	汉字字体：黑体，6PT 数字、字母字体：Arial，6PT	否 否 否	寄件（两字）使用黑体，10PT
		联系电话			
		原寄地网点代码			
⑨	收派信息	收件员	汉字字体：黑体，6PT 数字字体：Arial，6PT	否	保留收件员、寄件日期、派件员栏位即可
		寄件日期			
		派件员			
⑩	收方签署信息	收方签署、日期	字体：黑体，7PT	否	保留签署栏位、日期栏位即可

图 3-33　顺丰电子面单（2联）格式说明

序号	信息类别	信息项目	格式（尺寸，字体，大小）	可否更改	备注
⑪	条码信息	条码	条码尺寸：45 mm×8 mm 编码规则：Code128C		
		运单号码	数字字体：Arial, 10PT		
⑫	寄件方信息	寄件人	汉字字体：黑体, 6PT 数字字体：Arial, 6PT		此联的内容与格式为顺丰的推荐设置，客户可根据实际需要进行个性化定制
		寄件地址			
		联系电话		是	
⑬	收件方信息	收件人	汉字字体：黑体, 6PT 数字字体：Arial, 6PT		
		收件地址			
		联系电话			
⑭	订单信息	订单号	汉字字体：黑体, 6PT 数字字体：Arial, 6PT		
⑮	托寄物信息	托寄物	汉字字体：黑体, 6PT		
⑯	备注信息	备注	汉字字体：黑体, 6PT		
⑰	费用合计	费用合计	汉字字体：黑体, 6PT		

图 3-33　顺丰电子面单（2 联）格式说明（续）

DHL 运单填写指南与范例

快递电子运单国家标准实施解读

国家标准《快递电子运单》发布，规范了哪些内容？

三、运单粘贴

1. 运单的粘贴

运单粘贴的基本要求是牢固、整齐和美观。

（1）粘贴位置。根据快件表面美观、大方的要求，以及从左到右的操作和阅读习惯，运单应粘贴在快件外包装上的适当位置，运单距离快件边缘至少 5 cm，并把表面的 4 个角落位置留出来，以备标识、随带单证的粘贴，如图 3-34 所示。

（2）粘贴方法。各快递企业根据自身运单的特性采取不同的粘贴方法，常用的主要有不干胶运单直接粘贴和运单袋封装两种。

① 不干胶运单直接粘贴。其操作方法是先把运单背面的不干胶布面撕掉，一般从打孔边撕比较容易，因为只有打孔边没有粘胶；其次，把运单的左打孔边先贴到运单粘贴的位置，然后往右边平摸运单，使运单平整地粘贴在快件表面，如图 3-35 所示。

② 运单袋封装。运单袋有普通透明运单袋（无不干胶）和不干胶透明运单袋两种。

普通透明运单袋的封装方法是把运单平整地装进运单袋内，并把运单袋口封好，注意运单袋封口时，必须排出袋内的空气，使袋子与运单能贴在一起；把装有运单的运单袋放在快件表面粘贴运单的位置；用透明胶纸在快件表面把运单贴牢，为保证运单粘贴的牢固，透明胶纸粘贴呈"卄"形。

图 3-34 运单粘贴位置示意

图 3-35 不干胶运单直接粘贴

不干胶透明运单袋的封装方法是把运单平整地装进运单袋内,并把运单袋口封好,注意运单袋封口时,必须排出袋内的空气,使袋子与运单能贴在一起;把运单背面的不干胶布面撕掉,应从袋口处撕,因为袋口处没有粘胶;把运单的左边先贴到运单粘贴的位置,然后往右边平摸运单,使运单平整地粘贴在快件表面。

(3) 运单粘贴注意事项。

① 运单粘贴应尽量避开骑缝线。这是因为当箱子受到挤压时,骑缝线处容易爆开,导致运单破损或脱落。

② 运单应粘贴在快件的最大平整表面,避免运单粘贴褶皱。

③ 使用胶纸时,不得使用有颜色或带文字的透明胶纸覆盖运单内容,胶纸不得覆盖条形码、收件人签署、派件人姓名、派件日期栏的内容。

④ 运单粘贴必须保持平整,运单不能有褶皱、折叠或破损。

⑤ 先挤出运单袋内的空气,再粘贴胶纸,避免挤破运单袋。

⑥ 如果是国际快件,必须注意将相关的报关单与运单一起装进运单袋内。

⑦ 运单要与内件一致,避免运单错贴到其他快件上。

(4) 不规则快件的运单粘贴。

① 圆柱形快件的运单粘贴。如果圆柱底面足够大,则将运单粘贴在圆柱形快件的底面,如图 3-36 所示,不能将运单架在底面边缘,以免快件叠放时把运单磕破。如果圆柱形快件较小,底面无法平整粘贴运单,则环绕圆柱面粘贴运单,不得遮盖运单号码,如图 3-37 所示。

图 3-36 大底面圆柱形快件的运单粘贴

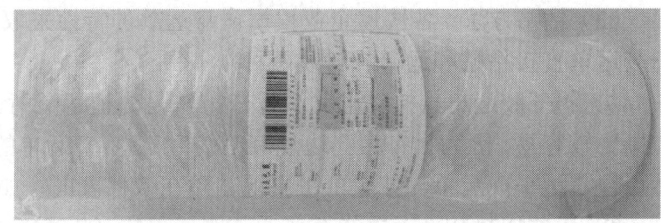
图 3-37 小底面圆柱形快件的运单粘贴

② 锥形快件的运单粘贴。对于体积较大的锥形快件,应选择能完整粘贴运单的最大侧面,平整粘贴运单,如图 3-38 所示。对于体积较小的锥形快件,如果单个侧面无法平整地

粘贴运单，可将运单内容部分粘贴在不同的两个侧面，但运单条码必须在同一个侧面，不能折叠，如图 3-39 所示。

图 3-38　大体积锥形快件的运单粘贴

图 3-39　小体积锥形快件的运单粘贴

③ 小物品快件的运单粘贴。对于体积特别小，不足以粘贴运单的快件，为了保护快件的安全，避免遗漏，建议将其装在文件封或防水文件袋内寄递。运单粘贴在文件封或防水文件袋的指定位置。

无论粘贴何种快件运单，都必须保证运单的条码不被覆盖，包括不被物品覆盖和不被颜色覆盖。同时，运单条码不能折叠，即运单的条码必须在同一表面展示，不得折叠或在两个面上，如图 3-40 所示。

2．快递标识的粘贴

（1）快递标识。快递标识是指按快件的特点，对于易碎、保价、自取、陆运、航空等快件，在包装上用贴纸、图形或文字的形式标明，用来指示运输、装卸、处理人员在作业时需要注意的事项，以保证快件的安全。

图 3-40　不规范的运单粘贴

（2）快递标识的粘贴方法。

① 正面粘贴。对于与分拣直接相关的标识，为便于分拣操作，宜将其与运单粘贴在同一表面，如国际件标识、自取件标识，如图 3-41 所示。

② 侧面粘贴。向上、防辐射等标识应粘贴在快件侧面，便于搬运、码放时识别，如图 3-42 所示。

图 3-41　正面粘贴　　　　图 3-42　侧面粘贴

③ 三角粘贴。需要被多面看到的标识，可以贴在包装箱的角上，包住快件角落的 3 个方向。例如，易碎标识应斜贴在快件粘贴运单的正面角落，另外两个角粘贴在其他两个侧面，如图 3-43 所示。

④ 沿骑缝线粘贴。作为封箱操作使用，有密封不允许打开的标识，每件快件至少粘贴两张，要求每个可拆封的骑缝线都要粘贴。例如，保价标识应粘贴在每个表面的骑缝线上，起到封条的作用，以提醒在运输过程中不允许拆开包装，如图 3-44 所示。

图 3-43　三角粘贴　　　　　图 3-44　沿骑缝线粘贴

3. 随运单证的粘贴

随运单证包括代签回单、代收货款证明、形式发票、报关单、转运单等。各快递企业对随运单证的粘贴方式不完全一样，有些企业将随运单证和运单一起放入装运单的塑料袋，用胶带粘贴在快件上，有些企业将随运单证和托寄物存放在一起。

快递人员对于自己收到的一票快件，要进行如下操作：① 检查快件运单的填写是否符合规范；② 检查运单粘贴是否规范，对不符合规范的，提出改进意见。

☞ 单项实训 3-3

1. 分别登录顺丰、韵达、申通这 3 家快递公司网站，在线填写电子运单。
2. 下载并安装申通打印专家客户版（http://dayin.sto.cn/），完成电子运单的填写和打印。
3. 微信关注"韵达快递"公众号，在小程序中注册成为会员，并实名认证。之后，完成寄件操作，如图 3-45 所示，分为"快递员上门（见图 3-46）""扫码寄件""批量寄件""批量智能解析""好友寄""丰巢自寄"六种业务。

图 3-45　寄件业务　　　　　图 3-46　快递员上门寄件

4．根据以下信息填写快递运单

寄件地址：苏州市工业园区空港物流园×街××号

寄件公司：顺丰速运

寄件人：胡立辉（电话512-××××××××、×××××××××××）

收件地址：台北市杭州南路1段85号1楼

收件公司：德群服装有限公司（统编号为95955158）

收件人：李辉（电话为×××-×××-××××××）

托寄物内容：女式棉质短袖上衣100件、单件价值5美元；总计重量为45.9 kg；共1件

付款方式：运费收方付

收件员工号：068638　　税率：1∶4.792　　报关批次：SZX0900TPE　　收件时间：4月15日15:10

点部代码：512M

5．根据以下信息填写快递运单

珠海后勤集团张三需要邮寄教材，约了中国邮政速递物流有限公司（简称中国邮政EMS）业务员于2023年10月21日15:00前来收件，请完成图3-47所示运单填写。具体内容如下。

寄件地址：珠海市金湾区珠海大道南138号

寄件公司：珠海后勤集团

寄件人：张三（联系电话：13566666666）

收件地址：天津市南开区南江经济开发区

收件人：李四（联系电话：18922222222）

托寄物：教材5本，重量为1.6 kg

付款方式：寄方张三支付

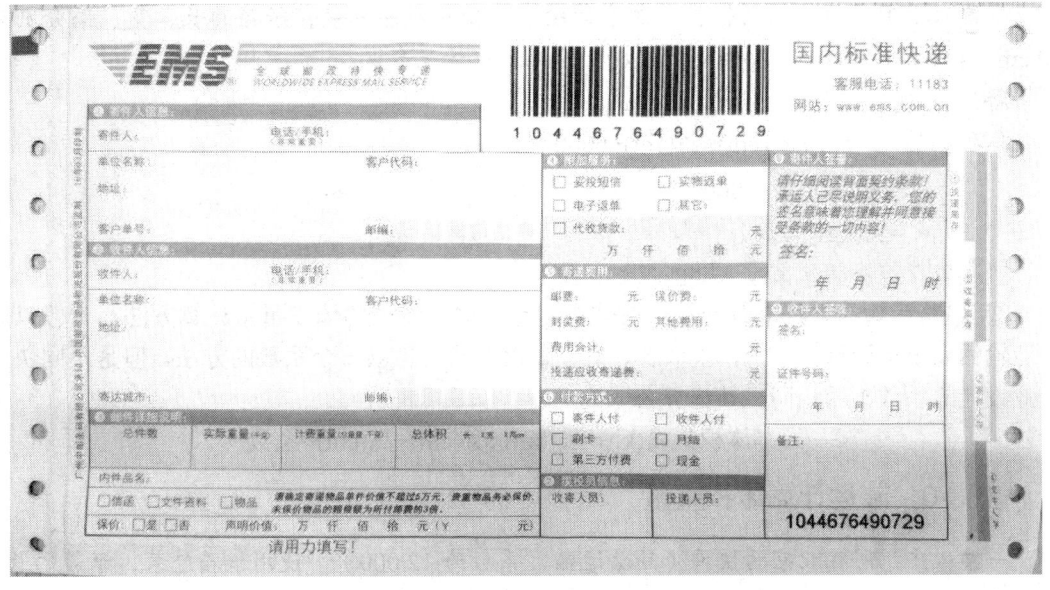

图3-47　邮政EMS快件单（采用四联单）

任务四 称重计费

任务描述：要求学生掌握快件称重计费技能。

一、计算快件重量

1. 取数规则

快件重量的取数规则是舍位取整，最小计量单位为1。

对于轻泡快件，量取快件各边长度时，最小单位为1 cm。例如，7.1 cm 按照8.0 cm 计算；7.8 cm 按照8.0 cm 计算。

读取实际重量或计算体积重量时，最小的计重单位为1 kg（有的快递公司要求为0.5 kg，如中国邮政EMS）。例如，8.1 kg 按照9.0 kg 计算；8.7 kg 按照9.0 kg 计算。

2. 快件重量计算

（1）实际重量。实际重量是指一票需要投递的快件包括包装在内的实际总重量，即计重秤上直接读取的重量。

（2）体积重量。体积重量是指使用快件的最大长、宽、高长度，通过规定的公式计算出来的重量。当需寄递物品体积较大而实重较轻时，因运输工具（飞机、火车、汽车等）承载能力及能装载物品体积所限，必须采用量取物品体积折算的重量作为计算资费的重量。

① 航空运输的体积重量计算。

$$体积重量(kg)=长(cm)×宽(cm)×高(cm)÷6000$$

📖 **例3-5 航空运输计算体积重量**

一票从上海寄往广州的快件（航空运输），使用纸箱包装，纸箱的长、宽、高分别为60 cm、40 cm 和30 cm，快件实重5 kg，其体积重量是多少？

解：

体积重量＝长(cm)×宽(cm)×高(cm)÷6000

　　　　＝60×40×30÷6000

　　　　＝12(kg)

该票快件的体积重量为12 kg。

② 陆路运输的体积重量计算。在陆路运输中尚无统一的体积重量计算方法，一般以航空运输体积重量计算为参考，采取长、宽、高相乘然后除以一个系数的方法，但是不同快递企业设计的系数不尽相同。其计算公式为

$$体积重量(kg)=长(cm)×宽(cm)×高(cm)÷系数$$

📖 **例3-6 陆运计算体积重量**

一票从广州寄往北京的快件（陆路运输，系数为12 000），使用纸箱包装，纸箱的长、宽、高分别为60 cm、40 cm 和60 cm，快件实重18 kg，其体积重量是多少？

解：

体积重量=长(cm)×宽(cm)×高(cm)÷系数

=60×40×60÷12 000

=12(kg)

该票快件的体积重量为 12 kg。

（3）计费重量。快件运输过程中用于计算资费的重量是整批快件实际重量和体积重量两者之中的较大者，即快件体积小、重量大时，按实际重量计算，计费重量=实际重量；快件体积大、重量小时，按体积重量计算，计费重量=体积重量。

对于一票多件快件，既有轻泡件又有重件，各企业的计重方法则不尽相同。大多数企业采用"大大相加"的原则，即每一件快件计算最大的重量，整票快件的重量等于各件快件的最大重量之和。

📖 例3-7　混运快件的计费重量计算

一票从南京寄往北京的快件（航空运输，系数为 6000），此票快件由两件快件组成，都使用相同的纸箱包装，快件 A 的长、宽、高分别为 60 cm、40 cm 和 60 cm，快件实重 8 kg；快件 B 的长、宽、高分别为 60 cm、40 cm 和 30 cm，快件实重 18 kg。该票货物的计费重量是多少？

解：

快件 A：体积重量=60×40×60÷6000=24(kg)

体积重量大于实际重量，所以该件快件的计费重量是 24 kg。

快件 B：体积重量=60×40×30÷6000=12(kg)

体积重量小于实际重量，所以该件快件的计费重量是 18 kg。

该票快件的计费重量=快件 A 的计费重量+快件 B 的计费重量=24+18=42(kg)

也有企业将一票快件作为整体计算重量，将整体的实际重量和体积重量相比，取较大者，如上例：

体积重量=快件 A 体积重量+快件 B 体积重量

=60×40×60÷6000+60×40×30÷6000

=24+12

=36(kg)

实际重量=快件 A 实际重量+快件 B 实际重量=8+18=26(kg)

实际重量小于体积重量，所以该票快件的计费重量为 36 kg。

二、营业款计算

1. 营业款的构成

营业款是指客户在享受快递服务时需要支付给快递公司的费用总和，包括资费、包装费、附加服务费等。

（1）资费。资费是指快递企业在为寄件人提供快递承运服务时，以快件的重量为基础，向客户收取的承运费用。资费也称为狭义的快件服务费，当不产生包装费、附加服务费、保险或保价费等时，快件资费就是快件服务费。

（2）包装费。包装费是指快递企业为了更好地保护寄递物品的安全，为寄件人提供专业包装而产生的费用，包括包装材料费和包装人工费。

通常情况下，如果包装材料属于公司专用物料，那么包装不收取人工费。例如，收寄快件时快递企业提供专门的包装纸箱，一般只收取一定的纸箱费用，不收取人工费用。

快递企业帮助客户向外界寻求包装服务的，一般需要收取包装人工费。例如，某机械需要用木框包装，快递企业必须请专业木框包装公司对机械进行包装，此时一般需要根据包装公司的要求，向寄件人收取包装材料费和包装人工费。

（3）附加服务费。附加服务费是指快递企业因为客户提供快递正常服务以外的附加服务所加收的服务费，如代收货款服务费、燃油附加费等。

2．资费的计算

资费是营业款的核心组成部分，与快件的重量直接挂钩，是收派员需要在收件现场准确计算的款项。在实际操作中，资费存在两种计算方式。

（1）根据首重、续重计算。

$$资费=首重价格+续重(计费重量)\times续重价格$$

首重是指快递企业根据运营习惯规定的计算资费时的起算重量，也称起重。起算重量的价格为首重价格。一般快递企业都将首重确定为 1 kg。

续重是指快件首重以外的重量。续重=计费重量-首重。通常，续重价格比首重价格低，而且随着续重的增大，续重价格会降低。例如，一份重量为 20 kg 的快件，如果首重为 1 kg，续重就是 19 kg。

📖 例 3-8 快件资费计算

一票从珠海寄往深圳的快件（陆路运输，系数为 12 000），使用纸箱包装，纸箱长、宽、高分别为 60 cm、40 cm、30 cm，快件实重 8 kg，计算其资费。该快递企业资费价格如表 3-8 所示。

表 3-8 资费价格表 1

区　　间	价　　格		
	首重 1 kg	1 kg＜重量≤20 kg	20 kg＜重量≤50 kg
北京—深圳	12 元	6 元/kg	5 元/kg
珠海—深圳	10 元	2 元/kg	1 元/kg

解：

体积重量=60×40×30÷12 000=6(kg)

体积重量小于实际重量，所以该票快件的计费重量应为 8 kg。

资费=首重价格+续重×续重价格=10+(8-1)×2=24(元)

该票快件资费为 24 元。

例 3-9　快件资费计算

一票从北京寄往深圳的快件（航空运输），使用纸箱包装，纸箱长、宽、高分别为 60 cm、40 cm、30 cm，快件实重 21.5 kg，计算其资费。该快递企业资费价格如表 3-8 所示。

解：

体积重量=60×40×30÷6000=12(kg)

体积重量小于实际重量，所以该票快件的计费重量应为 22 kg。

资费=首重价格+续重×续重价格=12+(20-1)×6+(22-20)×5=136(元)

该票快件资费为 136 元。

（2）根据单价计算。

$$资费=单位价格×计费重量$$

单位价格是指平均每千克重量的价格。单位计价不区分首重和续重。

例 3-10　快件资费计算

一票从珠海寄往深圳的快件（陆路运输，系数为 12 000），使用纸箱包装，纸箱长、宽、高分别为 60 cm、40 cm、30 cm，快件实重 8 kg，计算其资费。该快递企业资费价格如表 3-9 所示。

表 3-9　资费价格表 2

区　间	单　价	
	重量≤20 kg	重量＞20 kg
北京—深圳	6 元	4 元
珠海—深圳	3 元	2 元

解：

体积重量=60×40×30÷12 000=6(kg)

体积重量小于实际重量，所以该票快件的计费重量应为 8 kg。

资费=单位价格×计费重量=3×8=24(元)

该票快件资费为 24 元。

例 3-11　快件资费计算

一票从北京寄往深圳的快件（航空运输），使用纸箱包装，纸箱长、宽、高分别为 60 cm、40 cm、30 cm，快件实重 21.5 kg，计算其资费。该快递企业资费价格如表 3-9 所示。

解：

体积重量=60×40×30÷6000=12(kg)

体积重量小于实际重量，所以该票快件的计费重量应为 22 kg。

资费=单位价格×计费重量=6×20+4×(22-20)=128(元)

该票快件资费为 128 元。

单项实训 3-4

1. 计算一

一票从上海寄往广州的快件（航空运输），使用纸箱包装，纸箱的长、宽、高分别为 59.1 cm、39.5 cm 和 29.8 cm，快件实重 5 kg，其计费重量是多少？

2. 计算二

一票从北京寄往广州的快件（航空运输），使用纸箱包装，纸箱的长、宽、高分别为 60 cm、40 cm、30 cm，快件实重 30.5 kg，其资费价格如表 3-10 所示，计算其资费。

表 3-10　资费价格表 3

区间	价格		
	首重 1 kg	1 kg＜重量≤20 kg	20 kg＜重量≤50 kg
北京—广州	20 元	8 元/kg	7 元/kg

3. 计算三

一票从上海寄往广州的快件（航空运输），使用纸箱包装，纸箱的长、宽、高分别为 60 cm、40 cm、30 cm，快件实重 24.1 kg，资费价格如表 3-11 所示。请计算这票快件的资费。

表 3-11　资费价格表 4

区间	价格		
	首重 1 kg	1kg＜重量≤20 kg	20 kg＜重量≤50 kg
上海—广州	12 元	6 元/kg	5 元/kg
深圳—广州	10 元	2 元/kg	1 元/kg

4. 计算四

如图 3-48 所示物品为航空快件轻泡物品，请问怎样称量该物品的体积重量？从深圳寄往北京的航空快件，使用纸箱包装，纸箱的长、宽、高分别为 60 cm、40 cm、30 cm，快件实重 14 kg，资费价格如表 3-12 所示，计算其资费。

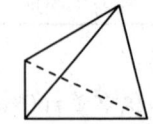

图 3-48　航空快件轻泡物品

表 3-12　资费价格表 5

区间	首重价格	续重价格
上海—广州	20	8 元/kg
深圳—北京	30	12 元/kg

5. 计算五

一票从大连寄往海口的快件（航空运输，系数为 6000），由两件组成，都使用相同的纸箱包装，快件 A 的长、宽、高分别为 60 cm、40 cm、30 cm，实重 6 kg；快件 B 的长、宽、高分别为 60 cm、40 cm、30 cm，实重 18 kg；一票货物的资费标准是：首重 20 元，续重 10 元/kg，计算其资费。

6. 快递运单的填写

根据以下信息填写快递运单。

有位叫李×的先生打来电话，告知自己住在杭州市××城××小区×单元××室，有一本书（长、宽、高分别为20 cm、10 cm、2 cm，重量0.5 kg）要寄快递给北京市海淀区××大厦××室的×××，联系方式是135××××××××。已知丰速达快递从杭州寄往北京的快件资费标准为首重12元，续重2元/kg。根据以上信息，填写如图3-49所示的快递运单。

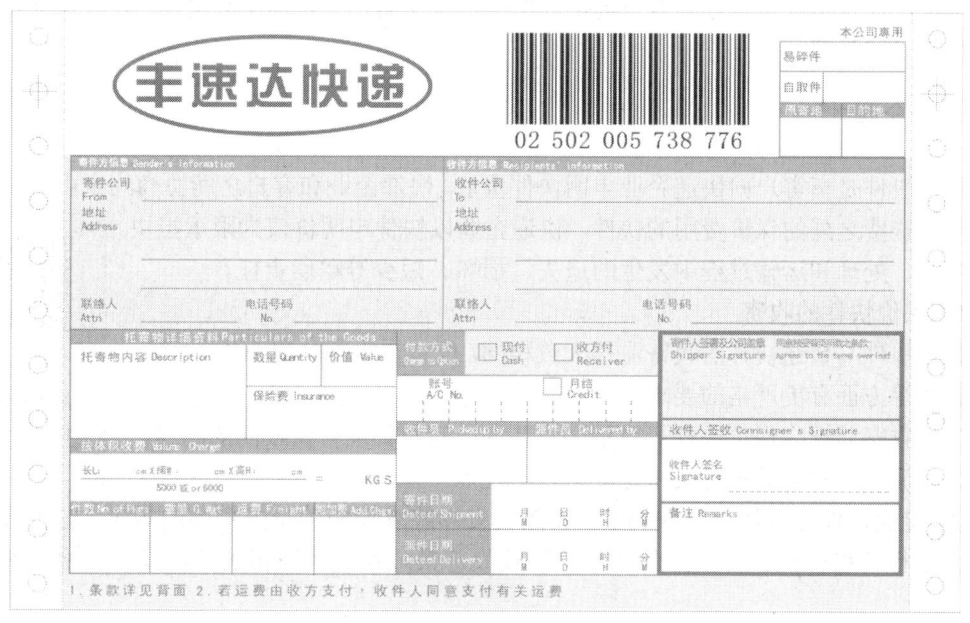

图3-49　快递单

7. 计算运费

请写出下列公路运输快件运费（系数为12 000）的计算步骤，并根据提供的内容，填写如图3-49所示的快递运单。

2023年11月18日14：00绍兴市××路××号××公司王小姐，手机号码为137×××××××××，要求寄十双皮鞋到北京市朝阳区××路××号，王××收，联系方式是136××××××××，寄付现结，货物重7 kg，货物的各边长度为长60 cm、宽40 cm、高25 cm；绍兴的邮政编码为312000，北京的邮政编码为100000，快递资费价格表如表3-13所示。

表3-13　资费价格表

区　间	价　格		
	首重1 kg	1 kg＜重量≤20 kg	20 kg＜重量≤50 kg
浙江—北京	15元	8元/kg	6元/kg
浙江—广州	12元	6元/kg	5元/kg

8. 计算运费

一票从上海寄往新加坡的快件，重量为5 kg。按此快递企业规定，到新加坡的快件首重价格为人民币50元，续重为每500 g增加人民币30元，当日新加坡元兑换人民币的货币汇率为4.8，燃油附加费为人民币40元，请计算该票快件的运费、总费用，并换算成新加坡元。

任务五　增值快件的收寄

任务描述：要求学生掌握保价快件、限时快件和代收货款快件的收寄方法。

增值快件是指快递企业为客户提供的增值快递服务，主要有保价快件、限时快件和代收货款快件三种类型。

一、保价快件

保价快件是指客户向快递企业申明快件价值，快递企业和客户之间协商约定由寄件人承担除基础资费之外的保价费用的快件。快递企业以快件申明价值为限承担快件在收派、处理和运输过程中发生的遗失、损坏、短少等赔偿责任。

1. 保价快件的收寄

保价快件与普通快件的收寄流程大致相同，但是在收寄验视、快件包装、称重计费等方面有更严格的要求。

（1）收寄验视。保价快件一般是客户认为比较重要或价值较高的物品，因此，收派员在收寄验视时要特别注意以下几点。

① 验视快件是否属于禁限物品。收派员应熟练掌握相关禁限物品的规定，对收寄的保价快件进行严格验视。防止因验视疏忽导致收寄禁限物品而被相关部门没收，给企业造成损失。

② 验视快件的数量。保价快件的实际数量一定要与运单上标注的数量一致。

③ 验视快件的申报价值是否与实际价值相符合。收派员在收取保价快件时，应要求寄件人出具快件的相关价值证明（如发票等），其申报价值不能超出快件的实际价值。对快递企业来说，快件价值越高，遗失、损毁所产生的风险越大。为了规避风险，快递企业一般规定了保价物品的最高赔偿限额。一般文件类快件的最高申明价值不超过 2000 元，非文件类快件的最高申明价值不超过 20 000 元。

（2）快件包装。保价快件的包装要求如下。

① 保价快件的包装必须严密，不能直接裸露，内部填充要无间隙，15 kg 以上的快件必须使用打包带进行"井字"打包。

② 电脑、手机等易碎、易损的电子产品，必须使用其原包装；电视机、液晶电视机、显示屏等原包装必须加木框保护。

③ 必须粘贴保价快件的标识。保价快件必须使用保价标识提醒各操作环节注意保护快件。有的快递企业在包装箱两个表面的骑缝线上粘贴保价封签并请客户在封签上签名，也有的企业在 6 条骑缝线上都粘贴保价封签，确保只有破坏封签方能打开快件包装。

（3）称重。为能够及时发现保价快件是否短少，并进行相应处理，快递企业一般会对保价快件重量的精确度提出较高要求。例如，某快递企业规定保价快件的重量必须精确到小数点后两位且各交接环节必须复核重量，确保从收取到派送整个过程中的快件安全。

（4）保价费的计算。一般情况下，保价费按保价物品价值的千分之五计算。

例3-12

客户邮寄一台价值1500元的新手机,需要保价,保价费率为5‰,请计算其保价费。

解:

因为手机是新手机,价值是1500元,按保价费的计算方法,可得出

$$保价费 = 1500 \times 5‰ = 7.5(元)$$

(5)运单填写。

① 务必在运单上勾选"保价"选项,有的企业对保价快件采用专用运单。

② "托寄物内容"一栏务必写明寄递物品的详细品名、数量,不能含糊不清。

③ 寄递物品的重量一定要精确到小数点后两位;对于轻泡件,要精确测量外包装的长、宽、高,并计算体积重量。

④ 分别写清运费和保价费,收取的费用是运费和保价费之和。

例3-13 京东快递的保价服务

1. 服务说明

(1)基础保:如客户在寄递货物时选择保价服务,因京东物流责任造成货物毁损、灭失的,按照声明价值和损失比例进行赔偿,最高不超过货物的实际损失金额。

(2)全额保:全额保是京东快递面向个人寄递场景全新推出的保价服务。客户寄递物品时购买"全额保"服务,可在保价范围内享受足额赔偿,同时将享受专人专线、优先处理、最快24小时极速到账的尊享服务。

2. 覆盖范围

中国内地客户互寄快递产品。

3. 计费标准

京东快递保价服务计费标准如表3-14所示。

表3-14 京东快递保价服务计费标准

保价金额	基础保标准服务费率	全额保标准服务费率
500元(含)以下	1元/票	2元/票
501~1000元(含)	2元/票	3元/票
1000元以上	5‰	8‰

部分易损托寄物:单票声明价值500元(含)以下,收取2元/票;500~1000元(含),收取5元/票;1000元以上按照声明价值的7‰收取,四舍五入取整。

4. 理赔标准

京东快递按照保价金额和损失的比例向客户赔偿,最高不超过托运物的实际损失金额。具体详见《京东物流托运服务条款》

5. 适用范围

京东物流对下列物品不提供保价服务:

(1)部分价值不易核实的物品,如古董、字画、纪念币、原石、观赏石、手工艺品等。

(2)部分易损或不易妥善包装的物品,如玉雕、木雕、根雕、紫砂壶等。

(3）其他运输风险较大的物品。

（4）禁保物品清单：鹿茸、水泥、木材、沙石、瓷砖、绿松石、屏风、茶壶、冬虫夏草、邮册、邮票、粮票、纪念、纪念钞、纪念品、古董、手办、鱼粉、化肥、矿石、泰山石、寿山石、砚台、奇石、菊花石、玉雕、木雕、石雕、浮雕、塑雕、碳雕、紫砂壶、貂皮、貂皮大衣、裘皮、木手串、水晶、玛瑙、把件、翡翠玉石、水晶玛瑙、玉、翡翠、琉璃、债券、股票、支票、汇票、字画、鼎器、佛像、青铜鼎、鼎、古钱币、古玩字画、茶具、咖啡具、花瓶、瓦罐、陶瓷制品、瓷碗、瓷碟、瓷/花瓶、定制家具、灯具、水晶灯、吊灯、汽车模型、观赏石、翡翠原石、原石。

京东物流会不时调整完善不提供保价服务的物品名称，具体以揽收时快递员与客户核实确认的信息为准。

6. 适用须知

（1）京东物流针对散单货物声明价值上限设定为 30 万元，当客户托寄物的保价金额超过投保上限时，请联系收派员。

（2）京东物流会不定时更新及完善不提供保价服务及易碎易损的托寄物名称（如灯具、玻璃制品、陶瓷产品、酒水、电脑等），具体以京东收派员与客户核实确认的信息为准。

（3）保费=保价金额×标准服务费率（按票计算保费的除外），四舍五入取整。

2. 保价快件的交接

（1）保价快件的交接要求。收派员当班回到营业场所，对保价快件的任何交接操作必须在监控设备的有效范围内进行，并按以下要求操作。

① 单独交接。收派员应向处理人员单独交接保价快件，避免保价快件与其他快件混在一起。

② 复重。交接双方必须共同对保价快件进行复重，确保快件的实际重量与运单上标注的重量一致。

③ 登记备案。收派员交件完毕后，应在保价快件交接清单上对当班所收取的保价快件进行登记备案。交接清单一式两份（见表3-15），一份由收派员留存，另一份由处理人员留存。清单上必须注明物品的单号、始发地、目的地、重量、品名、价值等信息，待处理人员确认物品完好后，双方签字确认。

表3-15 保价快件交接清单

日期：　　年　　月　　日

序号	单号	始发地	目的地	重量/kg	品名	价值/元	备注
1							
2							
3							
⋮							
n							

收件人：　　　　　处理人：　　　　　　　　　　　　　计：　　　　（件）

（2）异常保价快件的交接。当保价快件在交接过程中出现以下情况时，交接双方必须在监控范围内拆开验视。

① 保价标识有破损、变形或拆过的痕迹。
② 外包装有破损、变形、污染。
③ 包装有二次封胶，即有两种不同的胶带。
④ 物品实际重量与运单或交接清单所填写重量不符。

对上述异常情况，交接双方必须在监控范围内检查快件是否有内件不符、破损、短少等情况。若无实际异常，则重新贴上验视标识，双方签字确认；若出现异常，则在交接清单上备注，如表3-16所示，并交由主管人员跟进处理。

表3-16 保价快件交接清单

日期：2023年3月22日

序号	单号	始发地	目的地	重量/kg	品名	价值/元	备注
1	3961500491616	广州	荆门	5.5	笔记本电脑	6000	重量不符，内物短少，拒收
2	3961500493457	广州	北京	2.1	手机	4000	完好
3	3961501445681	广州	温州	8.6	电脑主机	3000	内物破损，拒收
4	3961505445523	广州	厦门	23	液晶电视	6000	完好
5		实收贰票，拒收贰票					
6		李丽 2023年3月22日					

收件人：张海　　　　　处理人：李丽　　　　　计：4（件）

二、限时快件

限时快件是指快递企业在限定的时间段内将快件送达客户，一般是针对商业用户提供承诺区域内限时、安全、迅速、高效的寄递服务。由于限时快件超出快递企业网络正常派送时效的规定，是一种附加特殊需求，也称为加急件，因此对限时服务这样一种增值服务，快递企业在一般服务收费基础上另加收限时服务费用。

快递保价"陷阱"

1．限时快件的收寄

限时快件与普通快件的收寄流程大致相同，不同之处主要体现在以下三个方面。

（1）优先收寄。对限时快件，收派员一定要优先收寄，确保在当班次时间内将限时快件带回网点。

（2）运单填写。务必在运单上勾选"限时"选项或采用专用限时运单。限时快件的资费与普通快件不同，收派员务必告知客户此信息，并按规定足额收取。

联邦快递在亚太、中东等10个市场推出全新国际限时递送服务

（3）标识粘贴。有的快递企业对限时快件采用专用运单，通过运单颜色即可区分，也有的企业在运单旁边粘贴限时标识。

2．限时快件的交接

（1）单独交接。收派员应向处理人员单独交接限时快件，避免限时快件与其他快件混在一起。

（2）登记备案。收派员交件完毕，应在限时快件交接清单上对当班所收取的限时快件进行登记备案。清单上必须注明物品的单号、始发地、目的地、品名、资费、收派员等信息，如表3-17所示。

表3-17 限时快件交接清单

日期： 年 月 日

序号	单号	始发地	目的地	品名	资费/元	收派员	备注
1							
2							
3							
⋮							
n							

交件完毕，处理人员应优先处理限时快件。

三、代收货款快件

《鲜活水产品快递服务要求》

代收货款快件是指快递企业接受卖家的委托，在派件的同时向买家收取货款的快件。收派员在配送快件到买家处时，买家将货款支付给收派员便能取得快件，而收派员将代收的货款交回快递企业，由快递企业与卖家另行结算。

快递如何做到这么快？

1．代收货款快件的收寄

代收货款快件与普通快件的收寄流程大致相同，但是在收寄验视、快件包装、运单填写等方面有更严格的要求。

（1）收寄验视。

① 验视快件是否含有违禁品。应逐票检查快件中是否有禁限物品，对于禁限物品一律拒绝收寄。对化妆品、含锂电池的产品，还应检查是否符合航空快件的标准，如不符合，只能通过汽车陆运。

② 验视快件的数量。一定要仔细查看内件数量与运单上标注的数量是否一致。

③ 验视是否有代收货款的相关单据。卖家有代收货款需求时，一般会与快递企业签订代收货款委托协议，并向快递企业提供代收货款相关单据，通常为收据或发票。在收件时，应检查是否有相关单据且单据上的金额应与运单上的代收金额一致。

（2）快件包装。

① 快件的包装必须严密，不能直接裸露，内部填充必须无间隙。

② 对于电脑、手机等易碎、易损的电子产品，必须使用其原包装；电视机、液晶电视机、显示屏等原包装必须加木框保护。

③ 在外包装的醒目位置粘贴代收货款标识或使用专用的代收货款运单。

（3）运单填写。

① 务必在运单上勾选"代收货款"选项或使用专用的代收货款运单。

② "托寄物内容"一栏务必写明寄递物品的详细品名、种类、数量。

③ 必须在"代收货款金额"栏处正确填写大小写代收金额，不得涂改。

2．代收货款快件的交接

收派员当班回到营业场所，对代收货款快件的任何交接操作必须在监控设备的有效范围内进行，并按以下要求操作。

（1）单独交接。收派员应向处理人员单独交接代收货款快件，避免代收货款快件与其他快件混在一起。交接时，处理人员应逐票核对运单上的代收金额是否与票据上的金额一致。

（2）复重。交接双方必须共同对代收货款快件进行复重，确保快件的实际重量与运单上标注的重量一致。

（3）登记备案。收派员交件完毕后，应在代收货款快件交接清单上对当班所收取的代收货款快件进行登记备案。交接清单一式两份，一份由收派员留存，另一份由处理人员留存，如表3-18所示。清单上必须注明物品的单号、始发地、目的地、重量、品名、代收金额等信息，待处理人员确认物品完好后，双方签字确认。

表3-18 代收货款快件交接清单

日期： 年 月 日

序号	单号	始发地	目的地	重量/千克	品名	代收金额/元	备注
1							
2							
3							
4							
⋮							
n							

收件人： 处理人： 计： （件）

交接完毕，处理人员应在第一时间将代收货款运单信息录入信息系统，并将运单扫描上传。

例3-14 京东快递的代收货款服务

《快递代收货款服务规范》

1．服务说明

京东物流按照寄件客户（卖方）与收件客户（买方）达成的交易协议，向收件客户收取货款，并按照约定时间将货款返至寄件客户指定账户。

2．覆盖范围

中国内地客户互寄快递产品。

3．计费标准

代收货款服务费=代收金额×标准费率，客户可依据自身需求，选择T+0、T+1、T+2、T+3四种不同返款时效类型，不同时效对应不同标准费率，具体如表3-19所示。

表3-19 代收货款收费标准

返款类型	收费标准	返款类型	收费标准
T+0	标准费率3%，最低收费2元/票	T+2	标准费率2%，最低收费2元/票
T+1	标准费率2.5%，最低收费2元/票	T+3	标准费率1.5%，最低收费2元/票

单项实训 3-5

1. 快递员揽收一台电视机,客户申明价值是 6000 元,需要保价寄递,保价费率为 5‰,计算其保价费。

2. 选取一家快递企业,如顺丰速运,查询其保价规则(如果保价,如何赔偿?没有保价,又如何赔偿?)。

3. 打开京东快递微信小程序,查看该快递公司全部增值服务(见图 3-50)的具体内容和服务规则。

图 3-50 京东快递增值服务

任务六 收件后续处理

任务描述:要求学生掌握快件交接、收寄信息复核和营业款交接技能。

一、快件交接

(一)快件交接准备

1. 复核快件和运单

在运回营业场所的过程中,快件及其运单可能会由于运输颠簸而受损,因此在交接快件和运单之前,必须对快件和运单进行复核,确保快件和运单完好且两者相符。复核快件和运单主要有以下工作。

(1)检查快件外包装是否牢固,如有异常,应与中转站处理人员一起在监视器监控下拆开包装,重新加固封装。

(2)检查快件上的运单粘贴得是否牢固,检查运单的随件联是否短缺、运单是否破损。若运单发生缺损,则应重新填写一份运单代替原运单,并及时通知客户新运单号。

(3)核对数量。核对运单数量与快件数量是否相符,一张运单对应一票快件,若不符,必须及时找出数量不符的原因并跟进处理。

(4)检查运单是否填写完整。特别要注意客户的电话号码、客户签名是否完整、正确,运单信息的完整性直接影响快件的信息流。

2. 登单

登单是指收派员收取快件之后,必须在固定的清单样式上登记快件信息。登记快件信息的清单叫作收寄清单。登记的内容包括快件的运单号、重量、付款方式、目的地、日期和时间,以及收派员的姓名或工号等。登单的方式有两种:手工登单和电脑系统登单。登单的基本要求为字迹工整，信息完整、准确。

（1）手工登单。手工登单的工作步骤：收派员按照清单填写内容要求，将快件信息抄写到清单的相应位置上，全部抄写完毕后，将清单中的一联交给中转站处理人员，另一联自留保存。手工登单的具体要求：① 准确性。字迹工整，便于识别、判定信息的准确性。② 完整性。必须根据清单填写要求，将运单上的相应内容完整地登记到清单上。③ 真实性。必须按照要求如实填写收寄快件的信息。

（2）电脑系统登单。电脑系统登单的工作步骤：① 运营网点处理人员（仓管员）对快递收派员交回的快件和运单进行扫描；② 将数据上传到公司数据库；③ 整理收派员的收件信息并打印清单；④ 清单一式两份，由快递收派员签字确认。

随着快递信息系统的应用，目前大部分快递企业已经取消手工登单，转而采用电脑系统登单的方式。在交接时，双方只需对快件和运单的数量交接清楚即可，具体的快件信息可通过系统进行查询或复核。

（二）快件交接原则

（1）当面交接。收派员与处理人员交接快件和运单时，必须当面交接。交接双方共同确认快件和运单信息无误，如出现问题可现场解决或将快件和运单退回给收派员处理，便于明确双方的责任。

（2）交接签字。交接双方在确认快件和运单信息无误之后，需要在收寄清单或特定的交接表格上，对双方交接信息进行签字确认。随着信息化的发展和员工素质的提升，大部分快递企业已经简化了交接签字的环节，双方达成共识，交接的信息直接以系统信息为准。

（3）运单与快件一起交接。由于快件与运单是一一对应的关系，即一票快件对应着一张运单，因此快件和运单（快递企业收件存根联）必须同时交接，便于处理人员对运单和快件进行对比，及时发现运单或快件遗失的问题。

（三）优先快件的交接

优先快件是指因时限要求较高或者客户有特殊时限要求，需要优先处理的快件。在寄递快件时，客户急需将快件快速送达目的地，提出优先收寄某份快件的要求，快递企业在接到此类要求后需要做出相应反应，尽可能满足客户要求。

在处理优先快件时，应注意以下几点。

（1）优先处理。例如，客户因赶时间选择"即日达"产品，要求收派员在 12 点前将快件取回，收派员应优先处理此客户的需求。

（2）单独交接。在交接优先快件过程中，收派员与营业网点处理人员对快件单独进行交接，以保证快件处理速度。

（3）登记备案。在优先快件交接时，应登记备案，以保证对快件状态的监控。

二、收寄信息复核

收寄信息复核是指收派员当班次工作结束后，对实际收寄信息与信息系统中的预定信息进行复核的过程。开展这项工作，可以有效防止因人为失误而导致客户不满，也可以及时发现快件处理中的问题，及时采取补救措施，保障客户利益。

1. 复核的内容

（1）核对当班次收寄信息的数量。收派员在当班次工作结束后，应对数据采集器中已收取的快件数量与信息系统预定的收件信息进行比对，核对本人当班次的预定收寄信息是否已经全部完成收件操作。

（2）预定收寄信息与实际收寄信息是否匹配。依照订单信息逐一核对订单信息中的内容是否与快件运单内容一致。核对内容包括寄件人姓名、寄件人联系方式、收件人姓名、收件人联系方式、寄递物品内容等信息。

2. 收寄信息复核异常的处理方法

（1）预定收寄信息未全部下载。例如，快递企业信息系统中显示收派员当班次应有10条预定收寄信息，而收派员在当班次仅收到9条信息，此时，呼叫中心客服针对遗漏信息应主动联系寄件人。如果当天联系到寄件人，则另外约定取件时间。如果当天没有联系到寄件人，则第二天再次联系，成功联系到寄件人后首先予以致歉，如果客户继续发件，则安排人员尽快上门收取；如果客户取消发件，则再次致歉。

（2）预定收寄信息已下载但未处理。例如，收派员当班次的预定收寄信息有15条，但实际收件仅有14件，则首先要确定缺失件是否已收取。

如确定未收取，则由呼叫中心客服针对遗漏信息主动联系寄件人。如果当天联系到寄件人，则另外约定取件时间。如果当天没有联系到寄件人，则第二天再次联系，成功联系到寄件人后首先予以致歉，如果客户继续发件，则安排人员尽快上门收取；如果客户取消发件，则再次致歉。

如不确定是否收取，则收派员应仔细回想此件是否已收取，并查找可能遗忘的角落，如交通工具上、背包里、客户处等，如仍未能确定是否已收取，则需要与客户联系确认是否已收取。

三、营业款交接

营业款交接主要是指收派员与快递企业指定收款人员之间的交接，即收派员把当天或当班次收取的营业款移交给快递企业指定的收款人员。

营业款交接的工作要求如下。

（1）收派员必须将营业款移交给指定收款人员。

（2）所有营业款必须当日结清，不得将款项留在收派员处过夜。

（3）应于公司规定的结算时间之前交接完毕，移交工作不得延误。

交接营业款时，必须使用规定的票据和结算凭证，即收派员将营业款交给收款人员时，收派员必须出示相应的收款账单或结算凭证；款项移交后，收款人员应开具相应票据，证明营业款已经移交。

营业款移交手续如下。

（1）交款准备。收派员整理当天所收取快件的收款资料，如收寄清单或收派员自己抄写的营业款明细，备好当天收取得到的营业款，包括现金和支票。

（2）出具交款清单。收款人员向收派员出具当天的交款清单。交款清单指的是收款人员向收派员收取营业款的款项清单，清楚地记录该收派员每一票快件应收取的资费及资费汇总。

（3）核对交款清单。收派员核对收款人员出具的交款清单，可通过收寄清单（手抄或打印）核对交款清单内容。如核对有差异，应及时与收款人员确认。如果营业款差异是由收派员造成的，直接按收款人员的交款清单移交营业款。如果营业款差异是由收款人员汇总或录入人员录入差错造成的，收派员可申请延迟交款，待更正交款清单后再移交营业款，但延迟交款必须经相关部门负责人同意并签字确认。

（4）交款签字。若交款清单无误，则按照交款清单的资费总额，移交现金或支票。如有支票，应在交款清单上登记支票号。款项移交后，交接双方在交款清单上签字。收款人员开具收款票据给收派员，证明款项已接收。

单项实训 3-6

1. 想一想，快件交接包括哪些内容？
2. 列出营业款交接的工作要点。

习　　题

一、简答题

1. 某客户通过快递企业寄 80 kg 衣物，快递企业应如何收寄？请说明理由。
2. 某客户想寄递 1 匹布，请问该如何包装？
3. 某客户想寄递 4 个 200 ml 的玻璃杯，请问该如何包装？
4. 快件交接清单登记的内容有哪些？收寄清单的制作方法有哪些？
5. 快件交接需要注意哪些事项？

二、自测题

项目三　自测题

项目四　快件分拨处理

【学习目标】

通过本项目的学习和训练，要求学生掌握快件总包接收、拆解，快件分拣、封发和总包装车发运的程序和操作技能。

【主要知识点】

快件总包接收、拆解，快件分拣、封发和总包装车发运的程序。

【关键技能点】

快件总包接收、拆解，快件分拣、封发和总包装车发运等中转业务处理的操作技能。

任务一　总包接收

任务描述：要求学生掌握快件总包接收的程序和处理方法。

快件处理在快递服务全过程中主要具有集散、控制和协同作用。快件处理作业流程主要包括引导到站车辆、验视车辆标志、拆解车辆封志、卸载总包、拆解总包、快件分拣、总包封装、装载车辆、车辆施封等环节。快递处理的作业流程如表4-1所示。

表4-1　快递处理作业流程

序号	流程活动	流程说明
1	引导到站车辆	引导快件运输车辆准确停靠，并核对车牌号码，查看押运人员身份
2	验视车辆封志	检查车辆封志是否完好，核对封志上的印志号码
3	拆解车辆封志	使用不同的工具，按照正确方法拆解车辆封志
4	卸载总包	把总包快件从运输车厢内卸出，注意安全，按序码放
5	验视总包	查点总包数量，验视总包规格，将异常总包交主管处理
6	扫描称重	对总包进行逐袋扫描比对，称重复核，上传信息，并核对扫描信息与交接单是否一致
7	办理签收	交接结束后，交接双方在总包路单上签名盖章，有争议事宜则在总包路单上批注
8	拆解总包	解开总包，倒出包内快件，检查总包空袋内有无漏件
9	逐件扫描	逐件扫描快件条码，检查快件规格，将问题件剔出，并交有关部门处理
10	快件分拣	按快件流向对快件进行分类、分拣
11	快件登单	逐件扫描快件的完整信息，扫描结束后及时上传信息，打印封发清单
12	总包封装	制作包牌，将快件装入包袋并封口
13	总包堆码	将总包按一定要求堆位、码放

续表

序号	流程活动	流程说明
14	办理交运	对总包按发运车次、路向填制交接单并对比
15	交发总包	交接双方共同核对总包快件数量，检查总包规格、路向
16	装载车辆	按照正确装载、码放要求将总包快件装上运输车辆
17	车辆施封	交接双方当面施加车辆封志，保证封志锁好，核对封志号码
18	车辆发出	交接完毕，在总包路单上签名盖章，引导车辆按时出发

快件接收是快件处理的第一个作业环节，在进站快件总包接收作业过程中，处理中心接收人员在运输快件车辆的封志、总包路单、快件总包的规格和重量等方面，要认真执行交接验收规定，明确责任环节，确保快件的处理质量。在交接中，应注意产生的异常情况，并及时处理异常封志、异常总包。总包接收的流程如下。

一、接收前的准备

总包是指集中装入寄往同一寄达地（或同一中转站）的多个快件的容器或包（袋）。总包经封扎袋口或封裹牢固形成一体，便于运输和交接。总包必须栓有包牌或粘贴标签，同时总包内应附寄快件封发清单或在总包包牌及标签上写明内装件数，如图4-1所示。

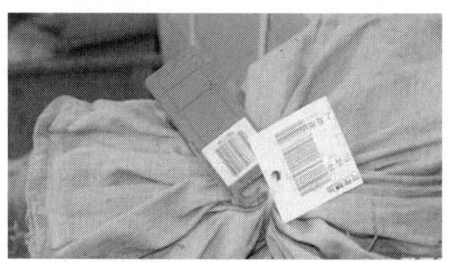

图4-1　快件总包

总包接收前，处理中心各岗位的操作人员应根据各自的作业要求和内容，预先安排相关工作，准备相关物品与工具，确保作业规范化，提高作业效率。主要内容如表4-2所示。

表4-2　总包接收前的准备工作

序号	准备工作的具体内容
1	检查有无快件处理的相关要求和操作变更通知
2	领取条码扫描设备、名章、圆珠笔、拆解专用钳或剪刀
3	做好个人准备工作，穿好工作服，佩戴工作牌和上岗劳动保护用品（如防护手套、护腰工具等）
4	检查装卸、分拣、条码扫描等设备，核对作业班次和时间
5	对作业场地进行检查，场地应清洁、干净、无遗留快件

二、检查总包路单

总包路单是快递服务网络中运输和处理这两个部门在交接总包时的交接凭证，是登记交接总包相关内容（如路单号码、总包包号、寄出地、到

邮件路单

达地、总包数量、重量、快件种类等)的单证,有的快递企业也将总包路单称为交接单。在快件处理过程中,虽然各快递企业使用的总包路单形式多样,但功能基本相同,一般都用于登记总包信息。

快件运输车辆进入中转处理中心场地后,快件处理员要引导车辆停靠在指定的交接场地,必须核对车牌号码,核实押运人员身份,确认是否延误。总包接收流程如图4-2所示。

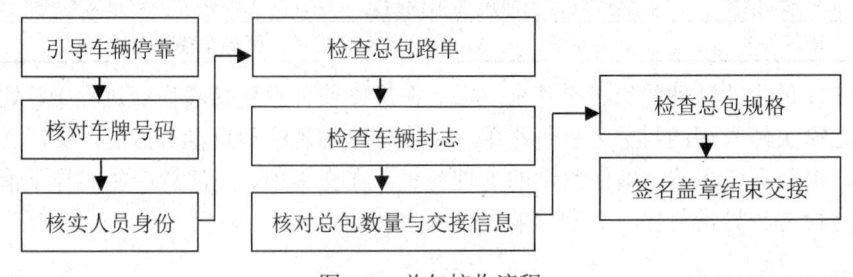

图4-2 总包接收流程

处理员引导车辆停靠后,需要检查快件运输车辆送件人员提交的总包路单内容填写得是否完整,有无漏项,章戳签名是否规范正确。同时,核对到站快件运输车辆的发出站、到达站、到达时间,并在总包路单上批注实际到达时间。交接结束后,必须在总包路单上签名盖章。

三、检查车辆封志

1. 车辆封志

快件处理员在卸载总包之前,需要检查车辆封志是否正常、有无拆动痕迹,卫星定位信息有无非正常停车或非正常开启车门的记录。

车辆封志是固封在快件运输车辆车门上的一种特殊封志,其作用是防止车辆在运输途中被打开,保证已封车辆完整地从甲地开到乙地。封志是快件运输途中保证安全、明确责任的重要手段。

车辆封志大体上可分为两类:一类是实物封志,是快递企业经常使用的封志(见图4-3),通常分为塑料类和金属类,分别如图4-4和图4-5所示。另一类是信息封志,是无形的封志。随着信息技术的发展,一些快递企业使用全球卫星定位系统(Global Positioning System,GPS)与地理信息系统(Geographic Information System,GIS)相结合的信息封志监控快件运输车辆的车门,利用系统记录信息来确定运输途中车门是否被无故打开,从而保障快件运输过程中的安全性。

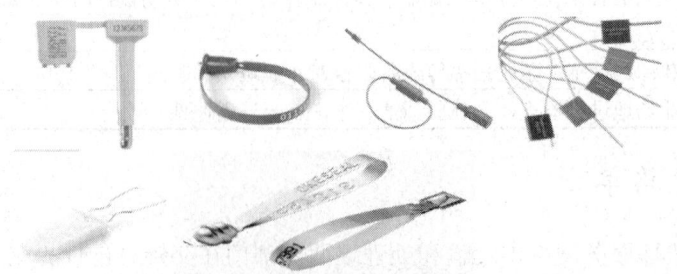

图4-3 常见车辆封志(钢丝封条、铁皮封条、高保封条、塑料封条)

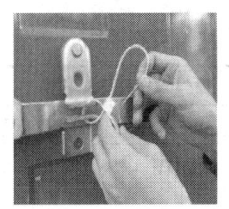
图 4-4　塑料封志

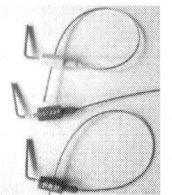
图 4-5　金属封志

2．车辆封志的使用规则

车辆封志的使用应遵守以下规则。

（1）装好车后，必须将封志号码填入路单相应栏目，装车人员负责检查核对。

（2）封车时，如果车辆封志损坏，装车人员必须持损坏封志和路单到封志管理人员处更换。更换封志时，必须同时更换路单上的号码，确保路单号和车门封志号相对应。

（3）场地装发完毕后，装发人员与押运人员共同对车厢施封。押运人员或司机应对封志号码进行检查核对，并在路单上签字确认。

（4）车辆到达总包接收部门后，接收部门操作人员应先检查封志是否完好，并核对封志号码与路单记录的封志号码是否一致，确认无误后签字。

（5）如在处理中心进行部分卸件，在卸件完成后，必须重新施封，并在路单上写明封志号码，然后让司机核对。

3．责任划分

（1）在封志完好的情况下，如果出现快件的短少，应向上一环节追查责任。

（2）在封志、车门锁损坏或缺失的情况下，根据异常封志的相应情况进行处理。

（3）若车辆在途中遇执法部门查车而拆解车辆封志，司机必须及时通知业务主管，并向执法人员索取相关证明，经核实后，司机不必承担责任。

四、拆解车辆封志

不同材质的车辆封志，拆解方法略有不同。对于施封锁，交接人员应该使用施封锁专用钥匙开启，并妥善保管钥匙以备查询及循环使用。对于金属封志、铅封、塑料封志等，交接人员应该使用剪刀或专用钳拆解封志。

拆解车辆实物封志，首先要认真检查封志是否已被打开，封志上的印志号码或封志标签是否清晰可辨。如果铅封印志模糊、塑料封志反扣松动能被拉开，属于异常封志，则需要按照异常车辆封志处理方法予以处理。在拆解时需要注意，不得损伤封志条码或标签。

1．车辆封志异常

车辆封志异常是指拆解车辆封志之前，封志已经出现断开、损坏、标签模糊、塑料封志反扣松动能被拉开等现象。出现异常车辆封志，应在路单上进行批注，并查明原因，及时处理。

2．车辆封志异常的种类

车辆封志异常的种类及其原因如表 4-3 所示。

表 4-3　车辆封志异常的种类及其原因

种　类	异常的原因
断开损坏	遭受外部人员偷窃、发生交通事故、车辆封志的质量问题、查车等意外情况
标签模糊	条码模糊而数字清晰、条码及数字均模糊
条码与路单不符	路单填写错误、故意更换车辆封志

3．车辆封志异常的处理办法

车辆封志异常的处理办法如表 4-4 所示。

表 4-4　车辆封志异常的处理办法

序　号	处 理 办 法
1	发现车辆封志异常，应首先向作业主管报告，并在路单上批注交接异常的原因
2	拆解异常车辆封志和卸车，应在监控范围内由两人或两人以上共同完成
3	将异常封志单独保管，拍照留存
4	对于条码模糊不能被正确识读的封志，如果数字清晰，可以手工录入；如果条码和数字均模糊，应通过路单来查询本车所装载总包情况，并填写异常车辆封志处理报告
5	对车辆封志与路单不符的情况，应会同押运人员查明原因

五、总包卸载

1．总包卸载操作要领

总包卸载操作要领如表 4-5 所示。

表 4-5　总包卸载操作要领

要　点	操 作 要 领
1	按照要求卸载总包，不得有抛掷、拖曳、棒打、踩踏、踢扔、坐靠等有可能损坏快件的行为；卸载时，总包袋口不得拖地
2	对于贴有易碎品标志的总包单件，要轻拿轻放，放置时，需要在快件底部距作业面小于 10 cm 时才能放手
3	卸载破损总包时，应注意保护内件，避免二次损坏
4	使用机械或工具辅助卸载，应正确操作卸载机械或工具，禁止野蛮操作
5	遇到雨雪天气，卸载总包时应做好防水防潮及受潮物品处理工作。如遇受潮快件，应妥当处理，严禁挤压、烘干受潮物品
6	总包卸载后，应区分直达和中转路向、手工与机械分拣快件，并按堆位要求分别码放
7	码放时，做到重不压轻、大不压小。码放的总包要有序、整齐、稳固，总包袋口一律向外
8	偏大、偏重的总包单独码放在底层，以防码放时砸坏轻件、小件；易碎物品、不耐压的快件放置于顶层或单独码放；对标有不准倒置、怕晒、怕雨、禁止翻滚、堆码重量和层数受限的快件，应按操作标准完成作业
9	卸载在托盘、拖车和托板上的总包，码放高度一般不超过把手
10	不规则快件、一票多件快件、需要特殊处理或当面交接的快件应该单独码放
11	水湿、油污、破损的总包应交专人处理
12	卸载结束后，快件处理员应检查车厢和场地周围有无其他遗留快件

2．卸载安全要求

卸载安全要求如表4-6所示。

表4-6 卸载安全要求

序号	要求
1	应该在车辆停稳后进行卸载，进出车厢应使用防护扶手，避免摔伤
2	着装规范，防护用品佩戴齐全，避免身体受到伤害，如佩戴专用防护腰带、穿好防护鞋
3	卸载金属包装或表面不光滑、带有尖锐物包装的快件或者其他任何有可能造成工作人员受伤的快件，应佩戴专用的防护手套
4	卸载体积偏大、偏重的总包快件，应双人或多人协同作业，并使用相关工具协助卸载
5	如果卸载快件有内件物品破损，并渗漏液体、粉末状固体、半固体状物品，或漏出内件疑似有毒、有害等不明化工原料，必须使用专用防护工具进行隔离，不得用身体直接触摸或鼻嗅
6	如果卸载总包堆码在手动运输的托盘、拖车、托板上，注意堆码重量不得超过设备材质和承载的限定要求，堆码宽度应小于底板尺寸。对于托盘、拖车，堆码高度不应高于托盘和拖车。对于托板，堆码高度不应高于标准人体高度，以防在快件倒塌时砸伤人
7	使用托盘、拖车运输时，应分清车头车尾，不得反向操作。拉运快件时，应目视前方，不得左顾右盼
8	卸载用的机械或工具不得载人

3．装卸搬运

装卸搬运是接收快件作业中的基本环节，也是容易发生总包损坏的环节，必须把装卸搬运与总包拆解、快件分拣合并成一个完整的系统来处理。通过系统化、全局化的组织与协调，实现快件处理的合理化。装卸搬运合理化举措如表4-7所示。

表4-7 装卸搬运合理化举措

举措	要求
减少装卸搬运次数	通过合理组织与安排装卸流程，使快件被搬运的次数最少，消除无效装卸搬运
缩短移动距离	通过清理作业现场、妥善调度装卸搬运工具，尽量缩短移动距离，消除无效搬运
作业衔接流畅	合理安排装卸搬运操作工序，优化作业流程
实现机械化作业	尽可能使用机械化、自动化的设备和操作方法

常用的装卸搬运方法主要有人力搬运、叉车搬运、输送带传送等。

人力搬运可分为人力负重搬运和人力设备搬运两种。人力负重搬运适用于将快件从车辆上搬运到操作台或分拣线上或者是卸载后的堆码操作。人力负重能力小，人体容易受伤害，作业不稳定，因而效率低，容易导致快件破损。在进行人力负重搬运时，应佩戴专用防护腰带等防护用品。人力设备搬运则是较为常见的方法，如借助手推车、人力推车、提升机等设备进行人力搬运。

叉车搬运是利用叉车的水平移动能力对较重快件总包进行搬运。同时，由于叉车还具有提升能力，利用叉车可以直接对快件总包进行装卸搬运、堆码等作业。

输送带传送是利用输送带将快件从运输车辆直接传送到分拣现场的搬运方法。该方法可以实现不间断搬运，是效率较高的搬运方式且劳动强度小、搬运质量佳。一般大型处理中心都采用输送带传送方法。

4. 总包卸载流程

总包卸载流程如图 4-6 所示。各步骤操作要领如表 4-8 所示。

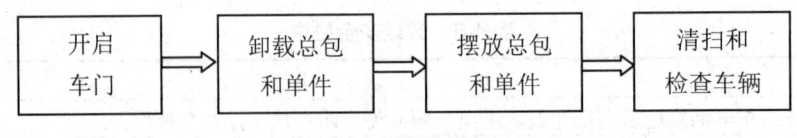

图 4-6　总包卸载流程

表 4-8　总包卸载各步骤操作要领

步　骤	操 作 要 领
开启车门	卸车人员应站在靠近右侧车门一旁，左手用力抵住左车门，右手拉开右车门拉杆缓慢开启车门。注意控制车门开启速度，防止快件从车厢中掉出，砸伤操作人员
卸载总包和单件	（1）把车上的总包和单件卸到滑梯上或直接放置到皮带输送机上，不得抛扔； （2）必须根据条码扫描器的扫描速度控制卸货速度； （3）包装外表上有突出的钉、钩、刺的快件，有异味和有油渍的快件，超重超大等特殊快件，不能用皮带输送机传送，避免损伤、污染皮带输送机或发生快件摔损等事故。应将以上快件单独摆放在推车上，卸车扫描后直接搬运至目的地
摆放总包和单件	（1）对卸至皮带输送机上的快件进行整理，使快件运单处在向上状态，以便确认； （2）当皮带输送机出现双排流转现象时，应将部分快件卸下，确保主皮带输送机是单排流向，间隔保持在 5 cm 左右； （3）当皮带输送机上快件较少时，将卸下的快件重新放回到皮带输送机上，确保快件匀速流转
清扫和检查车辆	卸载完成后，应检查车厢各角落，确保无快件遗漏在车厢内

六、总包接收验视

接收进站总包是处理环节的总进口，处理中心必须严格把关。接收验视总包时，应对比总包实物信息与信息系统内信息，对异常情况要当场及时处理，明确责任。

1. 总包接收验视内容

总包接收验视内容如表 4-9 所示。

表 4-9　总包接收验视内容

序　号	验 视 内 容
1	总包发运路向是否正确
2	总包规格重量是否符合要求、是否与总包路单上的重量一致
3	总包牌或标签是否有脱落或字迹不清、无法辨别的现象
4	总包是否有破损或被拆动痕迹
5	总包是否有水渍、油污、出现异味等现象

2. 总包与系统内信息比对

总包与系统内信息比对的操作方法如表 4-10 所示。

表 4-10　总包与系统内信息比对的操作方法

序　号	操 作 方 法
1	用条码扫描器逐一扫描总包包牌或标签上的条码，防止漏扫和误扫，条码污染、受损无法扫描时，用手工输入条码信息
2	在扫描过程中，挑出有破损、拆动痕迹和水湿、油污的总包
3	扫描结束后，通过系统内比对功能与上一环节装车时总包信息进行比对，检查总包有无漏发、误发

七、异常总包处理

异常总包是指在总包验视过程中出现异常情况的总包。异常情况主要包括：总包发运路向不正确；总包规格重量不符合要求；总包包牌或标签有脱落或字迹不清、无法辨别的现象；总包有破损或被拆动的痕迹；总包有水湿、油污等现象。

根据异常总包的不同情况，分别采取不同的处理方法。

1．总包发运路向不正确

对于发运路向错误的总包，应以最快方式转发。同时，应向上一环节发送快件差异报告。书写不清楚是导致总包发运路向不正确的主要原因，特别是不装袋的总包单件。

2．总包规格重量不符合要求

根据总包包袋的容量和承载能力限制及搬运的方便性，快件总包每包（袋）重量不宜超过 32 kg。对于明显超规格、超大、超重的总包，应尽量缩短搬运距离，尽快进行总包拆解，避免搬运过程中损坏包带，同时应该向上一环节发送快件差异报告，要求对方注意总包规格。

3．总包包牌或标签有脱落或字迹不清、无法辨别的现象

（1）如果总包袋上标注了包号（或条形码），可以按照总包袋上的包号（或条形码）处理。

（2）如果无法根据总包标识辨别，应拆解总包，找出封发清单，通过清单核对快件数量、路向。如果是总包错发，应补总包包牌，重新按正确路由发送，同时应向上一环节发送快件差异报告；如果总包发送路向正确，应直接进入下一环节。

4．总包有破损或被拆动的痕迹

接收总包时，发现总包有破损痕迹，如果总包内快件出现丢失、损毁、内件短少等严重质量问题，处理人员应首先报告作业主管，并对破损的总包进行拍照，然后拆解总包，对照封发清单检查是否有快件遗失、快件破损等情况，并填写质量报告记录，交接双方签字，存档备查。

对于总包有被拆动痕迹、总包封志异常情况，应由交方负责开拆总包，保留袋皮、封志、总包包牌，会同收方共同查验内装快件，如有不符，应在路单和袋内封发清单上批注。

5．总包有水湿、油污等现象

接收总包时，发现水湿、油污等现象，交接双方应在路单上注明，找出污染源，并立即予以适当处理，尽快进入拆解环节，对总包内快件进行检查。如果快件水湿、油污情况严重，则填写质量报告记录，交接双方签字，并交作业主管处理。

☞ 单项实训 4-1

1. 下列哪些属于卸载总包堆码的安全要求?(　　)
    A. 如果卸载的总包堆码在手动运输的托盘、拖车、托板上,注意堆码重量不得超过设备材质和承载的限定要求。堆码宽度应小于底板尺寸
    B. 卸载体积偏大、偏重的总包快件,应双人或多人协作并使用设备卸载
    C. 对于托盘、拖车,堆码高度不应高于托盘和拖车把手
    D. 使用托盘、拖车运输时应分清车头车尾,不得反向操作
    E. 对于拖板,堆码高度不应高于标准人体高度,以防人在快件倒塌时被砸伤
    F. 不规则快件、一票多件快件、需要特殊处理或当面交接的快件应该单独码放
2. 下列哪些属于总包质量检查的内容?(　　)
    A. 检查总包的袋牌、封志、袋身(笼或箱体)、重量等规格是否符合要求
    B. 检查是否有遗留未处理完的快件
    C. 检查总包是否根据不同航班和车次及赶发时限的先后顺序建立堆位
    D. 检查操作系统信息处理是否符合要求
    E. 检查代收货款、到付快件和优先快件是否单独码放
    F. 检查总包袋牌或包签的条形码是否整洁完好
    G. 检查对有赶发时限的快件是否优先封发处理
3. 某快递公司航空快件接发人员至机场提取总包快件时,发现快件配载航班已到达,快件总包也同时到达,但航空提货单未到。根据背景资料,说明处理办法。

任务二　总包拆解

任务描述:要求学生掌握快件总包拆解及异常处理的程序和方法。

一、总包拆解认知

总包拆解作业就是开拆已经接收的进站快件总包,将快件由总包转换为散件。总包拆解实际上是对总包内快件的接收,其特点是交接双方不是面对面地当场交接,而是一种"信誉交接"。因此,为了分清交接双方的责任,要求对上一环节封装的快件总包开拆后,还能恢复其"原始状态"。所以开拆总包时,对封扎总包袋口的扎绳必须严格按规定操作;对总包空袋的袋身必须严格检查,并妥善保管,不得随意乱放。这样,一旦出现问题件,有利于辨明拆封双方的责任。

总包拆解主要分为人工拆解和机械拆解两种方式,人工拆解总包是一种比较普遍的方式,绝大多数快递企业都采取人工拆解总包的方式,两种拆解方式的作业流程基本相同。

二、拆解前准备

拆解前准备工作如表 4-11 所示。

表 4-11　拆解前准备工作

准 备 事 项	准 备 要 领
准备工作	领取条码扫描设备、名章、圆珠笔、拆解专用钳或剪
验视总包路向	拆解总包前，应先验视总包路向并检查总包封装规格，确认总包路向无误后再开拆，对误发的总包不能拆解，应剔除出来交作业主管
扫描包牌条码信息	扫描总包包牌、封志等内容，扫描不成功或无条码的，手工输入总包信息

三、拆解总包

1. 拆解总包封志

拆解铅封时，一般是左手捏住口袋向下压成弧形，右手持专用拆解剪在靠近铅封处剪断扎绳一股，不可损伤封志，保持扎绳、封志和总包包牌连在一起。

拆解塑料封志时，应使用专用拆解剪将塑料封志剪断，剪口应在栓有包牌一面的扣齿处，以保证包牌不脱落。

2. 取出快件

双手捏住总包包袋底部的两角向上轻提，将袋内快件倒在工作台上；开拆包袋时针对内装较多或体积较大包裹的包袋，要小心倒袋。

每开拆完一袋，取出相关快件要随即用手将袋撑开，采用"三角看袋法"，即用两手拿住袋口边沿，以肘撑入，将袋口支成三角形，验看袋内有无遗漏快件，不得在开拆后将袋倒扣代替验看。同时注意，如果总包内有易碎快件，必须轻拿轻放，小心取出。

3. 扫描快件条码

将快件从总包内拿出后，需要逐件扫描快件条码，同时验视快件规格。拆出的破损、水湿、油污、内件散落等快件以及不符合规格的快件，应及时交由作业主管处理。区分手工分拣和机械分拣快件，将需要机械分拣的快件运单向上、顺序摆放。超大、超重不宜机械分拣的快件和破损、易碎物品快件要单独处理。

四、总包拆解信息比对

1. 比对方式

总包拆解后，需要对快件与封发清单信息进行比对。比对一般有两种方式：一是手工方式比对；二是电子方式比对。目前，快递企业一般采取电子方式比对。

手工方式比对是根据总包内快件封发清单（见表 4-12）登列的项目与快件实物逐件核对。

表 4-12　快件封发清单

编号		第	页	自	至		年	月	日
序 号		快件编号	原 寄 地		件　数	重　量		备　注	
1									
2									
…									
20									
合计									

封发人员（签章）：　　　　　　接收人员（签章）：

电子方式比对是采用条码识读设备逐一扫描快件,与系统数据比对。快递运单条码受损无法扫描时,应手动输入条码信息。

2. 比对内容

比对内容如表 4-13 所示。

表 4-13 比对内容列表

序 号	内 容
1	快件路向是否正确,有无误发
2	根据封发清单逐件核对,包括快件编码、原寄地、件数、重量
3	检查快件封装规格标准
4	比对合计数量是否有误
5	划销处及签章处是否盖章

五、总包拆解异常处理

在总包拆解中会遇到一些异常情况,包括:总包内快件与封发清单不一致;未附封发清单;拆出的快件有水湿、油污等;拆出的快件外包装破损、断裂、有被拆动痕迹;封发清单更改划销处未签名、未签章;快递运单条码污损不能识读;快件运单残损;有内件受损并有渗漏、发臭、腐烂变质的快件。这些异常情况会影响快件安全和寄递时效,应及时处理。

1. 总包内快件与封发清单不一致

总包内快件与封发清单信息不一致主要包括三种情况:一是总包内快件与封发清单数量不一致;二是总包内快件与封发清单重量不一致;三是总包内快件与封发清单中记载的快件编号、原寄地、备注不一致。

(1)总包内快件与封发清单数量不一致。其处理办法如表 4-14 所示。

表 4-14 总包内快件与封发清单数量不一致的三种情况及其处理办法

类 别	处 理 办 法
总包内数量少于封发清单中数量	属于严重质量问题,容易引发各种纠纷,必须认真对待,严格按照要求去做。开拆总包后,应保存封志、总包包牌、铅志、绳扣、空袋,发现快件短少应向上一环节发送快件差异报告,并附上原封志、总包包牌、铅志、绳扣、空袋等原始凭证,明确上下环节责任
总包内数量多于封发清单中数量	检查总包内快件,与清单内容一一核对,找出清单中未记载的快件,说明上一环节封装时漏登清单或漏扫描快件,应在清单上批注,并向上一环节发送快件差异报告,说明情况
封发清单中快件合计数错误	将总包内快件与封发清单中项目一一核对,全部相符,封发清单中快件合计数错误,应在清单上批注实际数量,并告知上一环节

(2)总包内快件与封发清单重量不一致。称重后快件重量小于封发清单上注明的重量,可能是内件短少或上一环节称重错误,应立即报告作业主管,追查原因,并向上一环节发送快件差异报告。

(3)总包内快件与封发清单中记载的快件编号、原寄地、备注不一致。出现封发清单上快件编号登记错误、原寄地登记错误、保价快件在备注栏内未注明等情况,应按照快件实际内容在清单上批注，并向上一环节发送快件差异报告。

2．其他异常处理

总包拆解中其他异常情况的处理办法如表 4-15 所示。

表 4-15　总包拆解中其他异常情况的处理办法

异 常 情 况	处 理 办 法
未附封发清单	应先称整包重量，并与总包包牌所标注重量核对，确认是否相符。如有差异，应向上一环节发送快件差异报告，由上一环节补发清单或由上一环节授权后待补清单；如无差异，则以总包电子信息为准，补发清单
拆出的快件有水湿、油污等	不严重的，进行晾干、清洁和隔离处理，并向上一环节发送快件差异报告；失去价值的，除向上一环节发送快件差异报告外，应交作业主管处理
拆出的快件外包装破损、断裂、有被拆动痕迹	必须及时通知作业主管，对破损快件称重、拍照，并根据快件运单检查内件是否漏出或出现丢失情况。内件齐全则将快件重新包装，并向原寄地发送快件差异报告；如发现内件短少，除向上一环节发送快件差异报告外，应交作业主管处理
封发清单更改及划销处未签名、未签章	及时与上一环节联系，查明原因，根据正确的清单对快件进行核对
快递运单条码污损不能识读	应手工输入运单信息；如果条码上的数字也不能识读，应从清单上或通过信息系统查找快件信息，然后手动输入条码信息
快件运单残损	若运单残损轻微不影响使用，可以继续进入分拣环节；若运单缺损严重无法使用，可以通过封发清单或系统内总包信息查询，并与发件人联系确认，将相关信息标注在运单上，然后进入分拣环节。如果以上措施均不能解决问题，则交作业主管处理
有内件受损并有渗漏、发臭、腐烂变质的快件	有内件破损并渗漏出液体、粉末状固体、半固体状物品或者渗出物疑似有毒、剧毒、不明的化工原料，必须由专人使用防护工具或防护设备进行隔离，不得用身体直接触摸或鼻嗅，防止人体受到伤害或污染其他快件；同时对快件进行拍照，将快递运单号、破损情况等信息上报业务主管，并由问题件处理人员与发件人沟通联系加以解决

六、特殊快件的接收与核验

在总包拆解过程中，有一些特殊快件需要单独处理，这些快件主要包括限时快件、保价快件、自取快件、改寄件和撤回快件等。

1．限时快件

限时快件主要包括两类：一是时限要求高的快件，如即日达、次晨达等；二是客户明确要求在规定的时间内送达的快件。

限时快件接收与核验的处理如表 4-16 所示。

表 4-16　限时快件接收与核验的处理

序 号	处 理 办 法
1	接收限时快件总包首先应该核对快件总包数量是否正确，并验视发运路向是否正确，根据赶发班次顺序开拆处理，开拆后核对总包内快件数量是否正确

续表

序号	处理办法
2	限时快件不得与其他快件混合开拆分拣
3	检查限时快件是否正确粘贴"限时快件""即日达"或"航空件"标识
4	检查快件包装是否完好、有无污损等情况

2. 保价快件

由于保价快件是价值较高或客户非常重视的物品,快递企业要承担更大的赔偿责任,因此,保价快件总包应单独交接、登记备案、分开操作、单独放置。

保价快件的接收与核验办法如表 4-17 所示。

表 4-17　保价快件的接收与核验办法

序号	处理办法
1	接收保价快件总包应认真执行交接验收制度,交接双方必须当场交接、验收规格,尤其应注意总包是否有破损或被拆动痕迹
2	保价快件不得与其他快件混合开拆分拣
3	保价快件总包应双人会同开拆处理,对照封发清单,逐件核对,防止快件丢失、损毁,并注意快件是否有破损或被拆动痕迹
4	对保价快件必须逐件称重,及时发现保价快件是否短少,并进行相应处理
5	检查快件封装规格是否符合标准,外包装是否完好,查看是否正确粘贴"保价"标识,"保价"标识应粘贴在每个外包装表面的骑缝线上,起到封条的作用
6	核验快递运单上所填保价金额是否大写、有无超过规定限额、有无涂改
7	核验快递运单所填的保价物品有无超出准寄规定

3. 自取快件

自取快件是指快件到达约定目的地后,由收件人自行提取的快件。

快递服务实行的是"送件上门"的服务,但在特殊情况下,需要客户自取,这些特殊情况主要有以下几种:投递两次仍无法投递的快件,可由收件人到指定地点自取;相关政府部门(如海关、公安等)提出要求的,可由收件人到指定地点自取;收件地址属于尚未开通快递服务的区域,通过与寄件人协商,可采用收件人到指定地点自取的方式。

自取快件的接收与核验办法如表 4-18 所示。

表 4-18　自取快件的接收与核验办法

序号	处理办法
1	检查快件外包装上是否正确粘贴"自取件"标识
2	检查快递运单"备注栏"中是否有寄件人注明的"同意自取"字样及其签名或盖章
3	检查快递运单"自取件"栏内是否有"√"的标记

4. 改寄件

改寄件是指快递企业根据寄件人的申请,对收件人的地址按照寄件人的要求进行更改的快件,也可以称为更址快件。

快件在发出之后,状态是随时改变的,并非每份快件都可以进行改寄的操作,如果快件已经派送至收件人手里,那快递企业就无法完成快件改寄的操作,同样寄件人也就不再需要对快件进行改寄了。

改寄必须满足相应条件：同城快件和国内异地快件在快件还未派送至收货人处时可改寄；国际快件及中国港澳台快件在快件尚未出口验关前可更改地址。

寄件人需要对快件进行改寄时，应致电快递企业的客户服务热线，由客服人员进行登记备案。为保证更改信息的准确无误，确保客户的权益不受损害，客服人员应该详细记录寄件人的地址、联系人名称、联系方式、收件人地址、快件快递运单编号等信息。

寄件人提出改寄申请后，快递企业信息部门根据申请在系统内进行相应的设置，当快件到达原址处理中心后，处理员进行逐件扫描时，扫描到此快件，扫描器会发出警报声，提醒处理员将快件拿出单独放置并进行改寄处理。

5．撤回快件

撤回快件是指快递企业根据寄件人提出的申请，将已发出的快件退回寄件人的一种特殊服务。快件在尚未投交收件人之前，所有权属于寄件人，所以寄件人有权撤回所寄快件。快件撤回属于有偿服务，寄件人在向快递企业提出撤回申请时，快递企业应告知寄件人需要承担的撤回费用并告知费用标准。

寄件人撤回条件是：同城和国内异地快递服务在快件尚未首次派送时可撤回；中国港澳台地区及国际快递在快件尚未封发出境前可撤回。

寄件人在发送快件时，可能会因为自己的疏忽导致快件物品错发，或者由于收件人搬迁、业务变化等原因，导致已经发出的快件需要撤回。无论何种原因，寄件人在有快件撤回需求时，需要第一时间致电快递企业的客服或登录企业网站提出申请。

快递企业客服人员会查询快件相关状态，并回复客户是否可以对快件进行撤回。快件只要尚未派送或尚未封发出境，是可以进行撤回操作的。

寄件人提出撤回申请后，快递企业信息部门根据申请在系统内进行相应的设置，当快件到达处理中心后，处理员扫描到此快件，扫描器会发出警报声，提醒处理员将快件拿出单独放置并进行撤回处理。

七、单据归档

快件接收环节的单据主要有总包路单和封发清单等，这些单据是企业内部各处理环节之间划分责任的重要凭证，也是内部查询跟踪快件的重要依据，应予以妥善保管，在每天处理过程结束后送交档案管理部门。具体要求如表4-19所示。

表4-19 单据归档要求

序　号	归　档　要　求
1	作业结束后，要按单据种类、编号顺序、日期、作业班次、进出站方向及车次、航班、铁路及发行类别，整理后加上封皮装订成册
2	装订成册后，在封皮上注明种类名称、起止编号、起止日期、作业班次等信息，并由经手人签字盖章
3	业务单据的整理、传递、管理要专人专管，做到发有记录、接有签收
4	以作业班次为单位，每日将前一日的单据送交档案室保管

八、作业工具的整理与检查

为保证快件处理场地的整洁、有序,合理有效使用作业工具,应注意对作业工具的整理与检查。其具体要求如表4-20所示。

表4-20 作业工具的整理与检查要求

序 号	要 求
1	拆下的包牌、封志应放在专用箱内;异常的空袋、总包包牌、铅志、绳扣等应妥善保管,以便作为相应证物
2	拆下的快件封装杂物或绳等应放在专用箱内
3	区分一次性使用和循环使用的容器
4	按型号和材质整齐叠码堆放完好的总包空袋
5	将破损、水湿、油污的总包空袋放到指定位置
6	清理总包空袋上粘贴的快件总包条码签,并存放在指定区域待用
7	工作结束,检查场地有无散落空袋,并清理现场

单项实训4-2

1. 核对总包信息与交接清单

请核对图4-7~图4-10所列的4个总包信息(地址、件数、重量)与交接清单(见表4-21)信息是否一致,对错误信息在表4-21备注栏内进行批注更正。

总包包牌

始发地:上海
到达地:江苏
包内件数:7
物品重量:30 kg

图4-7 总包包牌1

总包包牌

始发地:上海
到达地:浙江
包内件数:8
物品重量:50 kg

图4-8 总包包牌2

总包包牌

始发地:上海
到达地:山东
包内件数:8
物品重量:60 kg

图4-9 总包包牌3

总包包牌

始发地:上海
到达地:福建
包内件数:7
物品重量:40 kg

图4-10 总包包牌4

表 4-21 快件总包交接清单

序 号	运单号码	发件地址	收件地址	件 数	重 量	到 付	备 注
	××××××××	上海	南京	1	5 kg		
	…		镇江	1	2 kg		
	…		江阴	1	5 kg		
	…		苏州	1	4 kg		
	…		海宁	1	5 kg		
	…		连云港	1	5 kg		
	…		张家口	1	4 kg		
	××××××××	上海	绍兴	1	5 kg		
	…		宁波	1	10 kg		
	…		杭州	1	15 kg		
	…		丽水	1	10 kg		
	…		湖州	1	5 kg		
	…		金华	1	5 kg		
	××××××××	上海	济南	1	10 kg		
	…		青岛	1	15 kg		
	…		威海	1	10 kg		
	…		菏泽	1	15 kg		
	…		临沂	1	10 kg		
	…		德州	1	5 kg		
	…		烟台	1	5 kg		
	…		泰安	1	10 kg		
	××××××××	上海	厦门	1	8 kg		
	…		南平	1	5 kg		
	…		漳州	1	5 kg		
	…		三明	1	10 kg		
	…		九江	1	2 kg		
	…		宁德	1	6 kg		
	…		龙岩	1	4 kg		

2. 人工拆解总包的正确操作步骤是（　　）—（　　）—（　　）—（　　）—（　　）—（　　）—（　　）。

　　A. 核对封发清单所填内容是否正确，并将封发清单整齐存放

　　B. 扫描包牌条码信息。扫描不成功或无条码的，手工输入总包信息

　　C. 拆解封志，保持包牌在绳扣上不脱落

　　D. 倒出快件时，应使用三角倒袋法或翻袋等方式检查总包空袋有无遗留快件

　　E. 拆解结束时，检查作业场地有无遗留快件和未拆解的总包

　　F. 验视总包路向，检查快件总包封装规格。对误发的总包不能拆解，应剔除出来，交作业主管

　　G. 逐票扫描快件，验视快件封装规格。不符合规格的快件，应及时交作业主管处理

任务三　快件分拣

任务描述：要求学生掌握快件分拣处理的流程和方式。

一、快件分拣认知

1. 快件分拣及类型

超级快递转运中心

快件分拣是快件中转中心依据客户的订单要求或配送计划，迅速、准确地将快件从送货车辆里拣取出来，并按一定的要求（收件地址、快件种类、服务时限）进行分类，集中分派给开往各地的运输工具的作业过程，其具体又分为快件初分和快件细分。

快件初分是指因受赶发时限、运递方式、劳动组织、快件流向等因素的制约，在快件分拣时不是一次性直接将快件分拣到位，而是按照需要先对快件进行宽范围的分拣。

快件细分是指对已经初分的快件按寄达地或派送路段进行再次分拣。

快件分拣是快件处理过程中的重要细节，分拣的正确与否决定了快件能否按预计的时限、合理的路线及有效的运输方式送达客户手里。

2. 中转场快件处理的一般作业流程

中转场主要是处理从各个点部运输过来的快件的接收，到达中转场后对快件按到达地进行分拣，再装包扫描，最后装车发运。具体如图 4-11 所示。

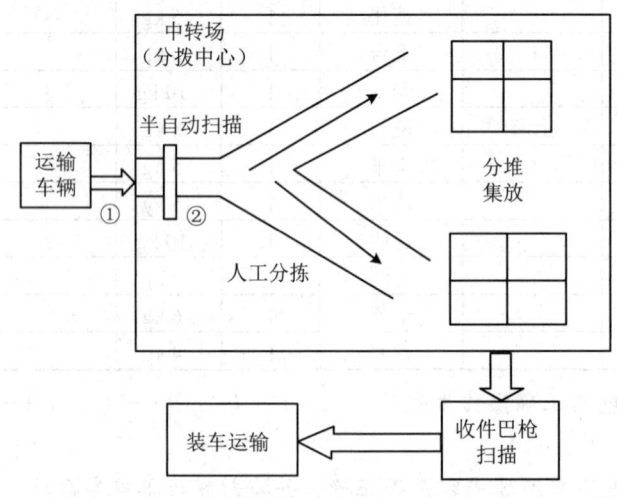

图 4-11　中转场快件处理的一般作业流程

3. 对分拣人员的要求

分拣要求按照快件运单送达地址，将相关的快件分别汇集分到规定区域内，要做到分拣速度快、准确率高，因此分拣人员应具备如表 4-22 所示的基本知识。

菜鸟为申通建设新一代快递转运中心

表4-22 分拣人员应具备的基本知识

知 识 类 别	具 体 内 容
快件运单知识	包括运单的填写规范、运单的粘贴方法和要求,以便快速识别问题件,避免误分
快件包装知识	包括包装材料的选择和包装方法,以便对快件包装进行检查或对破损件进行重新包装和加固处理
行政区的简称、代码和电话区号等知识	包括各省、自治区、直辖市、特别行政区的汉字简称、省会及其邮政编码、电话区号,以便正确分拣
国内主要城市航空代码	应掌握国内主要城市的航空代码,以便准确、高效地分拣快件,避免投递错误导致延时误事
部分国家和地区英文简称	掌握部分国家及我国港澳台地区的英文简称,完善自身知识体系,提高分拣正确率

4. 快件分拣前相关物品与工具的准备

快件到达中转站后,将进入处理流程,根据属性将快件分为普通物品与易碎易损品。选择恰当的搬运卸载工具,对快件的安全性、完整性具有重要作用。

(1)普通物品。普通物品是指无特殊要求的物品,可使用夹钳、滚杠、撬杆、叉车和手工作业等。

(2)易碎易损品。易碎易损品包括玻璃、陶瓷、镜面、灯具和工艺品等,易采用手动叉车、升降叉车、手推车和手工作业等。

中转站分拣员应提前准备好分拣用具,快件装运前必须进行封发工作,快递包装员应准备封发用具,如表4-23所示。

表4-23 工具准备

分 拣 用 具	封 发 用 具
圆珠笔	封装容器
唛头笔	封志
包牌	封装专用钳
条形码扫描枪	手携扎袋器
名章	手携封包机
包签	
拆卸专用钳	

二、分拣方式

快件的分拣作业要在分拣生产作业的责任范围内和工作场地区域内,保证生产工艺流程通畅、工序之间紧密衔接、设备配置经济合理、组织管理科学严密。采取的分拣方式要因地制宜,达到缩短内部处理时限、提高作业效率和便于组织管理的要求。快件分拣方式一般有手工分拣、半自动分拣和全自动分拣三种。

1. 手工分拣

手工分拣一般适用于所要分拣快件量较少、无须上机分拣或没有配备分拣机器的分拣中心,能够完成快件的初分和细分。

分拣格口，即分拣基本单元，它因分拣时传统使用的格口、格架而得名。现实操作中，它既可以是一个有形的格架，也可以是一个虚拟的堆位。

分拣区域是指一个分拣工作岗位所负担的一定分拣范围，是快件细分生产组织的作业单元。

一个分拣区域既可以包括几个格口的范围，也可以包括几十个格口的范围。通常情况下，分拣中心规模越大、级别越高，设置的分拣区域就越多。例如，大的分拣中心一般设有十几个分拣区域，快件分拣量相对较小的分拣中心只设有几个分拣区域。但是各分拣中心至少需要设置两个分拣区域，即出站快件分拣区域和进站快件分拣区域。

分拣区域是根据各快递企业的发运路线、车次（航班）和流量划分的。合理划分分拣区域有利于分拣中心提高分拣效率、提升作业质量。在划分分拣区域时应注意：① 分拣区域的界线应该清楚明确、便于记忆；② 每个分拣区域的快件量大小和细分格口多少要大致均衡。

分拣区域的划分不是一成不变的，随着各种主观、客观条件的变化，分拣区域可以重新设置。

快件按形状可分为信件类快件和物品类快件。分拣信件类快件大多采用规格统一、均匀排列的分拣架，如图4-12所示。分拣物品类快件大多采用固定的金属笼、塑料筐等，如图4-13所示。

图 4-12　信件类快件分拣架

图 4-13　物品类快件金属笼

2. 半自动分拣

半自动分拣是人机结合的分拣方式，能使待分拣快件通过输送装置传输到接件点，再由操作人员将分拣到位的快件取下，如图4-14所示。半自动分拣的特点是能连续不断分拣、可减轻操作人员的劳动强度、提高分拣效率。半自动分拣方式一般采用输送设备，主要组成部分是传送带或输送机，最常见的半自动分拣设备是带式分拣机。

带式分拣机是在一定的线路上连续输送快件物品的输送设备，又称连续带式分拣机。带式分拣机种类繁多，主要有交叉带式分拣机（见图4-15）、链板带式分拣机、悬挂带式分拣机等。

新时代里晒幸福：
"手工"分拣变
"智能"

图 4-14 半自动分拣

图 4-15 交叉带式分拣机

带式分拣机在快件处理场被大量使用。通过合理规划场地和布局带式分拣机，可以保证分拣工作高效、有序地进行；同时，带式分拣机的使用也大大减少了快件搬运工作量，降低了劳动强度。

3．全自动分拣

全自动分拣是指由分拣机根据对分拣信号的判断完成快件分拣的一种方式，其特点是能实现连续、大量地分拣，信息采集准确，分拣误差率较低。分拣机分拣工作基本实现了无人化，使劳动效率大幅提高。

半自动物流分拣线的优势及应用价值

全自动分拣一般由输送机械部分、电器控制部分和计算机系统组合而成。它可以根据用户的要求、场地情况，对物料按用户、地名、品名进行自动分拣、装箱、封箱连续作业。常见的全自动分拣机包括交叉带式分拣机（见图4-16）、摇臂式分拣机、滑块式分拣机（见图4-17）等。

图 4-16 自动化交叉带式分拣线和分拣机

图 4-17 滑块式分拣机

自动分拣机原理

快递自动分拣设备窄带分拣机

智能分拣：物流效率倍增

三、分拣操作

快件分拣有直封和中转两种基本方式。中转方式可使快件处理量相对集中，有利于合理组织快件分拣，并为自动分拣创造条件。

1. 分拣依据

快件分拣一般可分为按地址分拣和按编码分拣两种。

按地址分拣俗称按址分拣法，分拣的依据就是运单上的收件人地址。由于运单上填写的地址一般字数较多、字比较小、辨认费时，为了提高分拣速度，快递企业一般会要求分拣员用唛头笔在运单上明显标记该快件应流向的省份、城市名称。分拣员根据唛头笔所填的地址分拣可大大提高分拣效率。

例 4-1

快件地址：广东省湛江市徐闻县徐海路 135 号同发花园 3 号楼×单元×××室。

分拣方法：对于这个地址，首先将快件分拣到"广东省湛江市"，快件到达湛江市后再被分拣到"徐闻县"，然后分拣到派送区域，按照"徐海路 135 号同发花园 3 号楼×单元×××室"这个地址派送。

按编码分拣是指分拣员按运单上所填写的城市航空代码、邮政编码或电话区号进行分拣的方法。按编码分拣有利于实现分拣自动化。

在实践中，上述两种方法并不是截然分开的，而是相互补充、配合使用，从而保证快件准确快速地被分拣到其实际寄达地。

2. 分拣操作的基本要求

由于分拣机自动分拣基本不需要人工操作，只需要将快件运单朝上并摆放在分拣机上，分拣机就会按照既定程序完成快件的分拣。因此，这里不再对分拣机自动分拣操作进行详细介绍，只介绍手工分拣和半自动分拣。

无论是手工分拣，还是半自动机械分拣，都不得有抛掷、摔打、拖曳等有损快件的行为。对于优先快件、到付件、代收货款件等，要单独分拣。

（1）手工分拣。手工分拣包括信件类快件分拣和物品类快件分拣两类。信件类快件分拣的操作要求如表 4-24 所示。物品类快件分拣的操作要求如表 4-25 所示。

表 4-24 信件类快件分拣的操作要求

序　号	操　作　要　求
1	分拣时，操作人员站位距分拣格口的距离要适当，一般在 60~70 cm
2	一次取件数量不宜过多或过少，一般以 20 票左右为宜。快件杂乱不齐时，取件时应顺势整理，方法是两手掌心相对用力在快件的两侧收拢整理
3	注意观察文件封是否有破损现象。若有破损，在确定内件未遗失的情况下，用胶带粘贴加固，同时在运单备注栏进行批注
4	采用右手投格，用左手拖住快件的右上角，左臂托住快件左下角；或左手托住快件左下角，拇指捻件，右手投入并用中指轻弹入格（左手投格的操作相反）
5	分拣后的快件，运单一面向上并保持一致
6	扫描时发现非本分拣区的快件应及时交换

表 4-25 物品类快件分拣的操作要求

序　号	操　作　要　求
1	将运单一面向上摆放，注意保护运单的完整

续表

序号	操作要求
2	易碎快件要轻拿轻放,分拣距指定放置点 30 cm 以下脱手
3	按大不压小、重不压轻、木不压纸、金属不压木的原则分拣
4	分拣的快件格口和堆位要保持一定间距,防止串格和误分
5	赶发运输时间和处理时限较短的快件,要集中摆放到指定区域,便于封发

(2)半自动分拣。半自动分拣主要是对物品类快件的分拣,操作要求如表 4-26 所示。半自动分拣操作中的设备安全要求如表 4-27 所示,操作中的人身安全要求如表 4-28 所示。

表 4-26　物品类快件半自动分拣的操作要求

序号	操作要求
1	快件在指定位置上机传输,运单一面向上,平稳放置,宽度不得超过传输带的实际宽度
2	快件传输至分拣工位,分拣人员及时取下快件,未来得及取下而带过的快件由专人接取,再次上机分拣或手工分拣
3	看清运单寄送目的地、电话区号、邮编后,准确拣取快件
4	取件时,较轻快件则双手(托)抓住快件两侧,较重快件则双手托住,两侧有抓握位的要抓牢,贴近身体顺快件运动方向拣取

表 4-27　半自动分拣操作中的设备安全要求

序号	要求
1	设备运行前,检查带式传输或辊式传输设备周围是否有影响设备运行的障碍物,然后试机运行,调试紧急停止按钮
2	注意上机分拣的快件重量和体积均不得超出设备的载重和额定标准
3	对非正常形状或特殊包装不符合上机传输条件的快件,要剔出改为手工分拣,不得上机传输分拣,如圆或球形快件及易翻滚快件、用锋利金属带捆扎包装的快件、易碎物品等,严禁上机传输分拣
4	上机传输的快件与拣取的速度要匹配
5	传输过程发生卡塞、卡阻要立即处理,保证设备正常运行
6	分拣传输设备运行中出现危急情况,立即停止设备运行

表 4-28　操作中的人身安全要求

序号	要求
1	不能跨越、践踏运行中的分拣传输设备
2	不得随意触摸带电设备和电源装置
3	身体任何部位不得接触运行中的设备
4	拣取体积较大快件时,不要刮碰周围人员或物体;拣取较重快件时,注意对腰部、脚部等的保护
5	不使用挂式工牌,女工留短发或戴工作帽,分拣时不许戴手套

3. 分拣时易发生的错误

分拣员容易因分拣错误,导致快件传递失误。常见的分拣错误如表 4-29 所示。

表 4-29 常见的分拣错误

序 号	分 拣 错 误
1	相邻的格口或堆位易误分。如在分拣场地，广州和深圳的两个格口相邻，分拣时误将一地的快件投入另一地的格口
2	快件的地址地名形似，阅读混淆。我国有些地方地名书写相近，如英山县和莫山县，分拣员分拣时若不专心，容易导致误分
3	对运单信息审读不细或书写字迹潦草，造成对相关信息判断有误导致误分，如邮政编码、电话区号的0、9，1、7等都有发生误读的情况
4	退件改址未按新址分拣。由于派送地址更改或原址无法派送等原因，快递企业一般要求业务员划销原派送地址，重新书写新地址或粘贴改派条，但在分拣过程中，有时会由于阅读疏忽或改派条脱落，导致仍按原派送地址分拣
5	没有认真辨识运输方式标识或运输方式标识脱落，导致错分运输方式，如应经航空运输，但误分为按陆路运输

四、国内快件分拣

国内快件大多是以快递运单上收件人所在地地址、邮政编码、电话区号或航空代码等为依据分拣。熟练掌握全国各地的行政区划及各地快件的中转关系，有利于分拣员做到准确、快速分拣，少出差错。

1．邮政编码

（1）邮政编码的组成。邮政编码是由阿拉伯数字组成，用来表示邮局及其投递范围内的居民和单位的邮政通信代号。我国的邮政编码采用四级六位制的编码方式，其中前两位的组合代表省（自治区、直辖市），前三位的组合代表邮区，前四位的组合表示县（区），后两位数则表示投递局。

📖 例 4-2

广东省珠海市金湾区红旗镇，其邮政编码是 519090，各代码组合的含义如表 4-30 所示。

表 4-30 邮政编码 519090 的含义

数 位 组 合	代 码	地 址 含 义
前两位	51	广东省
前三位	519	珠海邮区
前四位	5190	金湾区
后两位	90	红旗镇投递局

（2）各省（自治区、直辖市）邮政编码代号。省（自治区、直辖市）码即邮政编码的前两位码，由国家统一分配（见表 4-31，不含港澳台地区），北京为 10，上海为 20，天津为 30，重庆为 40，其余 28 个省（自治区）划分为 10 个大区，分别用 0～9 表示，9 区目前还没确定邮政编码。原则上每 3 个省（自治区）划为一区，同一区的省（自治区）的第一位码相同。

表 4-31 各省（自治区、直辖市）邮政编码分配表

大　　区	省（自治区、直辖市）	编 码 代 号	大　　区	省（自治区、直辖市）	编 码 代 号
	北京	10	4 区	湖南	41、42
	上海	20		湖北	43、44
	天津	30		河南	45、46、47
	重庆	40	5 区	广东	51、52
0 区	内蒙古	01、02		广西	53、54
	山西	03、04		贵州	55、56
	河北	05、06、07		海南	57
1 区	辽宁	11、12	6 区	四川	61、62、63、64
	吉林	13		云南	65、66、67
	黑龙江	15、16	7 区	陕西	71、72
2 区	江苏	21、22		甘肃	73、74
	安徽	23、24		宁夏	75
	山东	25、26、27	8 区	青海	81、82
3 区	浙江	31、32		新疆	83、84
	江西	33、34		西藏	85
	福建	35、36	香港、澳门、台湾暂无		

（3）邮政编码查询。如果需要查询国内、国际各地邮政编码，可以进入"邮编库"网站查询（网址是https://www.youbianku.com）或者利用手机微信关注"邮编库"微信公众号查询，如图 4-18 所示。

图 4-18　邮编库二维码

2．电话区号

由于不同地方使用不同电话区号，因此可以利用电话区号作为快件分拣、复核的一种重要依据。当然，在运单上书写电话号码，也方便业务员与客户直接电话沟通。

人们日常所说的电话区号如 020、0756 等，最前面的 0 并非区号的一部分，而是中国大陆地区国内长途电话接入码字冠，0 以后才是区号。在中国大陆，由于 0 是唯一的国内长途接入码，所以经常和后面的区号并列，并已形成习惯。

我国主要城市的电话区号、邮政编码等信息可以通过一些专业的查询网站查询，如图 4-19 所示是 www.ip138.com 查询网首页，图 4-20 所示是 www.zou114.com 实用查询首页。

图 4-19　www.ip138.com查询网首页

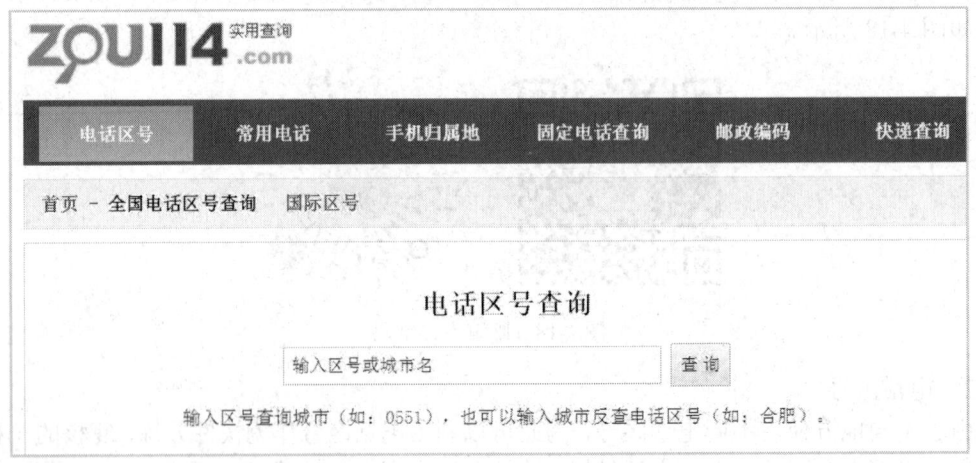

图 4-20　www.zou114.com实用查询首页

3．国内城市航空代码

国际航空协会在制定城市及机场三字代码时，一般对城市的英文名进行缩写，如北京市 PEK，也有的是按机场的英文名进行缩写，如上海浦东机场 PVG。我国主要城市的机场航空代码如表 4-32 所示。

表 4-32　国内城市机场三字代码（不含港澳台地区）

省（自治区、直辖市）	城市	城市代码	机场名称	省（自治区、直辖市）	城市	城市代码	机场名称
海南	海口	HAK	美兰国际机场	浙江	杭州	HGH	萧山国际机场
	三亚	SYX	凤凰国际机场		温州	WNZ	龙湾国际机场
广东	广州	CAN	白云国际机场		宁波	NGB	栎社机场
	珠海	ZUH	金湾机场		义乌	YIW	义乌机场
	深圳	SZX	宝安国际机场		舟山	HSN	普陀山机场
	汕头	SWA	揭阳潮汕机场		台州	HYN	台州路桥机场
	梅州	MXZ	梅县机场		衢州	JUZ	衢州机场
	湛江	ZHA	湛江坡头机场	黑龙江	哈尔滨	HRB	太平国际机场
	韶关	HSC	韶关丹霞机场		齐齐哈尔	NDG	齐齐哈尔机场
	兴宁	XIN	兴宁机场		牡丹江	MDG	海浪机场
广西	南宁	NNG	吴圩机场		满洲里	NZH	西郊机场
	桂林	KWL	两江国际机场		佳木斯	JMU	东郊机场
	柳州	LZH	白莲机场		黑河	HEK	黑河机场
	梧州	WUZ	长洲岛机场	安徽	合肥	HFE	新桥国际机场
	北海	BHY	福城机场		黄山	TXN	黄山机场
北京	北京	PEK	首都国际机场		阜阳	FUG	西关机场
	北京	PKX	北京大兴机场		安庆	AQG	天柱山机场
湖南	长沙	CSX	黄花国际机场	四川	南充	NAO	高坪机场
	张家界	DYG	荷花机场		广汉	GHN	广汉机场
	常德	CGD	桃花源机场		广元	GYS	广元盘龙机场
	衡阳	HNY	衡阳南岳机场	山东	济南	TNA	遥墙机场
	芷江	HJJ	怀化芷江机场		威海	WEH	大水泊机场
	永州	LLF	永州零陵机场		青岛	TAO	胶东国际机场
	达州	DAX	达州河市机场		烟台	YNT	莱山机场
湖北	武汉	WUH	天河国际机场		济宁	JNG	济宁大安机场
	宜昌	YIH	三峡机场		潍坊	WEF	潍坊机场
	襄阳	XFN	刘集机场		东营	DOY	东营机场
	荆州	SHS	荆州机场	江西	南昌	KHN	昌北国际机场
	恩施	ENH	许家坪机场		景德镇	JDZ	景德镇罗家机场
福建	福州	FOC	长乐国际机场		九江	JIU	庐山机场
	厦门	XMN	高崎国际机场		井冈山	JGS	井冈山机场
	武夷山	WUS	武夷山机场		赣州	KOW	黄金机场
	泉州/晋江	JJN	泉州晋江机场	贵州	贵阳	KWE	龙洞堡机场
江苏	南京	NKG	禄口国际机场		遵义	ZYI	遵义新舟机场
	连云港	LYG	白塔埠机场		安顺	AVA	黄果树机场
	南通	NTG	兴东机场		铜仁	TEN	铜仁凤凰机场

续表

省（自治区、直辖市）	城市	城市代码	机场名称	省（自治区、直辖市）	城市	城市代码	机场名称
江苏	常州	CZX	奔牛机场	贵州	兴义	ACX	兴义机场
	徐州	XUZ	观音机场	河南	郑州	CGO	新郑国际机场
	盐城	YNZ	盐城南洋机场		南阳	NNY	姜营机场
	无锡	WUX	苏南国际机场		洛阳	LYA	北郊机场
四川	成都	CTU	双流国际机场		安阳	AYN	安阳机场
	泸州	LZO	云龙机场	河北	石家庄	SJW	正定机场
	宜宾	YBP	五粮液机场		秦皇岛	SHP	秦皇岛机场
	绵阳	MIG	南郊机场	陕西	西安	XIY	咸阳国际机场
	九寨沟	JZH	黄龙机场		延安	ENY	延安南泥湾机场
	攀枝花	PZI	攀枝花保安营机场		安康	AKA	富强机场
	达州	DAX	河市机场		榆林	UYN	榆阳机场
	万州	WXH	万州五桥机场		汉中	HZG	汉中城固机场
	西昌	XTC	青山机场	重庆	重庆	CKG	江北国际机场
上海	上海	PVG	浦东国际机场	甘肃	兰州	LHW	中川机场
		SHA	虹桥国际机场		敦煌	DNH	敦煌机场
吉林	长春	CGQ	龙嘉国际机场		嘉峪关	JGN	嘉峪关机场
	延吉	YNJ	朝阳川国际机场		酒泉	CHW	酒泉机场
山西	太原	TYN	武宿机场		庆阳	IQN	庆阳机场
	大同	DAT	云岗国际机场	云南	昆明	KMG	长水国际机场
	长治	CIH	王村机场		丽江	LJG	丽江三义机场
新疆	乌鲁木齐	URC	地窝堡国际机场		景洪（西双版纳）	JHG	嘎洒国际机场
	喀什	KHG	喀什机场		大理	DLU	大理凤仪机场
	伊宁	YIN	伊宁机场		普洱	SYM	普洱思茅机场
	库尔勒	KRL	库尔勒机场		保山	BSD	保山云瑞机场
	阿克苏	AKU	阿克苏红旗坡机场		临沧	LNJ	临沧博尚机场
	和田	HTN	和田机场		昭通	ZAT	昭通机场
	阿勒泰	AAT	阿勒泰机场	内蒙古	呼和浩特	HET	白塔国际机场
	哈密	HMI	哈密机场		包头	BAV	包头机场
辽宁	沈阳	SHE	桃仙国际机场		锡林浩特	XIL	锡林浩特机场
	大连	DLC	周水子国际机场		乌兰浩特	HLH	乌兰浩特义勒力特机场
	丹东	DDG	浪头国际机场		呼伦贝尔	HLD	东山机场
	鞍山	AOG	鞍山腾鳌机场		乌海	WUA	乌海机场
青海	西宁	XNN	曹家堡机场		赤峰	CIF	玉龙机场
	格尔木	GOQ	格尔木机场		通辽	TGO	通辽机场
宁夏	银川	INC	河东机场	天津	天津	TSN	滨海国际机场

五、分拣后复核

快件的复核是指检查员对已完成分拣的快件进行核对,确保快件路向正确。复核的目的是避免因场地处理人员的遗漏和疏忽大意,导致快件分拣错误,从而造成快件的延误和丢失。

1. 快件复核的方法

快件复核的方法如表 4-33 所示。

表 4-33 快件复核的方法

分类标准	复核方法	含 义
操作方法	人工复核	按照快件中转关系,对总包前由人工分拣后的快件进行复核
操作方法	系统对比	利用对快件进行电子扫描时产生的信息,与快递信息系统进行对比,筛选出所有分拣路向错误的快件
工作环节	专职复核	由场地设置的专职检查员对快件交接进行复核,又分为快件接收复核和快件装车复核
工作环节	相互复核	又称"交叉复核"。人工分拣时,由相近分拣区域的两名场地处理人员交叉对快件分拣进行复核
工作环节	环环复核	即利用场地处理过程的各环节,如拆解总包、分拣、总包封发等环节,对快件信息进行反复核对。环环复核利用快递信息系统的自动对比功能,筛选出所有分拣不正确的快件,然后由场地主管对这些有问题的快件重新进行分拣

2. 国内快件复核的具体内容

国内快件复核的具体内容如表 4-34 所示。

表 4-34 国内快件复核的具体内容

序 号	复核种类	复核具体内容
1	路向复核	按照堆位对分拣后的快件路向进行复核,避免快件上错车,导致快件错发、误发,可分别按中转关系、电话区号、邮政编码进行复核
2	规格复核	重点快件有无破损,是否进行了及时修复;重量低于 5 kg 的小包装快件是否都已封入总包
3	种类复核	重点复核保价快件、易碎快件、贵重品快件、代收货款快件是否单独封装,总包是否加挂相应标识
4	一票多件复核	重点复核一票多件有无漏件

3. 复核时常见问题

复核时的常见问题主要有以下几个。

(1)收件人地址模糊不清,导致分拣错误。由于寄件人书写潦草或者由于快件在传递过程中被磨损,导致快递运单上的收件人地址模糊不清,这种情况在复核时一定要予以重视。为了保证快件的流向正确,应综合收件人的地址、邮政编码、电话区号等信息做出判断;若还不能做出正确的判断,报客服部门联系寄件人或收件人,确认正确的收件人地址后,让该票快件进入最近的分拣批次参与下一步的传递。

(2)收件人地址相近或相似,导致分拣错误。我国幅员辽阔、地名繁杂,不仅有相近或相似的地名，还有不少重名，极易混淆出错，加之部分寄件人书写不规范，给分拣工作造成了很大的困难。为了避免分拣出错，在对快件进行复核时应予以高度重视。

（3）一票多件快件漏件。一票多件快件主运单上的快件数量和实际数量不符主要是由于快件处理人员疏忽大意造成的。发现该问题时，应抓紧时间寻找遗漏的快件，只有数量匹配时才允许参与下一环节的传递。

六、快件分拣异常的处理

快件处理人员在分拣快件时遇到收件人名址有误、快件包装不合格等情况，如果处理不当、不及时，会造成快件滞留、延误，严重的可能造成快件毁损，从而给快递企业造成经济损失。

1. 收件人名址有误

快件运单上记录的收件人名址是快件分拣处理的关键，名址有误很容易导致快件误分拣，延误快件的递送时间，严重的甚至导致快件丢失。对于地址填写不完整、地址信息前后矛盾的快件，快件处理人员应充分利用快件运单上的多种信息（如邮政编码、电话区号、城市航空代码等）进行综合分析，确定正确的分拣方向；实在无法确认分拣方向的，应单独取出，交主管联系寄件人，明确收件人准确收件地址后再参与就近班次的中转。

收件人名址有误常见问题及其处理办法如表4-35所示。

表4-35 收件人名址有误常见问题及其处理办法

类 型	原 因	示 例	处 理 办 法
收件人名址不详	缺少收件人姓名或姓名不详	如收件人姓名：陈先生（姓名不详）	缺少收件人姓名或姓名不详的快件，一般不影响快件正常分拣，可以按照正常件分拣，到达目的地后再由收派员通过快递运单上的收件人电话联系派送
	收件人地址不具体	如收件人地址：山东省青岛市南京路（没写具体的单位和门牌号）	对未详细写明收件人地址的快件，如不影响快件的正常分拣，可按正常快件分拣，到达目的地后再由收派员通过快递运单上的收件人电话联系派送；如果无法正常分拣，应单独取出，交主管联系寄件人，明确收件人详细地址后，参与就近班次中转
收件人地址有误	收件人地址与邮政编码不符	如收件人地址：山东省济南市历下区泉城路289号，邮编：100000，联系电话：0531-66778899	经分析应该是邮编写错了，可以按照地址进行分拣、中转。快件处理人员应该充分利用收件人电话号码或寄达地航空代码，确定正确的分拣方向；实在无法确认的，应单独取出，交主管联系寄件人，批注正确的分拣方向，参与就近班次的中转
	地址中省、市不匹配	如收件人地址：河南省郴州市苏仙北路42号 邮编：423000，联系电话：0735-2884488	经分析应该是省份写错了，可以按照湖南省郴州市进行分拣、中转，处理办法同上
收件人地址潦草、模糊不清			对于收件人地址潦草、模糊不清，影响快件正常分拣的，应单独取出，交主管联系寄件人，明确收件人详细地址，在备注栏详细批注，参与就近班次的中转

续表

类 型	原 因	示 例	处理办法
快递运单脱落			对于快递运单脱落的快件，应积极在现场寻找脱落的快递运单，如果找到快递运单，重新粘贴在快件上，正常分拣；如果现场找不到快件运单，应将快件取出、滞留，交作业主管登记备查。根据发件部门提供的相关信息重新填写一份快递运单，粘贴在快件上，参与就近班次的中转，并对快递信息系统内的快递运单号进行修改，以备客户查询

2．包装不合格

快件运输过程中剧烈的振动冲击，堆码时底层快件承载过重，快件在装卸、搬运过程中的意外跌落，以及工作人员工作态度不认真、责任心不强等都有可能造成包装不合格快件破损，从而损坏快件内件。

出现如表 4-36 所示的情况，可确认为包装不合格。

表 4-36 包装不合格的确认标准

序 号	不合格情况
1	外包装箱有 2 cm 以上的破洞或有明显的撕裂
2	外包装箱有水湿、油污现象
3	外包装箱变形严重或被压垮、折断
4	在搬运过程中，虽外包装完好，但能感觉到快件内件之间有摩擦、碰撞并伴有碰撞音或有异常已破坏的声音
5	外包装未损坏，但有异常的气味或强烈的刺激气味
6	外包装为海报或塑料等易破损包装物

对于包装不合格快件，为了保证快件在后续操作中的安全，应将快件拣选出来，同时做好复秤、拍照工作，然后会同业务主管，在监控下共同处理。

若发现快件外包装仅有轻微破损，判断尚未影响快件内件品质，则只需用封箱带对快件原包装破损处予以加固，按正常快件进行后续处理即可。

若发现快件外包装有明显破损或撕裂，判断很可能影响快件内件品质，则应将快件取出，做好复秤、拍照工作，然后会同主管，在监控下拆开快件，检视快件内件是否已经发生损坏。若快件内件未发生损坏，应按要求重新包装寄递物品，重新填写一份快递运单，粘贴在快件上，参与就近班次的中转，并对快递信息系统内的快递运单号进行修改，以备客户查询，同时向上一环节发送快件差异报告。若快件内件已经发生损坏，视情况进行滞留，同时向上一环节发送快件差异报告，通知客服部门联系寄件人，协商解决。

3．疑似危险品快件

对于某些寄递物品，如一些含有锂电池、磁性材料、粉末或液体的物品，采用航空运输，存在安全隐患，可能造成严重事故，因此，很多航空公司是不承接危险品货物运输业务的。快递企业在接收此类物品时，需要客户提供有关部门出具的非危险品鉴定证明书。为了杜绝发生危险，必须对这类快件进行有效处理后，方能参与正常的航空运输。

（1）含锂电池的电子产品。锂电池中含有汞、镉、铅等重金属，具有毒性、辐射性和污染性,在高空环境会对飞机机身和乘客的人身安全造成影响。同时,在航空运输过程中,机舱高压可能造成电子产品短路而引发自燃,导致严重的安全事故。

锂电池是民航限制运输的物品,必须经过专业机构测试合格后方可作为非限制货物办理托运手续。经航空公司批准的 100~160W·h 锂电池,一般限量两块。如果需要航空快递多块锂电池,必须采取必要的安全防护措施:将锂电池和电子产品分离,对每块锂电池予以单独包装,将锂电池正负电极绝缘(如在暴露的电极上缠上绝缘胶带)。

(2)含磁性材料物品。许多机电产品,如磁芯、磁环、磁铁、电机、扬声器、变压器等包含磁性物质,由于微弱的杂散磁场对飞机的导航系统和控制信号均有干扰,根据国际航空运输协会(IATA)相关规定:距被测物 2.1 m(7 ft)处测得的最大磁场强度不得超过 0.159 A/m(200 nT)。因此,在收寄该类物品时,必须采取一定的措施,并经专业机构进行磁性检测,取得测试合格证后才能进行航空运输。

表 4-37 中列举了两种常用的防磁措施。

表 4-37 两种常用的防磁措施

防磁措施	说 明
简易防磁	目前,尚未发现可以完全防磁的材料,真空也不能阻断磁力线。一般情况下,防磁就是用顺磁性材料如铁、镍、软磁材料等,将磁力线屏蔽起来。用铁磁性材料制成一个罩子,把需要防护的磁性物品罩在里面,使它的磁场与外界隔绝,不能干扰其他物品
专业防磁柜防磁	专业防磁柜是专门用于放磁性载体的存储设备,采用特殊的防磁结构设计,内填防磁材料,门框采用迷宫式防磁结构,加强防磁效果

(3)含白色粉末物品。处理场地发现白色粉末泄漏,应先对物品进行隔离。操作人员应佩戴防护用具(如防护面具、橡胶手套等),配备专业工具进行处理。应查看运单信息及产品描述,参照危险品手册判断是否为危险品。如果不是危险品,应重新包装、转运;如果是危险品,应由专业人员进行处理。

(4)含液体的物品。处理场地发现液体物品泄漏,应先用沙子覆盖。操作人员应佩戴防护用具(如防护面具、橡胶手套等),配备专业工具进行处理。应查看运单信息及产品描述,参照危险品手册判断是否为危险品。如果不是危险品,应重新包装、转运;如果是危险品,应由专业人员进行处理。

单项实训 4-3

1. 请对表 4-38 所列快件进行分拣,并对应以下 4 种分拣结果将序号填入表格最后一栏。

分拣结果:A. 正常;B. 运单地址有误;C. 运单电话号码有误;D. 运单邮政编码有误。

表 4-38 快件分拣材料列表

序号	收件人单位	姓名	收件人详细地址	电话	邮编	分拣结果
1	清华大学	李××	北京市海淀区清华西路 28 号清华大学研究生招生办公室	010-62781187	100084	

续表

序号	收件人单位	姓名	收件人详细地址	电话	邮编	分拣结果
2	天津环球信封纸品技术有限公司	胡××	天津市河西区大沽南路	022-26648517	300222	
3	青岛粮油进出口股份有限公司	张××	山东省青岛市北区丰县路3号	0532-83823513	266022	
4	湖北省邮电印刷厂	詹××	湖北省武汉市汉阳区五里新村杨稻草湾27号	027-84845832	43050	
5	山西亿鑫通贸有限公司	赫××	山西省太原市晋源区晋祠路	0351-6945419	030025	
6	南宁雁通有限责任公司	张××	广西南宁市新华街23号	139788188	530012	
7	昆明市邮政局	庄××	山东省昆明市吴井路139号二楼	0871-3173316	650011	
8	海南省邮电印务中心	洪××	海南省海口市港澳开发区	0898-68631801	5730331	
9	诸城市辛兴镇	许××	山东省潍坊诸城市辛兴镇东伊家庄243号	020-80506246	262218	
10	西北师范大学物理学院	杨××	甘肃省兰州安宁东路805号	0931-7971932	100070	

2. 识别异常快件情景训练

每位学生在实操考场将获得15张照片和15个信封。照片是实物拍摄,每张照片、每个信封都代表一个快件。学生必须从15张照片中挑出4个异常快件(即挑出4张照片),同时从15个信封中挑出4个异常快件(即挑出4个信封)。识别时间为8分钟。要求学生必须识别出正确的异常快件,多选、少选、错选都不得分。挑照片时要注意,明确照片中寄的实物是什么。

提示:异常快件类别有禁寄品、限寄品、规格不符、重量不符、地址错误等。

3. 按派送地址进行快件分拣。将表4-39中的派送地址与相对应的省/自治区连线。

表4-39 按派送地址分拣材料

派 送 地 址	省/自治区
青岛市市北区黄河路11号	云南
大连市五里河新村22号	贵州
太原市晋源区晋祠路33号	广西
昆明市吴井路44号	河北
南宁市新华大街55号	宁夏
贵阳市东风南路66号	山西
西安市大兴西路77号	黑龙江
石家庄开发区红旗路88号	山东
哈尔滨市创业大街9号	辽宁
银川市北营大街99号	陕西

任务四 快件封发

任务描述：要求学生掌握快件封发的程序和方法。

快件封发作业是将同一寄达地及其经转范围的快件经过分拣处理后集中到一起，按一定要求封成快件总包并交运的生产过程，主要经过快件的登单和总包的封装，最后装车发运。封发作业必须严格操作，所用的封装空袋、封志、包牌等用品应符合规定，并达到封发的规格标准，以使快件准确、安全、完整、及时地传递。

一、快件的登单

登单就是登记快件封发清单，它是快件传递处理的记录，各环节根据记录的内容接收和处理快件。

快件封发清单是指登列总包内快件的号码、寄达地、种类或快件内件类别等内容的特定单据。从形式上分，快件封发清单分为纸质清单和电子清单两种。从内容上分，根据生产作业的实际需要，快件封发清单又分为普通快件清单、保价快件清单、代收货款快件清单等。快件封发清单是接收方复核总包内快件的依据之一，也是查询快件处理作业的依据。

登单一般分为手工登单和扫描登单。手工登单要选择合适的清单规格，准确填写登单日期、清单号码、原寄地、寄达地。扫描登单是使用条码设备扫描快件条码自动生成封发清单，扫描登单所包含信息与手工登单相同。

1. 手工登单

手工登单操作要求如表 4-40 所示。

表 4-40 手工登单操作要求

序 号	手工登单操作要求
1	选择合适的清单，准确填写登单日期（或加盖专用封发地日期戳记）、清单号码、封发地、寄达地
2	清单号码编排如以数字顺序、日期、专用代码为编列序号，不得重复或编错
3	按出站发车的先后顺序，完整、准确地逐件抄登快件号码、寄达地、快件类别、重量等内容
4	抄登快件使用规范的汉字、阿拉伯数字及专用代码
5	退回、易碎、液体快件要在备注栏或相关栏分别注明
6	保价、代收货款、到付快件应注明金额或使用专用清单
7	抄登多页清单时，应在每一页上注明页数，快件的总件数登在清单的最后一页
8	对一票多件的快件要集中抄登
9	结束登单时，应在指定位置使用正楷签名或加盖操作业务员的名章
10	对需要建包的快件，登单结束后制作总包包牌

2. 扫描登单

扫描登单操作要求如表 4-41 所示。

表 4-41　扫描登单操作要求

序号	扫描登单操作要求
1	首先启动操作系统，使用操作员本人用户名和密码登录，选择系统中登单功能操作模块，系统一般默认始发站代码和日期等信息
2	根据操作系统提示，首先扫描预制总包包牌，并输入封发快件的寄达地代码、运输方式、快件类别、转运站代码等相关信息进行建包
3	建包后逐票扫描快件条码，装入总包
4	扫描时注意设备提示音，当设备发出扫描失败提示音时，应复查出错原因并及时纠正
5	为合理建立总包、方便报关，保证快件安全完好，应对快件实施分类扫描。文件与包裹、重货与轻货分开，可批量报关的低价值快件与单独报关的高价值快件分开扫描，分袋封装
6	一票多件的快件要集中码放、集中扫描
7	条码污染、不完整、无法扫描的快件，用手工输入条码信息或按规定换单处理
8	限时快件、撤回快件和其他有特殊要求的快件，应输入特殊件代码或另登录专用模块单独处理
9	扫描结束，调取扫描数据与实物快件对比件数是否相符；检查快件寄达城市代码是否分属本总包经转范围，不符则应及时纠正
10	有快件无扫描记录的，应重新扫描登单
11	上传数据
12	检查作业场地及周围有无遗漏快件，一切正常则退出登录，关闭系统，否则重复前面步骤重新扫描操作

二、总包封装

总包封装是将发往同一寄达地或中转站的快件及对应的清单，集中规范地放置在袋或容器中，使用专用工具封扎、封闭袋口或容器开口，并拴挂包牌或标签的过程。

1. 总包包签

总包包签（或称包牌）是指快递企业为发寄快件和内部作业而拴挂或粘贴在快件总包装指定位置上，用于区别快件的所属企业和运输方式及发运路向等信息的标志。不同的快递企业使用的包牌不同，但包含的信息大多相同。

包签的制作方式一般有两种：一种是在快递信息系统中实时生成，另一种是手工书写。总包包签填写的注意事项如表 4-42 所示。

表 4-42　总包包签填写的注意事项

序号	注 意 事 项
1	总包包签应包含总包号码、原寄地、寄达地等信息，在指定位置准确填写快件总包重量、件数或票数
2	有特殊要求的快件，如优先快件和保价快件，总包按要求注明优先、保价等特殊信息
3	包签禁止涂改，如有错填，要更换新包签重新填写

2. 总包包装

包装也称总包空袋，是用于盛装快件的袋子，由棉质、尼龙、塑料等不同材质制成。容器有集装箱、金属笼等，如图 4-21 所示。

图 4-21 总包空袋

在使用总包包装时,封袋或容器应与快件体积、重量、所寄内件性质相适应,不得出现下列情况:使用企业规定外的包装或容器;使用有破损的包装或容器;使用水湿、污染、形状改变的包装;使用印有其他快递企业标志的容器;将包装或容器挪作他用或故意损坏。

封袋操作要求如表 4-43 所示。

表 4-43 封袋操作要求

序 号	封袋操作要求
1	选用大小适宜、颜色正确的包装。总包空袋的大小,应根据快件的数量和体积合理选用,切忌用大号总包空袋装少量快件。文件类和物品类、普通快件和限时快件一般用不同颜色的总包空袋
2	将总包空袋置于撑袋架上(见图 4-22)
3	先扫描包签,然后将快件逐件扫描,按重不压轻、大不压小,结实打底,方下圆上,规则形放下、不规则形放上的原则装袋
4	对总包盛装不能过满,袋装不宜超过整袋的 2/3,重量不宜超过 32 kg
5	封装袋装好后,要在扎绳的绳扣上或塑料封志上垂直拴挂快件包签。发航空快递的总包要加挂航空包签,对有特殊要求的快件加挂相应的包签
6	用塑料封志或扎绳封紧袋口,使内件不晃动
7	封装结束,检查作业场地及周围有无遗漏快件及未封装快件

3. 总包堆码

当转运车辆到达中转场,完成封装的快件总包和卸载中转的总包应及时装车发运。如果转运车辆不能及时到达,应将其整齐堆码在指定的位置,如图 4-23 所示。

图 4-22 撑袋架   图 4-23 总包堆码

总包堆码要求如表 4-44 所示。

表 4-44 总包堆码要求

序 号	总包堆码要求
1	各堆位之间应有明显的隔离或标志,留有通道
2	快件总包应立式放置、整齐划一、排列成行,高度以一层为宜
3	多层堆放时,采用耐压大袋垫底、袋口向外一字排开逐层叠上的方式,包签向上,便于核对路单
4	代收货款、到付快件和优先快件应单独码放。对有特殊要求的总包单件,如贵重物品,应按要求单独交接码放
5	库房堆放要有秩序,杜绝任意堆放。每次进库总包要及时处理归堆,并留出通道。堆码要求整齐、牢固,堆位名称标注在显眼、不易遮挡的位置

总包堆码注意事项如表 4-45 所示。

表 4-45 总包堆码注意事项

序 号	总包堆码注意事项
1	根据不同航班和车次及赶发时限的先后顺序建立堆位
2	车次或航班的代码和文字等相近、相似的堆位要相互远离
3	总包快件堆码时,不得有扔、摔等损坏快件的行为
4	堆码在托盘或移动工具上的总包快件,应结合工具的载重标准和安全要求码放,码放高度不超过工具的护栏或扶手
5	要注意保护包牌和包签不被毁损或污染

4. 整理文档、上传数据

每一班封发作业操作结束后,应及时将业务数据按规定上传至快递企业信息系统,并将相关文档分类存档。

5. 封装注意事项

封装过程中的注意事项如表 4-46 所示。

表 4-46 封装过程中的注意事项

序 号	封装过程中的注意事项
1	经过登单工序的快件封装时,应一张清单对应封装一个总包。对标有易碎、怕压标识的快件,尽量单独封包,分别加挂易碎、怕压标识
2	按照重不压轻,大不压小,结实打底,方下圆上,规则形放下、不规则形放上的原则装袋。总包最大重量不超过 32 kg
3	重量和体积相近的快件装入同一包袋
4	文件类与包裹类快件应分别封装,保价快件、限时快件、代收货款快件也要分别封装总包。混装在一起时,文件类快件要捆扎成捆,防止与其他快件粘贴。一票多件快件尽量装入同一总包
5	装袋、称重和封发总包应由 2 人或 2 人以上共同进行,并在清单上共同签字盖章
6	应使用印有企业专用标识、易识别的专用总包袋。重复使用的总包空袋应按规定进行检查,及时发现遗留小件,包袋破损、油污、水湿等问题

三、总包路单及其制作

总包路单是记录快件总包的封发日期、接收日期、封发路由、总包数量、种类、总包总重量、原寄地、寄达地等详细信息,用于运输各个环节交接的单据。使用总包路单可明确责任,使交接过程有凭有据。电子总包路单还可起到预告到货信息的作用,方便下一站提前做好接收准备。如图4-24所示是总包路单样本。

第_____号

由_____交_____　　　　　　　　　　____年___月___日

格数	总包号码	始发站	终到站	袋	件	重量/kg	备注
1							
2							
…	…	…	…	…	…	…	…
10							
	合计						

交发人员签章_____　　　接收人员签章_____

图 4-24　总包路单

总包路单的制作分为手工制作、系统扫描制作两种。手工制作要求如表 4-47 所示,系统扫描制作如表 4-48 所示。

表 4-47　手工制作总包路单要求

序　号	制　作　要　求
1	快件总包封装完成后,进入发运环节。禁止不登总包路单发运
2	总包路单要按一定规律编列顺序号,不要重号或越号。如发生重号或越号,要在备注里注明,并通知接收站修改后存档
3	号码栏和重量栏中,数字要清晰规范,字母要易于辨认,号码要与相关包签一致
4	始发站与终到站要按规定填写,并与包签一致
5	总包路单要逐格逐袋登录,有特殊操作要求总包,要在备注栏中批注
6	每一类发运方式,总包路单的总袋数和总重量要统计准确,将所有总包路单汇总,可合计出本班次封发总包总件数和总重量
7	总包路单应按规定份数填制
8	交接完毕,留存总包路单,整理存档

表 4-48　系统扫描制作总包路单要求

序　号	制　作　要　求
1	首先启动操作系统,输入操作员账号、密码进入系统,调出登录总包路单模板。设定发运方式、寄达地代码、快件类型、发运班次等信息。系统自动调取预制总包号码、重量、目的地等信息形成总包路单
2	系统按日期顺序生成总包路单编码;打印出总包路单,按实际总包号码勾核总包路单格数内号码,纠正错登、漏登号码
3	有特殊操作要求的总包,要在备注栏中批注后再打印

续表

序　号	制　作　要　求
4	总包路单应按规定份数打印
5	系统可按每一类发运方式汇总袋数和重量,生成本班次操作总件数和总重量
6	交接完毕,留存总包路单,整理存档

单项实训 4-4

1. 根据表 4-49 所列上海发往中南区快件信息按省建立总包,并规范填写表 4-50 所示的封发清单,填写对应包牌,包牌格式参照图 4-9。

表 4-49　上海发往中南区快件信息

序　号	运单号码	发件公司	收件地址	件　数	重量/kg	种　类
1	100001	上海	郑州	1	10	资料
2	100014	上海	桂林	1	5	资料
3	100003	上海	洛阳	1	5	资料
4	100005	上海	十堰	1	10	物品
5	100018	上海	博鳌	1	5	资料
6	100006	上海	黄石	1	5	资料
7	100016	上海	三亚	1	15	资料
8	100007	上海	岳阳	1	10	物品
9	100004	上海	武汉	1	15	资料
10	100012	上海	韶关	1	15	资料
11	100009	上海	湘潭	1	15	物品
12	100002	上海	安阳	1	15	物品
13	100011	上海	江门	1	10	物品
14	100013	上海	南宁	1	15	物品
15	100008	上海	长沙	1	10	资料
16	100015	上海	北海	1	10	资料
17	100010	上海	广州	1	5	资料
18	100017	上海	海口	1	15	物品

表 4-50　上海转发中南区快件清单

始发地:上海

运单号	收件地	重　　量	种　　类	运单号	收件地	重量/kg	种　　类

2. 请将下列国家的英文名称与相应的中文用直线连接起来。

SOUTH AFRICA	马来西亚
INDIA	英国
KOREA,REPUBLIC OF	新加坡
MALAYSIA	韩国
UNITED KINGDOM	澳大利亚
SINGAPORE	南非
SWEDEN	意大利
CANADA	瑞典
ITALY	印度
AUSTRALIA	加拿大

任务五　总包装车发运

任务描述：要求学生掌握快件总包装车发运的程序和方法。

一、出站交接

1. 汽车运输快件的交接

采用汽车运输快件的交接事项如表 4-51 所示。

表 4-51　采用汽车运输快件的交接事项

序　号	交　接　事　项
1	指挥或引导车辆安全停靠在指定的交接场地
2	需要交接双方共同办理交接
3	核对交接的总包数是否与总包路单填写票数相符、所交总包单件规格是否符合要求
4	检查快件的装载配重和堆码是否符合车辆安全运行标准
5	检查出站快件路单的发出站、到达站、车辆牌号、驾驶员、押运员等信息的填写是否规范
6	交接结束，双方签名盖章，在总包路单上加注实际开车时间

2. 委托航空或铁路运输的快件交接

委托航空或铁路运输的快件交接事项如表 4-52 所示。

表 4-52　委托航空或铁路运输的快件交接事项

序　号	交　接　事　项
1	核对航空或铁路接收快件所填写的货舱单或航空结算单、货站发货单是否与所发快件数量、重量、航班/车次等相符
2	检查快件是否符合安全运输要求
3	核对交发的快件规格及快件总包包签是否完好
4	交接结束，交接双方要在货舱单或航空结算单及货站发货单上签名盖章

二、总包装发

总包装发是指根据快件总包发运计划,将核查过的总包按规定的发运频次和时限要求,准确无误地装入交通运输工具(如飞机、火车、汽车)。

1. 装车前准备

装车前准备工作如表 4-53 所示。

表 4-53 装车前准备工作

序 号	准 备 事 项
1	根据总包发运计划及班次、吨位、容积和路线等情况,与汇总的发运信息进行比较,核实应发总包堆位和数量
2	当运量超过运能时,应及时做相应调整
3	快件总包发运数量确定之后,制作出站快件总包路单。总包路单一般只登记始发站、终到站和总包数量

2. 总包装载及码放

箱式汽车是快件总包运输的主要运载工具,为了安全、顺利转运快件,应该遵守如表 4-54 所示的装载及码放规则。如图 4-25 所示是总包装载实景。

表 4-54 装载及码放规则

序 号	装载及码放规则
1	装车工作应由两人(及以上)协同作业
2	装码总包时要逐层码放,大袋、重袋堆在下部,形状规则的总包堆在下层,形状不规则的总包放在上层,不耐压、易碎总包放在上层
3	满载时,要从里面逐层码高后向外堆码,结实的打底,较小的总包放在中间压住大袋袋口,填放在低凹和空隙处
4	数量不到满载的,车厢里层数最高,层高随逐渐外移而降低,这样可防止车辆启动、制动时堆位倒塌,避免卸错或漏卸
5	数量半载的,里层高度可稍低,比照上条所述堆码。不可以只装半厢,造成前端或后端偏重
6	严禁将快件码在车厢一侧,造成侧重,不利于行车安全
7	具有两个以上卸货点的汽车,要按照"先出后进、先远后近"的原则装载总包,堆位之间应袋底相对(总包袋底部贴在一起,可防止混堆)或用绳网分隔

图 4-25 总包装载

三、建立车辆封志

车辆封志一般有门锁、特制塑料或金属条码封条、全球卫星定位系统（GPS）与地理信息系统（GIS）结合的信息记录等。建立车辆封志的操作步骤如表 4-55 所示。

表 4-55　建立车辆封志的操作步骤

序　号	操　作　步　骤
1	总包装载结束后，由车辆的押运人员或驾驶员将车门关闭
2	场地负责人将车辆封志加封在车门指定位置，车辆押运人员或驾驶员监督车辆施封过程
3	将塑料条码封条尾部插入锁孔，再穿插入条码封条顶部的扣眼，用力收紧，并检查施封是否完好
4	将施封的条形码号登记在出站快件的总包路单上
5	车辆押运人员或驾驶员与场地负责人在总包路单上签字确认

建立车辆封志的注意事项如表 4-56 所示。

表 4-56　建立车辆封志的注意事项

序　号	注　意　事　项
1	施封前，要检查车辆封志是否符合要求、GPS 是否正常
2	施封时，发运人员与押运人员（或驾驶员）必须同时在场
3	施封后的封志要牢固，不能被抽出或捋下
4	施封过程中，要保证条形码完好无损
5	核对封志的条形码与总包路单上登记的号码是否一致

四、快件信息汇总比对

快件处理中心每天对不同运输方式、不同路向、不同时段接收的快件进行开拆、分拣、封发处理。为了保证操作质量、防止出现差错，必须对快件进出信息进行比对。

1. 快件信息汇总比对的概念

快件信息汇总比对就是快件处理中心每日或每班快件生产工作结束后，对快件进站件数、上班次结余件数及快件出站件数、本班次结余件数的登单信息分别进行汇总，结出总件数后填写合拢单进行比对，交主管审核签证的过程。

在正常工作状态下，比对结果是平衡的，即

快件进站件数+上班次结余件数=快件出站（或派送）总件数+本班次结余件数

比对结果不平衡或结余件数和实存件数不符，出现或多或少的现象时，必须采取措施及时复查。复查无果要立即向主管汇报，做出详细记录备查。

填写合拢单前，必须认真核对清单件数信息，不能有漏核和汇总错误，保证收集汇总数据的准确是快件信息汇总比对的基础。

快件信息汇总比对是保证快件在传递处理过程中的安全，防止缺失、短少，明确责任段落的一项不可或缺的措施，是快件分拣封发质量控制的重要手段。通过这项举措，可纠正操作中的失误，减少快件延误、丢失；可明确责任段落，有针对性地解决问题；还可反映操作质量问题，方便考核评比。

2．快件信息汇总的内容

快件信息汇总的内容包括进站快件信息汇总和出站快件信息汇总。

进站快件信息汇总也称拆解信息汇总，是将每日或每班进站总包开拆，经勾挑比对后汇总已有进站封发清单，结出总件数，填制合拢单的过程。

进站快件比对就是将快件的原寄地和单号与所登相关清单逐项勾核，验证清单上所登内容与实物是否相符。不相符的按规定处理，相符则汇总清单总件数，填写合拢单相应栏目。

出站快件信息汇总也称封发信息汇总，是每日或每班次将勾挑比对过的快件，封装成总包后，汇总封发清单，汇总出站件数及结余、问题件件数，填制合拢单的过程。

3．汇总比对方法

（1）进站快件总包信息汇总比对。进站快件总包信息汇总比对是每日或每班次快件工作终了，收集全部进站总包路单和进站封发清单，对清单号码与总包路单"总包号码"栏内数据进行对比，结果合拢，表明本班次所有进站总包正常开拆；结果不匹配，则需要进一步查明原因。

如果清单多于总包路单登列总数，表明有进站总包未登录总包路单，必须按规定发送快件差异报告知会上一环节，补登总包路单，并在补单处签字备查。

如果总包路单登记的总包号码多于清单，表明清单缺失，要立即检查，分析原因，找出问题所在，并及时与上一环节沟通，请其传真缺失清单留存联，按清单登列的快件号码查找是否有进站信息。处理如下。

① 按清单登列的快件号码查找，有快件进站记录，表明总包已开拆，仅进站分发清单在中心丢失，需要将传真清单归档，说明情况备查。

② 按清单登列的快件号码查找，没有快件进站信息，则表明有总包未开拆或遗失情况，应立即上报业务主管，组织人员检查操作现场及周边场地有无遗漏总包；追溯操作过程有无异常情况。如发现未开拆总包，可按正常流程交接操作；如查找无果，则填写快件差异报告上报另查。

进站快件总包信息汇总比对是快件信息汇总比对的基础。只有快件信息收集全面、数据准确，才能正确反映实际操作质量。

（2）快件信息汇总比对方法。根据运用工具的不同，快件信息汇总比对可分为手工汇总比对和操作系统汇总比对两种。手工快件信息汇总比对方法如表 4-57 所示。

表 4-57　手工快件信息汇总比对方法

序　号	比　对　方　法
1	每天或每个班次的分拣封发工作结束后，各拆解封发岗位按规定将清单集中上交
2	按车次把进站封发清单逐一结总数后，汇总结出总件数
3	按车次把出站封发清单逐一结总数后，汇总结出总件数，并把本埠派送、问题件、自提件和其他快件逐一结总，汇总结出总件数
4	所有清单整理完毕后，填写合拢单，如表 4-58 所示
5	进站汇总总件数填写在"进站"栏，出站汇总总件数填写在"出站"栏。进站总计减去出站总计应等于实际库存件数（其中包括问题件、库存自提件等）

续表

序号	比对方法
6	对比结果合拢，说明操作正常；结果不匹配，必须进一步查找异常原因，重新汇总，检查接收、封发、分拣各环节清单，查找出现异常的原因并予以纠正
7	未找出原因，对比结果出现或多或少的现象时，要及时向主管如实汇报，并做详细记录备查
8	核查完毕，分类存放各式清单、合拢单，按规定存档

表 4-58 快件进出站平衡合拢单

进站			出站		
进站车次	总袋数	总件数		白班	夜班
			本埠件		
			中转件		
			问题件		
			自取件		
			小计		
小计			总计（2）		
上班结余					
总计（1）			备注：		
记事栏：					

制表：　　　　　　　　主管：　　　　　　　　日期：

现阶段普遍运用计算机信息处理系统实现信息的汇总比对，其原理与手工汇总比对相同。预先设置条件后，通过设备扫描快件运单条码，自动生成拆解清单和封发清单。按对比要求调取对应数据进行自动比对，筛选出差异快件号码，具体操作如表 4-59 所示。

表 4-59 应用操作系统进行快件信息汇总比对

序号	比对方法
1	首先启动系统，输入操作员的用户名和密码登录系统，选择系统中的比对功能操作模块
2	系统默认当前站点，提示输入要求比对时段、班次、文件类别、始发站、寄达站等信息
3	输入比对要求后，单击"查询"键，系统自动调取符合条件的数据进行对比，筛选出差异快件号码
4	查找出差异快件号码，具体分析造成差异的原因，准确做出处理或反馈
5	严重异常情况要生成书面报告，向负责人汇报，按规定存档
6	操作人员退出查询模块，关闭系统

4．汇总发运信息

汇总发运信息是指按出站总包单对各条运输线路的快件总包件数和总量进行汇总，如表 4-60 所示。通过汇总发运信息，可以精确掌握本班次发运快件总包的数量、总量和发运方向，通过与前期数据对比可以分析出本区域快件主要流向、快件量增长速度，为调整发运计划提供依据。

例如，某企业规定，任一线路实际装载总包件数或重量达到核定运能的 70% 时，就要做好加大运能的准备工作。当运能不能满足运量要求时,就会产生滞留总包。滞留总包必须在下一班次优先装运。如表 4-61 所示是滞留总包汇总登记表。

表 4-60　快件总包汇总登记表

班(组):_____　　　　　　　　　　日期:____年____月____日

发运车次（航班）	目的地	总包运量		经转方式			备注
		数量	质量	汽运	航空	其他	
……	……	……	……	……	……	……	……
合计							

制表人:_____　　　　　　　　　　　　　　　　复核人:_____

表 4-61　滞留总包汇总登记表

班组:_____　　　　　　　　　　日期:____年____月____日

目的地	装发车次（航班）	滞留总包件数	质量	备注
……	……	……	……	……
合计				

填表人:_____　　　　　　　　　　　　　　　　审核:_____

　　汇总发运信息可采用手工汇总和计算机信息系统汇总两种方法。手工汇总发运信息方法如表 4-62 所示。

表 4-62　手工汇总发运信息方法

序　号	汇　总　方　法
1	总包路单登录结束,操作员按发运计划、中转关系、包签信息将总包码放到正确堆位。堆位可以是笼、托盘、推车或现场隔离区域
2	按堆位勾核对应总包路单总包号码栏内数据,复核总包是否全部已登入总包路单。结果合拢,表明本班次所有出站总包正常封发,汇总各堆位上的总包件数、重量等信息;结果不匹配,需要进一步查找原因。如果总包数多于总包路单登录的总包号码数,表明有出站总包未登录总包路单,需补填总包路单总包号码。如果总包路单登录的总包号码数多于总包实物,说明总包有错放、漏放堆位,组织人员需检查操作现场及周边场地有无遗漏总包,追溯操作过程有无异常情况。如有异常,则改正后重新勾核
3	填制快件总包发运信息汇总登记表,汇总出站快件总包发运信息,显示本班次总的发运总包件数、吨位及各路向的相关信息,如表 4-63 所示
4	将各类单据归档

表 4-63　快件总包发运信息汇总登记表

班（组）：_____　　　　　　　　　　　　　日期：____年____月____日

发运车次（航班）	目的地	总包运量		经转方式			备注
		数量	质量	汽运	航空	其他	
……	……	……	……	……	……	……	……
合计							

制表人：_____　　　　　　　　　　　　　　　　复核人：_____

计算机信息系统汇总的方法如表 4-64 所示。

表 4-64　计算机信息系统汇总方法

序　号	汇　总　方　法
1	启动系统，输入操作员的用户名和密码，登录系统对应模块，系统一般默认始发站。根据系统要求输入时间段、寄达站代码、运输班次等信息来查询
2	系统自动调取总包重量等信息，形成每个运输方向的总包件数、总重量等发运信息
3	输入时间段，默认其他信息，系统则调取本班次操作所有总包件数及总重量
4	汇总发运信息可提前预知发运计划中运输能力是否适合，提前修正发运方案，可节约成本、提高效率
5	打印汇总信息，按规定存档
6	关闭模块，退出系统

例 4-3　快件处理作业异常管理

YD 快递公司质控部异常处理值班主管每天的工作就是在处理中心的作业现场处理各种各样的异常事件。具体工作要求是：

（1）巡视。每 1 个小时在内场巡视一次。通过闭路电视观察全场的整体情况。19 点和 20 点的巡视重点是内场环境。21 点开始，出港、中转和进港的各个批次分拣任务进入最高峰，值班主管需要不断查看进场装卸的车辆、总包、快件、现场操作情况。

（2）现场处理。值班主管对当天所做的异常处理全部做了记录，下班时与下一班的同事做好工作交接。

现场处理记录分别如表 4-65、表 4-66、表 4-67 所示。

表 4-65　总包接收异常登记表

序号	时间	车号	总包号	异常描述	处置措施	备注
1	2305	J015	AD007	路向错误	已转车号 Y408 装运，并向 A 中心报告	
2	2305	J015	AB013	包袋包牌脱落	车厢内找到该包牌，检查封志完好无异常，正常分拣	

续表

序号	时间	车号	总包号	异常描述	处置措施	备注
3	2349	J022	CB083	包袋渗漏	已拍照，眼同验视包牌、封志完好，当场转滞留，检查无污染其他快件。交接单已批注并向C中心报告	C中心要求查看卸车录像，尚未发送，请跟进
4	0016	J025	DB024	包袋破损	已拍照，眼同验视包牌、封志完好并拆袋，比对包内和封发清单及系统信息，少单号T09988234快件，交接单已批注并向D中心报告；单号T09842456外包装破损，检查内件完好后已加固包装转分拣。袋、牌、封志转滞留，其他件正常分拣	原面单
5	0047	J031	EB018	总包短少	眼同接收，比对路单和系统信息，有单无包。交接单已批注并向E中心报告请求查找	

表4-66 总包拆解异常情况登记表

序号	时间	包号	异常描述	处置措施	备注
1	0106	AB019	内件短少	比对封发清单和系统信息，少单号T88901035，已报告A中心请求查找并发送拆袋录像	
2	0106	CB025	内件损毁	拆袋发现单号T89147642快件外包装破损，内件塑料玩具已破碎。调取监控查看转运环节叉车掉件，已通知操作部经理并转滞留	操作部经理责任认定书已签字存滞留，请跟进处理结果并及时转客服联系客户理赔
3	0106	CB025	快件无单号	拆袋发现多出一件无单号件，封发清单内其他快件无异常，已拍照，并报告C中心，快件已转滞	

表4-67 总包拆解异常情况登记表

序号	车号/航班号	下游节点	异常描述	处置措施	备注
1	C209	D中心	报告总包BC011短少，随车路单和信息系统比对属实	1.处理场地查找后发现遗留现场未装车，已装C305号车发运。2.内场发运漏装，车队做交接未清点直接交接单签字，已通知发运装车主管和车队主管	请及时跟进处理结果

续表

序号	车号/航班号	下游节点	异常描述	处置措施	备注
2	C210	E中心	报告总包BE035包袋破损，内单号T88903422快件内件破损	现场查看装车录像装件时包袋完好，已要求E中心发卸车录像	请及时跟进处理结果
3	C223	F中心	分拣积压，已部分装车	1. 已装车快件立即按时发车；2. 未分拣快件随C211至E中心转发F中心，相关路由变动信息已报送至E、F中心	
4	CA1121	G中心	航班延误	已通知G中心航班变更信息	

处理中心的常见异常包括总包异常、快件异常以及发运异常等。快递企业一般要根据异常类型建立异常处理的流程和规范。管理者要遵守这样的流程和规范，对各种异常情况及时采取相应的处置措施，同时对于流程未尽或不适应之处，要在遵守原则的情况下保持适度灵活，并在总结经验教训的基础上推动流程和规范的补充完善。

针对每一个异常的发现或发生，管理者都应对异常发生的原因、责任、处置措施予以落实。对于经常发生异常的环节、部门、人员，要进行整改整顿。

☞ 单项实训4-5

1. 画出总包装车发运的流程图。
2. 通过对快递企业的区域中转场或分拨中心进行调研，画出中转场的布局图，并根据布局图介绍快件处理作业流程。
3. 请说明快件转载陆运车辆的码放原则。某快递公司在北京的分拨中心需要用汽车装载一批总包，发往郑州、武汉、石家庄，如何装车？

习　题

一、简答题

1. 请简要回答总包封装的基本要求。
2. 总包拆解后常见的异常情况有哪些？
3. 简述总包封装的基本要求。
4. 处理场地包装不合格的常见情况有哪些？
5. 车辆封志的使用应遵守哪些规则？
6. 简述总包接收验视的基本内容。
7. 简述手工制作总包路单的要求。
8. 简述采用汽车运输快件的交接事项。

二、自测题

项目四　自测题

项目五 派 件

【学习目标】

通过本项目的学习和训练,掌握快件交接检查、交接的原则和方法,能够根据快件派送信息设计派送路线,掌握普通快件、特殊快件的派送处理流程,能独立处理派件后续事项。

【主要知识点】

快件交接检查与交接、快件派送的流程与方法、派送后续事项的处理。

【关键技能点】

派送路线的设计;快件派送的技能。

任务一 交接检查

任务描述:要求学生了解快件派送的基本类型,掌握快件的检查与交接方法;掌握普通快件、增值快件交接检查的程序和方法。

一、快件派送的类型

快件派送是指收派员将快件交给客户,并在规定的时间内完成后续处理工作的过程。快件派送分为按址派送和网点自取两种方式。

1. 按址派送

按址派送是指收派员从接收需要派送的快件开始,在规定的时间内到达客户处将快件交给客户,并由客户在运单上签收后,在规定的时间内将运单的派件存根联、收取的到付营业款以及无法派送的快件统一带回派送网点处理,完成运单、快件、款项交接的全过程。其流程如图5-1所示。

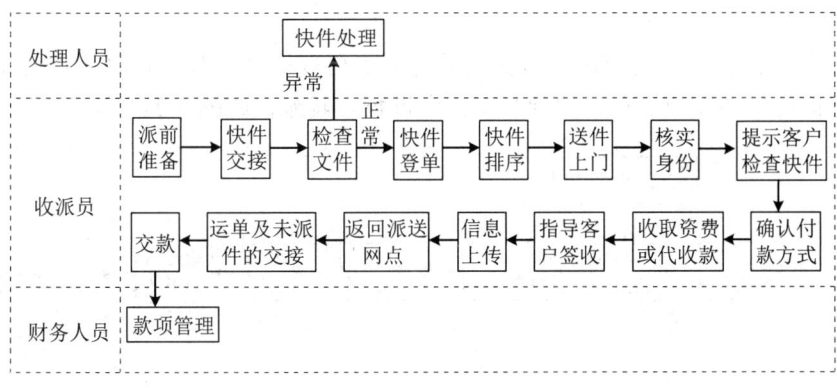

图 5-1 按址派送流程

按址派送流程说明如表 5-1 所示。

表 5-1　按址派送流程说明

序号	流程活动	流程活动说明
1	派前准备	准备好需要使用的运输工具、操作设备、各式单证等
2	快件交接	收派员领取属于自己派送段的快件,与网点处理人员当面确认件数
3	检查快件	逐个检查快件,如有异常,将异常快件交回处理人员
4	快件登单	通过手工或系统,对交接的快件完成派件路单的制作
5	快件排序	根据快件派送段地理位置、交通状况、时效要求等合理安排派送顺序,按照快件派送顺序对快件进行排序整理
6	送件上门	将快件按照派送顺序妥善捆扎在运输工具上,途中确保人身及快件的安全,到达目的地后妥善放置运输工具
7	核实身份	查看客户或客户委托代收人的有效身份证件
8	提示客户检查快件	将快件交给客户查验,如客户因外包装破损或其他原因拒绝接收,应礼貌地做好解释工作并收回快件,同时请客户在运单的"备注栏"内签名,写上拒收原因和日期
9	确认付款方式	确认到付快件的具体付款方式。若客户选择现付,则按运单上的费用收取;若客户选择记账,则在运单账号栏注明客户的记账账号
10	收取资费或代收款	向客户收取到付资费或代收款业务的相应费用
11	指导客户签收	收派员在运单上填写姓名或工号,请客户在运单的客户签字栏用正楷字签名,确认快件已经派送给收件客户
12	信息上传	客户签收后,立即使用扫描设备做派件扫描。如果采用电子签收方式,则请客户在扫描设备上签字
13	返回派送网点	妥善放置无法派送的快件,确保快件在运输途中安全,在规定的时间内返回派送网点
14	运单及未派件的交接	清点已派送快件的运单(派件存根联)、无法派送的快件的数量,核对与派送时领取的快件数量是否一致。将运单和无法派送的快件当面交给处理人员
15	交款	将当天收取的款项交给派送网点的相应处理人员

按址派送是目前快递服务的主流形式,具有便捷、灵活的特点。

2. 网点自取

网点自取是指客户上门至快件所在地派送网点自取快件,收派员将快件交由客户签收后,在规定的时间内完成运单、款项交接的全过程。其流程如图 5-2 所示。

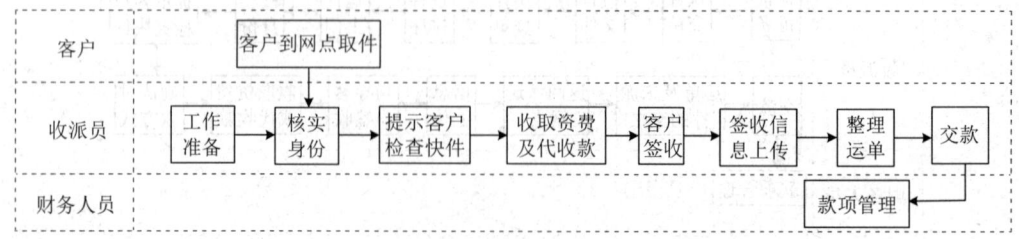

图 5-2　网点自取流程

网点自取流程说明如表 5-2 所示。

表 5-2 网点自取流程说明

编号	活动名称	流程活动说明
1	工作准备	准备所需操作设备、各式单据和证件，并检查操作设备是否能正常使用
2	核实身份	根据客户提供的运单号查找快件，核实客户提供的有效身份证件是否与运单收件人信息相符，不得将快件交给与收件人信息不符的人员，若属代签收，则必须在运单相应位置注明代收人的有效身份证号码
3	提示客户检查快件	收件客户身份核实无误，收派员将快件交给客户，提醒客户对快件进行查验。如客户因快件外包装破损或其他原因拒绝接收快件，收派员应礼貌地向客户做好解释工作，并收回快件，同时请客户在运单的备注栏内签名，写上拒收原因和日期
4	收取资费及代收款	如快件为到付，收派员必须与客户确认具体付款方式。如客户选择现付，则按照运单上的资费收取；如客户选择记账，则在运单账号栏写上客户的记账账号
5	客户签收	收派员在运单上填写姓名或工号，请客户在运单的客户签名栏用正楷字签名，确认快件已经派送给收件客户
6	签收信息上传	若有移动扫描设备，客户在运单上签收后，立即使用扫描设备做派件扫描。若采用电子签收方式，必须请客户在扫描设备上签字
7	整理运单	整理已经派送成功的快件运单，确保已派送的快件数量与运单数量一致
8	交款	将当天收取的营业款交给营业网点的相关处理人员

一般在按址派送不能实现或客户有特殊要求的情况下，由客户到网点自取。

《快递末端投递服务规范》

《快递末端投递服务信息交换规范》

二、派前准备

1. 派前准备工作要领

收派员在派送前应做好相关的准备工作。具体包括业务准备、单证准备、快件交接、接收检查、快件排序、制作派送路单、工具准备、装运快件、仪容仪表准备等。相应的工作要领如表 5-3 所示。

表 5-3 派前准备工作及其要领

序号	准备事项	工作要领
1	业务准备	及时阅读公司宣传栏，掌握公司最新业务动态及相关操作；清楚与自己相关的替班人员的工作安排，并做好相应的准备
2	单证准备	准备好派送通知单、收据或发票、零钱、身份证、行车通行证

续表

序 号	准备事项	工作要领
3	快件交接	在企业规定的时间内,从网点派送分拣操作区领取所派送范围的快件
4	接收检查	遵循当面交接、签字确认原则。检查快件的外包装、封签及运单,如有异常,应将异常快件交回处理人员;按派送区域核对快件是否属于本人派送区域;确认派送快件的数量
5	快件排序	根据派送段的地理位置、交通状况、时效要求、快件特性等,合理安排派送顺序,并按照派送顺序对派送快件进行排序整理
6	制作派送路单	通过手工或计算机系统,对排序后的快件完成派送路单(或称派送清单)的制作
7	工具准备	检查并确认运输工具、用品用具、操作设备状况良好;检查个人通信工具、POS机是否处于正常状态
8	装运快件	对快件进行集装、捆扎并将其安全装载在运输工具上
9	仪容仪表准备	派件出发前,一定要做好个人准备工作。身着企业统一制服、佩戴好工作牌,整理好个人仪容仪表。如头发梳理整齐,面容干净,衣服袖口必须扣上,上衣下摆束在裤内等,调整自己的心态和情绪,保持良好的精神面貌

2. 派件准备注意事项

(1)避免派件过程中因物料或工具短缺而无法正常工作。例如,派送到付或代收款快件,收款时需要向客户出具收款收据或发票,如果没有携带相关票据,将影响派送工作的正常进行;收取到付款或营业额时,可能需要找零,如果不提前准备零钱,也可能因无法找零而延误快件派送时间。

(2)检查有无快件处理的相关要求和操作变更通知,作业系统有无版本升级或操作变动。检查手持终端,核对作业班次和时间,避免因不了解情况或手持终端出现故障而影响快件派送。

(3)办好交接手续,明确责任。快递派件员与处理人员交接快件时,要当面核对数量,检查快件外包装、重量等有无异常情况。如发现异常情况,要将快件交由处理人员处理,交接双方在确认快件无误后,签字确认交接信息,明确责任。

(4)派件交接时,注意避免详情单脱落、详情单"派送存根联"缺失或粘贴不牢固的情况。发现详情单脱落、详情单"派送存根联"缺失的快件,交回处理人员处理;发现详情单粘贴不牢固的快件,用企业专用胶纸粘贴牢固后,按正常快件进行派送。

(5)派送交接时,注意详情单破损、字迹潦草、模糊、收件人名址不详的快件。此类快件必须在确认收件人的详细名址后进行派送。

(6)确保派送时限,降低派送服务成本。派送出发前合理设计派送路线,对快件进行整理排序。这样一方面可以节省派送时间,实现企业派送时限的服务承诺;另一方面可以减少交通工具的磨损和油耗,降低派送成本,提高企业经济效益。

三、快件检查与交接

1. 交接检查的内容

收派员与内部人员交接快件时,必须对照派送路单认真检查、确认快件的数量及状况,检查的具体项目如表 5-4 所示。

表 5-4　快件交接检查的具体项目

序　号	检 查 项 目	序　号	检 查 项 目
1	数量	4	付款方式及款项
2	外包装	5	收件人姓名地址
3	运单		

2．交接检查的方法

（1）核对快件数量。一般通过勾挑核对的方法来检查多件或少件的情况。勾挑核对是指对照派送路单对快件逐票、逐件进行勾挑核对，对多出或缺少的快件进行注明，并将异常信息反馈给处理人员。如果数量不符，需要立即向处理人员反馈，双方再次确认交接快件数量。

随着信息技术的发展，快件数量的勾挑核对由原来的手工核对改为用移动扫描设备扫描核对。移动设备扫描核对比手工核对更加科学严谨，降低了人为因素的影响。扫描核对时，如发现数量有误（如多件或少件），能及时更正，从而避免派送路单与实物不符的情况。

（2）检查快件外包装。主要检查外包装有无破损。如发现异常快件，将异常信息向处理人员说明，并将快件滞留在派送网点，由处理人员进一步跟进处理。

（3）检查运单。

① 如果运单脱落，立即交由处理人员处理，并协助查找脱落的运单。

② 如果发现快件运单粘贴得不牢固，应用快递企业专用胶纸将之粘贴牢固。

③ 如果运单模糊不清，但可以识别快件编号，由处理人员利用快件编号进入快递企业相应的信息系统查看快件信息，填写快递企业专用派送证明（见图 5-3）代替"派件存根"联，按正常流程进行派送。

派送证明

快件编号：＿＿＿＿＿＿，自＿＿＿＿＿＿发往＿＿＿＿＿＿，收件人为＿＿＿＿＿＿，运费为＿＿＿＿＿＿的快件已派送并签收。

特此证明

收件人（代收人）：＿＿＿＿＿＿
证件名称及号码：＿＿＿＿＿＿
收派业务员：＿＿＿＿＿＿
派送时间：＿＿年＿＿月＿＿日＿＿时＿＿分

图 5-3　派送证明

④ 如果运单轻微破损且不影响查看快件收件人信息，则按正常快件派送。

⑤ 如果运单模糊，严重涂改、破损等导致无法识别快件编号，交由处理人员进一步跟进处理。

⑥ 对于保价快件，必须检查保价封签是否正常。如果发现异常情况，如保价封签损毁、保价封签无寄件人签字等，必须将异常信息反馈给处理人员并向主管人员汇报，等待处理。

（4）检查收件人姓名地址。要仔细检查收件人姓名、地址和电话是否清晰详细，能否准确识别。对收件人信息不详的快件，按以下方式处理。

① 如能识别收件人电话，则与收件人联系，确定收件人的准确、详细信息，并在快件运单或派送路单上注明，后按正常流程进行派送。

② 对无法与收件人取得联系的快件，如能识别寄件人电话，则与寄件人联系，确定收件人的准确、详细信息，并在快件运单或派送路单上注明，后按正常流程进行派送。

③ 对与收件人、寄件人均不能取得联系的快件，按要求准确批注无法派送的原因后，将快件交由处理人员跟进处理。

（5）派送范围检查。检查快件是否属于本人派送范围。不属于本人派送范围的错分快件，及时将快件交与处理人员安排正确派送，以保证快件派送时效。收派员之间不能相互传递、互换快件。

3．交接原则

（1）会同交接原则。收派员与处理人员交接快件时，交接双方应会同交接，当面确认快件状况。如发现异常情况，可将快件留给处理人员跟进处理或在派送路单中注明异常情况。

（2）交接验收原则。交接快件时，必须做好交接验收工作，以便明确责任。交接作为快递服务作业中的一项基本制度，在实际操作中，验收是这项制度的核心内容。在执行这项制度的具体操作过程中，只有对"数量、规格、标准要求"等实际工作中诸多相应的内容、细节核对查验清楚之后，才能完成你交我接的形式。交接快件时，一定要对快件的数量、重量、外包装、运单和名址等进行认真核对，验收无误后再进行交接。严禁信任交接、马虎交接、替代交接。

（3）签字确认原则。收派员领取快件后，与处理人员会同核对查验快件数量及其他影响快件正常派送的情况，核对查验无误后进行交接，交接完毕，双方一定要及时签字确认交接情况。禁止无签字、替签或过后补签交接。

四、增值快件的交接

1．保价快件交接

保价快件通常具有高价值、易碎、对客户重要程度高等特点，在交接时需要特别注意。快递业对保价快件有单独的收派及处理流程，而且快件流转的每个环节都需要交接双方签字确认。因此，保价快件交接时，一定要单独交接并逐件点验数量，并查检快件外包装、保价封签及重量是否异常。

（1）检查外包装及保价封签。主要查验保价快件的外包装及保价封签是否完好，有无撕毁或重新粘贴的痕迹；查验快件外包装有无破损、开缝、挖洞、撬开、污染、水渍等不良状况。

如外包装破损，快件有可能已部分或全部丢失、毁损。开缝、挖洞、撬开、保价封签撕毁或重新粘贴，则有可能是被盗的迹象。外包装被污染可能已导致快件内件部分或全部价值损失。

发现快件外包装及保价封签异常等情况，应向处理人员及时反馈。

（2）快件复重。保价快件交接时，处理人员与收派员会同进行称重。将重量异常的保价快件上报主管人员，必要时经主管人员同意，在监控下，两人以上会同开拆外包装进行检查。

（3）易碎、保价快件检查。易碎、保价快件交接时，通过摇晃、触摸等方式查验快件的完好性。发现异常快件，如轻微摇晃听到异常声响，向处理人员反馈，将快件交与处理人员跟进处理。

2．限时快件交接

限时快件是要在限定的时间段送达用户的快件。派送交接时，应对限时快件进行单独核对交接，并单独存放，以保证收派员及时掌握限时快件的派送信息，做好优先派送的计划与准备，保证优先派送，实现对客户的限时服务承诺。同时，对限时快件的运单信息、收件人名址进行核对，发现错分快件，应及时退回处理人员重新分拣，以便及时安排派送。

3．到付快件、代收货款快件交接

到付快件、代收货款快件因涉及向收件人收取相应的款项，存在一定的风险。一般情况下，快递企业规定此类快件交接时应逐票分类检查，在派送路单中应注明应收取的款项和金额或制作专用的应收账款清单。为了避免错收款项，派送交接时，收派员要注意核对派送路单所注明的应收账款金额与快件运单或其他收款单据所写的金额是否相符。如有金额不符的快件，交由处理人员核实。

单项实训 5-1

1．根据以下情景，回答问题

某公司收派员小B与操作业务员惠惠进行快件交接，他们的对话如图 5-4 所示。请根据对话情景回答以下 3 个问题：① 他们的交接有问题吗？② 会出现什么后果？③具体应如何操作？

> 惠惠："小B，咱们开始交接快件吧。"
> 小B："好的。"
> 惠惠："这是派送快件，你先核对快件总数，再核查快件是否完好。"
> 小B：……（挠着头）
> 惠惠："这是自提件快件，你要对照清单明细检查。"
> 小B："太麻烦了，我看还是算了。"
> 惠惠："那你在交接单上签名确认。"
> 小B："好的。"

图 5-4　对话内容

2．列出下列情景中小王需要准备的事项

小王是"路路通"快递公司中山网点的派件员，他每天都按时到营业网点上班，完成每天的派送工作。在开始派送快件之前，他总会认真地做好准备工作，以便当天派件工作更加顺畅。今天早上他被通知有派件任务，可快件处理中心的快件分拣工作还没结束。在等待的这段时间里，他开始忙碌于派件准备。假如你是小王，需要做好哪些准备工作？请列出小王需要做的快件准备事项清单。

3．派送快件交接情景实训

这天早上，快件已经在处理中心分拣完毕了。派件员小德主要负责中山市阜沙区的快件派送，根据分拣结果共有 9 票，如表 5-5 所示。现在，他正和快件处理中心的工作人员办理交接手续。假如你是小德,请你列出以下9票快件在进行检查与交接时的注意事项。

表 5-5 快件基本情况

序 号	快件基本情况
1	单号 667053223104,从北京寄往广东中山市阜沙镇壹加壹 35 号,保温瓶 3 个,3.4 kg
2	单号 468974762062,从重庆寄往广东中山市阜沙镇上南村 2 号,衣服 2 件,1.2 kg
3	单号 368765032752,从上海浦东寄往广东中山市阜沙镇大南村 4 巷 1 号,陶瓷 1 个,2.4 kg,易碎品且保价
4	单号 568809423846,从南昌寄往广东中山市阜沙镇大有村 59 号,手机 1 部,0.7 kg,保价(快递单模糊)
5	单号 368765032752,从顺德寄往中山市阜沙镇天盛花园三期,微波炉 1 台,4.3 kg
6	单号 368497193927,从青岛寄往广东中山市阜沙镇牛角村 4 号,网球拍 1 副,1.8 kg(包装破损)
7	单号 268933164983,从杭州寄往广东中山市阜沙镇大有村 10 号,丝巾 5 条,0.4 kg
8	单号 368580811015,从广州寄往中山市阜沙镇阜沙市场对面 1 号,奶粉 2 罐,2 kg(轻微渗漏)
9	单号 468141002888,从乌鲁木齐寄往中山市阜沙镇卫民村 8 号,红枣 2 包,1 kg

任务二 设计派送路线

任务描述:要求学生学会划分派送段、设计派送路线,掌握快件排序和派送路单制作的技能。

一、派送段的划分

派送段也称派送区域,快递企业根据业务量及收派员人数,将每个派送网点的服务范围划分成多个服务段,每一个段叫作派送段。

派送段是收派员的服务区域范围,也是收派员的工作定额。快递企业一般将快件的收寄和派送范围合并成一个区域。因此,派送段的设置不仅要考虑快件的派送业务,还要考虑快件的收寄业务。

1. 设置派送段的作用

为了明确责任,便于收派员熟悉情况,原则上每个派送段配备一名收派员。收派员在这一服务区内,按照快件的规格、特性、时限要求,设计合理的派送路线,完成每一班次的快件派送服务。划分派送段对收派员实行定区管理,有以下作用。

(1)收派员能够充分掌握该区域的道路、建筑、交通、客户群体等信息,做到合理设计派送路线、掌握派送时间、提高派送效率。

(2)将收派员的工号与派送段编码绑定,可以实现收派任务自动分配,实时跟踪管理快件。

(3)收派员可深入了解该派送区域的市场行情及客户需求,有利于开发市场和开展客户维护工作。

2. 派送段的组织形式

派送段的组织形式有两种:① 按照使用的派送车辆分为机动车段和非机动车段;② 按

照服务对象侧重点的不同,分为综合派送段、专业市场派送段、大客户派送段和社区派送段。

3．派送段的设计

(1)设计派送段应考虑的主要因素。设计派送段应考虑的主要因素如表 5-6 所示。

表5-6　设计派送段应考虑的主要因素

序号	设计派送段应考虑的主要因素
1	派送快件的频次、时限和收派员的工时规定
2	派送区域内机关、企事业单位、写字楼和居民的分布情况
3	派送区域内快件的业务量
4	派送区域内的交通、地形特征和各条街道的分布情况
5	房屋建筑的特点,如高层建筑、楼群、平房等
6	收派员在本派送段上的工作条件,如所使用的交通、搬运工具的种类等

(2)设计派送段的基本要求。设计派送段的基本要求如表 5-7 所示。

表5-7　设计派送段的基本要求

序号	设计派送段的基本要求
1	派送段的区域大小要适宜,区域过大会导致回程派送的客户收到快件的时间过晚,过小会增加分拣的工作量和收派员的数量
2	收派员当班都能在规定的时间内将快件派送完毕,不致延误,同时,要保证每名收派员的工时得到充分利用
3	段与段之间的派送量大小、里程长短、工时消耗多少要基本均衡,避免人为形成劳逸不均
4	派送段的结构要力求做到科学合理,上、下段的地点尽可能靠近派送网点,全段尽量避免中断、绕行、迂回、重复路线,尽量减少收派员的无效行程
5	段与段之间的界线要清楚明确,避免相互交错重叠
6	一条街道相连的巷、胡同、里弄,一个居民区尽可能划入一个派送段,以便内部分拣和外部派送。如条件有限,不能划入一个派送段,对于街道一般以纵分为宜,即将街道的单、双号牌分别划归两个派送段。如果街道延伸较长,则将一条街道划归若干个派送段,应选择较大的交叉路口、知名建筑物等具有明显特征的地点来作为段界

(3)设计派送段的步骤。设计派送段,应按照测算、规划、调试、定案的步骤来进行,如表 5-8 所示。

表5-8　设计派送段的步骤

步骤	主要工作内容
1．测算	统筹分析派送区域内快件的业务量以及街道、房屋建筑的分布情况和特点,统计各派送段快件的业务量、客户数量、派送里程等基础数据,按照定额标准核算出派送区域内应划分的派送段数,并对各段增减的比例进行预安排
2．规划	根据核算结果,初步拟定派送区内的派送段规划方案;组织收派员对规划方案进行讨论,听取意见并进行修改
3．调试	经集体讨论通过的派送段规划方案,要进行多次试走,根据试走情况进行调整,不断完善方案
4．定案	派送段规划方案调试完成后即上报待批,经批准后即可作为最终执行方案

实施方案前,要做好以下两项工作。

① 建立派送段资料。派送段一经确定,要为每个段名定编号,编制派送段情况表,登记派送段的派送范围、单位和重点用户的名址等主要信息数据。

② 调配人员,分配工作。要组织派送网点处理人员、收派员熟悉新的派送范围。

(4) 设计派送段的注意事项。因为派送段的范围涉及各段及各段快件的分拣处理,所以一般派送段确定后不得随意变更。如遇段内新迁入较大的单位或新建住宅区和建筑物,导致快件派送量骤增、派送时限难以完成等特殊情况,必须组织调研论证形成派送段调整方案并报请上级主管批准,之后方可实施派送段的调整。派送段变动后,要及时修改派送段情况表,确保资料的完整和准确,并将变动情况及时通知处理部门。

二、派送路线的设计

派送路线是指将收派员在派送快件时所经过的地点或路段,按照先后顺序连接起来所形成的路线。派送路线是收派员派件时行走的轨迹,合理设计派送路线可以节约派送时间,提高派送效率。

派送路线设计是指整合影响派送运输的各种因素,根据现有的运输工具以及道路状况,对派送路线做出选择,及时、安全、方便、经济地将快件准确送达客户手中。

设计合理的派送路线对于派送工作的有效完成具有重要的意义。一方面有利于满足快件的时效要求,实现派送承诺;另一方面能节省收派员行驶和派送的时间,降低收派员的劳动强度,提高收派员的劳动效率;同时可以减少空白里程和车辆损耗,节省派送运输成本。

1. 派送路线设计的原则

(1) 保证快件安全。快递服务的宗旨是将快件完好无损、及时安全地送达收件人。保证快件安全原则对派送路线的要求包括路面质量好、车道宽敞、车流量少、坡度和弯度密度小、不能很偏僻等。

(2) 保证派送时限。派送时限是指从完成快件交接到派送至客户处的最大时间限度。

派送时限是客户最重视的因素之一,也是衡量快递服务质量的一项重要指标。影响派送时限的情况主要包括:① 当班次派送快件量过大;② 在同一班次内,因客户不在而需要二次派送;③ 天气、交通堵塞、交通管制等不可控因素;④ 派送车辆故障;⑤ 选择的派送路线不当等。

(3) 优先派送优先快件。优先派送的快件主要包括以下 4 种类型,如表 5-9 所示。

表 5-9 优先快件

类 别	要 求
限时快件	客户有严格的限时送达要求,需要优先派送。限时快件是快递企业承诺在约定的时间之前,将快件送达客户的快递服务,如限时送达生日礼物、结婚贺礼等
等通知派送的快件	根据寄件客户的要求,快件到达目的地后暂不派送,待寄件客户通知后才安排派送的快件
二次派送的快件	首次派送不成功的快件。因为收派员在给客户留言派送通知单或与客户电话联系时,约定了第二次派送的具体时间,需要优先派送

续表

类　别	要　求
保价快件	保价快件一般价格较高，一旦丢失，会给快递企业和客户造成非常严重的损失。收派员携带保价快件在路上行走的时间越长，快件丢失或损毁的概率就越大。为了降低风险，在不影响其他快件派送时限的情况下，应优先派送保价快件

（4）先重后轻，先大后小。由于重件或体积大的快件的装卸搬运劳动强度大，优先派送既可降低全程派件的作业难度，也可减少车辆的磨损和能耗。

（5）减少空白里程。空白里程是指完成当班次所有快件的派送行走路线的实际距离减去能够完成所有快件派送的有效距离。空白里程既增加了运输成本，又增加了收派员的劳动时间和劳动强度，同时也影响快件的派送时限。

为了减少空白里程，需要做好以下几方面的工作。

① 收派员应熟悉派送段内每个路段、街道所包含的门牌号。如果派送段内包括商场、学校、超市等场所，需要了解其布局，确保能以最短距离到达客户处。

② 快件排序时，应将同一客户的多票快件排在一起，一次派送。

③ 对于同一派送段，应掌握多条派送线路，选择最短路径进行派送。

④ 及时掌握派送段内的交通和路况信息，避免因交通管制或道路维修而绕路，增加空白里程。

2．派送路线的结构

派送路线的结构主要有以下三种。

（1）辐射型。辐射型路线是指从派送网点出发，走直线或者曲折线的路线，如图 5-5 所示。这种路线的优点是运行简单，适于客户分散、派送路程远的情况；缺点是往返程多为空车行驶，里程利用率低。

（2）环形。环形路线是指派送员从派送网点出发单向行驶，绕行一周，途中经过各派件客户所处的地点，回到出发的派送网点的路线，如图 5-6 所示。环形路线适合商业集中区、专业批发市场等客户较为集中的派送段，优点为不走重复路线，缺点为快件送到最后几个派送点的时间较长。

（3）混合型。混合型路线是指包含辐射型和环形两种结构形式的路线，如图 5-7 所示。混合型路线适合商住混杂区，设计时要综合考虑里程利用率和派送时效。

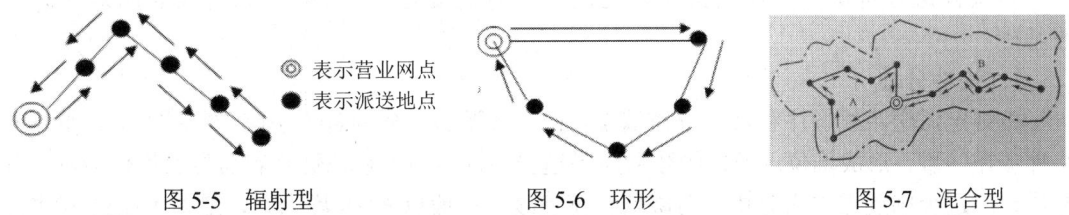

图 5-5　辐射型　　　　图 5-6　环形　　　　图 5-7　混合型

3．影响派送路线的主要因素

在快件派送路线设计的过程中，影响派送效果的因素有很多，主要涉及静态、动态、时限三个方面，如表 5-10 所示。

表 5-10 影响派送路线的主要因素

因　素	说　明
静态	如客户的分布区域、道路交通网络、建筑楼群布局等
动态	如天气、车流量变化、道路施工、客户更址、车辆变动等
时限	时限要求较高的快件优先设计，优先派送

各种因素互相影响，很容易造成因派送不及时、派送路径选择不当而延误客户收件时间等问题。因此，设计派送路线时要综合考虑影响派送运输的各种动态、静态因素，以满足快件时效要求，实现服务承诺，同时要满足安全派送、降低成本、提高效益的派送要求。

📖 例 5-1　派送路线设计示例

A点为派送网点，B点需要派送一票1小时内到达的快件，D点需要派送一票普通文件，F点需要派送一票重量为12 kg的普通包裹，C点需要派送一票保价快件，E点需要派送一票重量为1 kg的普通包裹，G点需要派送一票代收货款为4000元且重量不超过1 kg的快件。如图5-8所示，图中数字为各段线路所需时间（单位：分钟）。请根据需要派送快件的情况，设计派送路线。

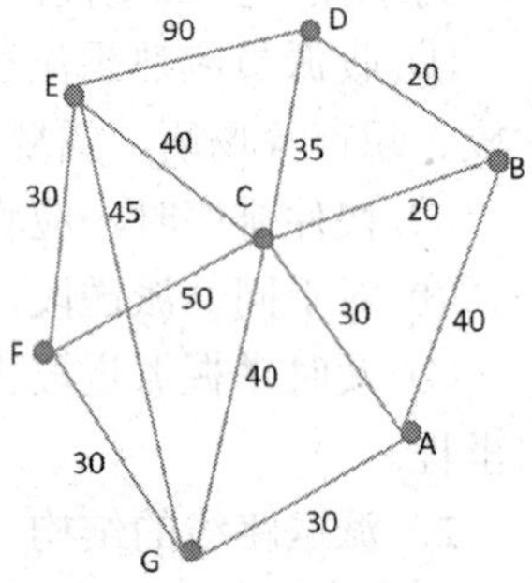

解：

（1）B点派送的快件属于限时快件，虽然仅从路程计算时间，从A点经C点到达B点，1小时能到达，但考虑派送途中可能因交通堵塞或交通管制等延误时间，因此，优先派送，派送路线A→B。

图5-8　派送网络

（2）B→C→D需要55分钟，B→D→C同样需要55分钟，又因C点需要派送一票保价快件，应优先派送，因此，选择B→C→D。

（3）不走重复路线，应尽量选择环形路线，因此，选择D→E→F→G→A。

综上，该派送员的派送线路是：A→B→C→D→E→F→G→A。

三、快件排序

对快件进行合理、得当的排序，是快件派前整理的重点，也是快件实现高效率派送的基础。

1. 快件分堆

按规定派送路线顺序和客户分布情况，把一条派送段分为若干小段，把属于每一小段的快件放在一堆，形成堆位。堆位的数量应当适当，过多则不宜记忆且容易导致堆位混乱、分拣错误；过少则还需二次分拣，会降低分拣速度。一般以6~8堆为宜，最多不超过10堆。分堆时，对收件人地址要看清、看全，单位名称还要看清全称，注意区分近似易混的名址。改寄、退回快件要看清标识。分堆完毕，要及时清理现场，检查场地有无遗漏快件。

2. 快件细排

细排是整个快件排序过程中的关键一环，细排出现差错，极易导致按址派送时误派。为保证细排质量，细排时应按照分堆的顺序和派送的路线，由前往后逐堆细排。对于优先快件或有特殊要求的快件,要优先排序。遇有大件或圆卷等快件不便排入时,可用其他代表相关快件的卡片等排入或将下一票快件反排,以便帮助记忆,防止漏排。排序时,快件运单一致朝外,不能倒置快件。

3. 排序复核

为确保派送质量,快递派送员与处理人员完成派送交接后,对快件进行排序整理,在派件出发前还要进行一次复核。复核是快件排序过程中重要的一环,能够纠正分堆、细排时所发生的差错。因此,对每一票快件都要认真仔细检查,确保准确无误。复核的重点是检查各类快件是否符合规定,是否按派送路线排好顺序,有无漏排、误排。发现问题,及时予以纠正。

快件复核完毕后,快递业务员要清理工作台,检查作业现场有无遗漏快件,做到离台"三查",即一查工作台上;二查分拣格口(有的快递企业称为分拣档口);三查工作台下。确认没有遗漏的快件后,方能出发派件。

四、派送路单制作

快递企业按派送段制作派送路单,作为收派员与网点处理人员进行快件交接的依据。派送路单的制作有严格的要求。

1. 派送路单的制作方法

在派送快递前,可以通过手工抄送、计算机系统打印等方式将准备派送的快件的相关信息制作成派送路单,如图5-9所示。

派送路单

营业网点:_____ 第____段　　　　　　____年___月___日　第___页 共___页

序号	快递编号	收件人名称	收件账号	应收款金额		是否派送	备注
				到付	代收货款		
1							
2							
…	…	…	…	…	…	…	…
合计							

收派员签章:_____　　　　　　　　　　　　处理员签章:_____

图 5-9　派送路单示例

(1)手工登单。手工登记派送快件路单,简称登单。手工登单是通过手工抄写的方式,按派送段将准备派送快件的相关信息及收派员的姓名或工号填写到印制好的空白表格中。

手工登单的具体操作方法如下。

① 在派送路单上清晰地填写派送日期、收派员姓名、派送段名称、快件编号等信息。

② 将快件与派送路单并排放在工作台的适当位置,左手翻看快件的派送信息,右手执笔抄登。

③ 登记收件人名址时,务必将运单内容完整地登录到派送路单上,不能用简称。

④ 备注栏内需要注明的内容要简单易懂并且准确,属于改寄或退回的快件,在备注栏内加注"改寄"或"退回"字样。这样可以有效地节省时间、提高工作效率,便于业务查询。

⑤ 制作派送路单时，书写要清楚、规范。

（2）计算机系统打印。计算机系统打印派送路单是指快递企业的操作系统中设有特定的派送路单样式，对快件进行派送登单扫描，将快件信息上传至计算机系统，并在相应位置输入派送段名称、收派员姓名或工号等，计算机自动在系统内生成该派送段的派送路单，再将派送路单打印出来。

计算机系统打印派送路单的具体操作如下。

① 启动操作系统后，路单制作人员输入使用者的用户名和密码登录系统，选择系统中与派送登单功能相对应的操作模块。

② 根据操作系统要求，输入派送段名称、代码、拼音缩写等，正确选择进入登单格口的派送段操作界面。

③ 逐一扫描快件，防止误扫和漏扫，挑出错误分拣的快件单独存放。如果快件实际数量与派送路单数量不符，应及时查找复核。漏扫的快件，重新扫描录入。扫描快件时，距运单编号 5～30 cm，使激光束覆盖运单编号。扫描时，还需注意设备提示音响。当设备发出扫描失败提示音时，应重新扫描。

④ 应对一票多件快件进行集中扫描。运单编号污染、受损无法扫描时，应手工输入。对于保价快件、代收款快件、到付快件、限时快件，要在备注栏注明或使用专业模块扫描录入。

⑤ 如果错扫快件，应及时在操作系统中执行数据删除。

⑥ 扫描结束后，利用操作系统打印派送路单。

⑦ 登单结束后，退出操作系统。

2．派送路单的制作要求

（1）在制作派送路单时，必须做到"两准、两核对"。"两准"是指登录的快件信息和快件数量要准、派送路单结数要准；"两核对"是指派送路单表头派送段名称与快件上收件人地址信息核对，派送路单表头派送段名称与分拣格口派送段名称核对。

（2）派送路单制作过程中，如发现有错误分拣（如串段）、快件信息录入错误的情况，要及时予以更改。

（3）手工登单时，路单的流水号要连续。另外，一定要防止出现重号或跳号现象。每页路单应按规定格数登录完以后再换页，不能超格登记，也不能在同一班次内未登录完就换页。

（4）每个派送段登录完毕应有正确结存数，同时，路单上应清晰地加盖当班（日）登单日戳或填写登单日期及时间，登单人员要加盖名章。

（5）制作派送路单时，要逐票核对派送路单与快件实际信息是否相符。如果发现路单上收件人信息空白或其他信息与实际情况不符，必须手工补写完整或修改正确；遇到错误分拣或错误登录的情况，派送路单上某票件需要划销或改登、转出时，必须在派送路单相关格内加相应批注，并且加盖经手人员名章。

（6）派送路单字迹必须清晰可辨认，并一式两份，一份交由处理人员留底备份，另一份交由收派员作为派件的依据。

（7）收派员对照派送路单检查核对快件，核对无误后，会同处理人员在派送路单上签字确认。

（8）派件时，收派员在派送路单上记录派送异常情况，归班后及时上交业务主管存档。

单项实训 5-2

1. 根据派送快件的情况，合理安排骑自行车派送路线。

A 点为派送员所在的地点，B 点需要派送一票 1 小时内到达的快件，D 点需要派送一票价值昂贵的快件，C 点需要派送一票一般快件，E 点需要派送一票文件。各条路线所需时间（单位：分钟）如图 5-10 所示。

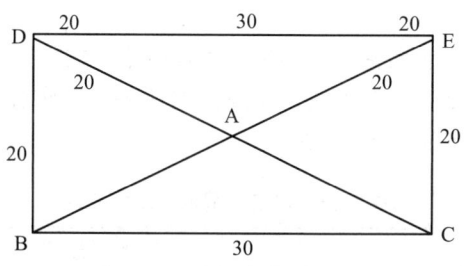

图 5-10　派送网络及时间

2. 根据派送快件的情况，合理安排骑自行车派送的派送路线。

A 点为派送员所在地点，B 点需要派送一票 1 小时内到达的快件，E 点需要派送一票价值昂贵的快件，F 点需要派送一票普通包裹，C 点需要派送一票文件，D 点需要派送一票普通包裹。如图 5-11 所示，各点间箭头上的数字代表派送需要的时间（单位：分钟）。

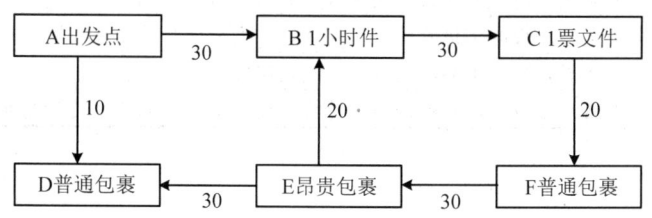

图 5-11　派送网络及时间

3. 如图 5-12 所示，A 点为派送网点，B、C、D、E、F、G、H、I、J、K 为 10 个派送地址。其中 B 点是一票 30 分钟内到达的快件，C 点是一票普通文件类快件，D 点是一票重量为 20 kg 的普通包裹，E 点是一票保价 10 000 元的包裹类快件，F 点是一票代收货款 3000 元的快件，G 点是一票更址的包裹类快件，H 点是一票到付包裹类快件，I 点是一票代收货款 1000 元且重量为 3 kg 的快件，J 点是一票 1 kg 的普通包裹，K 点是一票到付文件类快件。到达各点所需的时间（单位：分钟）已在图上标注，根据上述要求设计派送快件及返回网点的路线，并说明选择第一个派送点的原因。

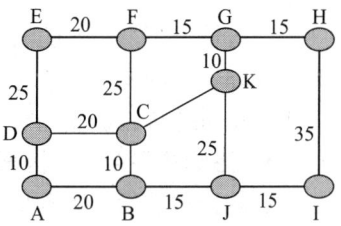

图 5-12　派送网络及时间

任务三　派　　送

任务描述：要求学生掌握快件装运的基本要领，掌握快件签收的要领，能够办理快件签收或自提手续。

一、派送的概念与工作要点

派送是指收派员完成派前准备工作后离开营业网点，按照预先规划好的派送路线，依次到达派送目的地，将快件交由客户签收，完成派送任务的工作过程。

派送环节及其工作要点如表 5-11 所示。

表 5-11　派送环节及其工作要点

派送环节	工作要点
1. 上门派送	将快件按照派送顺序妥善捆扎、装载在运输工具上，安全送达收件客户所在的地点，确认收件人地址，妥善放置交通工具及其他快件
2. 核实客户身份	为了保证派件正确，派件前要认真查看客户或客户委托人的有效身份证件，核实客户身份
3. 提示客户验收快件	收派员将快件交给收件人时，应告知收件人当面验收快件。快件外包装完好，由收件人签字确认
4. 确认付款方式	确认到付款或代收款快件客户的具体付款方式
5. 收取运费及代收款	向客户收取到付款等应收的款项，为客户开具收款收据或发票
6. 指导客户签收	指导客户手工签收或者电子签收快件
7. 签收信息上传	客户签收后，立即使用手持终端进行签收扫描并上传到企业信息系统

二、快件装运

快件装运是指按照派送顺序对快件进行集装、妥善捆扎并安全装载在运输工具上。为了防止快件在装运过程中散落、遗失，收派员必须用捆扎材料将快件固定为一个集装单元或固定在运输工具上。捆扎快件时，应根据快件的数量、重量、体积，结合装运快件的工具合理确定捆扎方式。派送途中确保快件不能裸露在外。

一般情况下，快件的派送顺序排好后，只要按照"先派后装"的原则装车即可，但有时为了保障快件的安全，有效地利用派送车辆的空间或装载能力，还应根据快件的性质、形状、体积、重量等进行调整。

1. 影响快件装运的因素

影响快件装运的因素如表 5-12 所示。

表 5-12　影响快件装运的因素

影响因素	说　　明
快件的特征	如易碎快件、轻泡及其他怕挤压的快件应置于车厢、快件袋等的上层或单独放置

续表

影响因素	说　　明
快件形状	对于特殊形状的快件，如棱锥状、卷状、筒状快件，装车时，要综合考虑快件码放的稳固性以及车厢、快件袋的容积利用率。在确保快件安全、交通运输安全的前提下，尽量充分地利用车辆的运载能力
快件规格重量	对于超重、超大的快件，应由专门的派送车辆和人员负责派送

2. 快件装运的原则

（1）安全原则。快件装运的安全原则包括两方面内容，即确保收派员的人身安全和确保快件的安全。快件装运时，收派员必须按要求使用和佩戴有关的装备及劳动保护用品，在操作过程中轻拿轻放，不能拖、拽、滚动、投掷、踩踏快件，严禁野蛮装运快件。

（2）轻重搭配原则。快件装运时，注意轻重搭配，保持车辆重心稳定，并将重件置于底部、轻件置于上部，避免重件压坏轻件，同时保证快件码放稳固。

（3）集中放置原则。遇到收件客户在同一居民区、同一单元楼、同一单位时，尽量将快件集中放置；一票多件快件要集中码放，必要时捆扎在一起。

（4）小件集结原则。对于零散小件，必须集装在企业统一规定使用的快件袋、快件筐内再装车。装袋、装筐时，注意快件外包装上粘贴的标识，按标识正确操作。例如，不能倒置的快件要按正确方向放置；易碎不能挤压的快件要放在快件袋或快件筐的上层；集装时，快件的运单及标识一律朝上。

（5）合理码放原则。可根据车厢的尺寸、容积，快件的尺寸、特性合理确定码放的方法。快件不能装满车厢时，按阶梯形码放，避免派送运输途中因车辆颠簸引起倒堆，造成快件挤压损毁。

（6）严禁超载原则。装运快件时，不允许超长、超宽、超高、超重。超载不仅会形成交通安全隐患，还违反交通法规，有可能被交通部门查扣和罚款，影响快件的派送时限，提高派送成本。

（7）易滚动快件垂直摆放原则。装运易滚动的卷状、桶状快件时，要垂直摆放，以防快件途中倒堆，造成快件自损或压损砸坏其他快件的情况。

（8）适当衬垫原则。装运易碎快件或纤维类易被沾污的快件时，要进行适当衬垫，防止快件之间相互碰撞、沾污。

（9）重量分布均匀原则。装运快件时，重量应分布均匀，重心不能偏移，以确保快件安全和交通安全。

（10）适当稳固原则。装载完毕，应牢固捆扎或采取适当的稳固措施，以免快件遗失或倾倒。

三、派送安全

1. 交通安全

派送快件一般使用助力自行车、摩托车或者小型汽车作为运输工具。无论使用哪种运输工具，在派送前都要做好行车准备，检查车辆安全状况；在行车过程中，要严格遵守交通规则，做到既保证自身和快件的安全，又不会对他人造成伤害。

2. 资金安全

目前，随着代收货款业务的增多，收派员所涉及的资金越来越多，应高度重视资金安全。在派送时，收派员应注意以下事项。

（1）派件出发前，检查装有现金夹的衣袋或包有无破损、漏洞。

（2）收派员在派送快件时，收取的现金及支票要存放在专门的包内或制服内随身携带，不要放在车辆上。

（3）装有现金夹的衣袋或包要严密扣紧，现金及支票不可外露。

（4）装有业务现金的衣袋或包内，不要放置个人物品或单据。

（5）收派员向客户收款及支票时，现金要当面点清，支票要核对金额、日期。

（6）携带现金、支票派送快件时，不要出入与派送无关的场所，不要接触身份不明的人员，不要在人员复杂场所停留或观望。

（7）及时移交营业款。

3. 信息安全

注意保护客户信息，不能泄露客户的商业机密。收派员不得向其他人泄露所派送快件的情况，如快件运单所书写收、寄件人的地址、姓名、物品名称、保价金额等。派送快件过程中，严禁将快件交给他人翻看，严禁将快件带到与快件无关的其他场所。在派送任务结束后，收派员不得直接回家或到宿舍休息，应将当班已成功派送快件的运单（派送存根联）及无法派送的快件，安全、及时地带到营业网点办理移交手续。

📖 例5-2 收派员不该私带存根联回家

某快递公司快递员小王在工作时，因为中午派送地点离自己家近，所以在派送快件后，就近回家吃饭，没有及时把快递存根联交回公司，而是带回自己家中，但是由于没有做好安全措施，造成存根联在电动自行车上丢失。客户的信息泄露后，对客户隐私造成很大影响，因此很多用户对快递公司表示不满。

分析：快递员小王没有做好对客户信息的保密工作，违反了信息安全原则。

四、快件签收

1. 派送至客户处的相关操作

（1）派送快件前，收派员应准确识别快件派送地址。如果该客户是老客户且运单上的地址属于固定的办公地址，可不经过电话联系，直接上门派送。如果客户的地址是酒店、宾馆、车站、场馆等临时场所或学校、住宅小区，应在快件派送前致电客户，询问客户的具体地址和客户地址处是否有人签收快件。

（2）派送快件前，若有代收货款业务快件，结算方式为现金结算且金额较大，则需提前通知客户，告知客户应付金额，提请客户准备应付款项。

（3）收派员将快件派送到客户处，为了快件的安全，防止他人冒领，应在核实客户身份后方能派送。收派员应该要求查看收件人的有效证件，并核实客户名称与运单上填写的内容是否一致。如果客户没有随身携带有效证件，收派员应根据收件人的电话号码与客户联系，确认收件人。有效证件是指政府主管部门规定的，能证明身份的证件，常用的有居民身份证、户口簿、护照、驾驶证等。

（4）收派员将快件派送到客户处，如果客户不在，收派员必须根据运单记载的收件人电话，及时与收方客户联系。

① 与客户约定再次派送的时间，并在运单或快件上注明。

② 如收件人指定其他人代签收，必须仔细查看代签人的有效身份证件，待确认代签收人的身份后，交由代签收人签收快件，同时，应告知代签收人代收责任。

③ 若收派员未能与收件人取得联系，需要留下派送通知单，告知客户快件曾经派送。派送通知单应包括收派员名称、联系电话、本次派送时间、下次派送时间、快件单号等内容。派送通知单样例如图5-13所示。

派送通知单

＿＿＿＿＿＿公司＿＿＿＿＿＿先生/小姐，您好：

由＿＿＿＿＿寄给您的单号为＿＿＿＿＿＿＿的快件已到，于＿＿＿月＿＿＿日＿＿＿时第＿＿＿次派送，因无人签收，先带回公司。第＿＿＿次派送时间为＿＿＿月＿＿＿日＿＿＿时，请注意接收。如有紧急派送需求，请联系收派员。

特此通告。

收派员：＿＿＿＿＿＿＿＿＿　联系电话：＿＿＿＿＿＿＿

图 5-13　派送通知单

2．提示客户验收快件

（1）收件人身份无误，收派员应在将快件交给收件人的同时，请其对快件外包装进行检查。如果是一票多件快件，必须提醒收件人清点快件件数，快件的实际件数必须与运单上所填件数一致。

二次上门投递
不成功或将收费

（2）如收件人因快件外包装破损或其他原因拒绝签收快件，收派员应礼貌地向收件人做好解释工作，并收回快件。同时，请收件人在快递运单等有效单据上注明拒收原因和时间并签名。

3．揭取运单

（1）对于背面带胶直接粘贴的运单，收派员应左手按着运单左边打孔边，右手拿着需要客户签字的运单，用力拉，即可把运单取下，粘贴在快件上的随货联无须取下。

（2）对于使用运单袋粘贴的运单，应使用小刀轻轻划开运单袋，注意划开运单袋时不得划坏运单，然后将运单全部取出。

4．客户签收快件

客户签收快件可采取手工签字、盖章签署、电子签收三种方式。无论采取哪一种方式，客户都应在外包装检查完好的情况下签字。

（1）手工签字。收派员应该礼貌地请客户在"收件人"签署栏用正楷字写上收件人的全名和寄件日期。如客户的签名无法清晰辨认，收派员应再次询问收件人的全名，并用正楷字在客户签名旁边注上收件人的全名。任何时候，收派员都不得替代客户签名。填写收件日期时，应当详细到具体的时、分，填写格式为××月××日××时××分。

（2）盖章签署。如收件人选择用盖章代替签字，则请收件人在运单的"收件人"签署栏盖上代表收件人身份的印章，同时在日期栏写上具体的寄件日期。盖章时，每一联运单都必须在"收件人"签署栏盖章且是同一个章，即确保每一联运单的盖章保持一致。如运单内容不清晰，收派员应该询问收件人的全名，并用正楷字在盖章旁边注明收件人的全名。填写日期时，如客户的印章带有日期，则不需要重新填写，如印章上没有日期，则需要请客户填写日期或在收件人的监督下，由收派员填写具体的时间。派送时间的填写格式为××月××日××时××分。

（3）电子签收。电子签收是指在快件派送完毕后，请客户在移动扫描设备屏幕上签名确认。签收完成后，移动扫描设备即时将签名图片传输到系统服务器，客户可随时登录网站，并根据运单号查询到签收信息。

电子签收可以即时反馈快件签收信息，保证快件派送的及时性、安全性，提升快递企业品牌服务形象，有利于客户的开发。在电子签收时应注意以下事项。

① 任何时候，收派员都不得代替客户签收或者伪造电子签收。

② 电子签收只能使用配套的触控笔，以免损伤屏幕；提示客户书写时稍微用力，只要签收内容可识别即可，无须客户重复书写。

③ 快递公司绝对保证电子签收信息的安全性与保密性，仅作为客户对快件签收的确认和识别。

④ 个人快件签收时，注意所签姓名与运单上书写的收件人姓名要一致，提醒客户字迹工整、清晰；单位签收快件时，应加盖单位公章或收发专用章，公章或收发专用章加盖要清晰和端正，并要求经办人签字确认；他人代签收的快件，应在运单签收栏内批注代收关系、有效身份证件名称、证件号码等，如图5-14所示。

```
代收关系：收件人母亲
姓    名：张××
有效证件：身份证422432×××××××5526
```

图5-14　他人代签收快件

📖 例5-3　未经收件人同意，快件被代收，出现问题由快递企业承担责任

2024年4月，刘先生通过某快递企业从广东往上海寄一票快件。派送时，收派员未经收件人同意，将快件交由收件人所居住小区的门卫签收。由于门卫未及时转交，导致该快件严重延误。刘先生对此表示不满，向快递企业投诉无果后，向国家邮政管理部门申诉。

经调查，上述情况属实。快递企业向刘先生道歉，并退还本票快件的快件服务费用。

案例分析：本案中，快递企业履行义务不符合约定，未将快件交由收件人本人签收，而是未经收件人同意将快件交由门卫代收，导致快件延误，根据《中华人民共和国民法典》相关规定，应承担违约责任。

五、其他派送

1. 企业自建自提点

快递企业在居民区建立自提点，可以收派快件，也可以供客户体验产品，将自提点打造成提货、销售和体验中心。企业自建自提点相当于小型营业网点，安全性好，易于控制，但成本较高，很难分布到每个小区。

2. 与第三方合作

快递企业在居民区、校区可以与第三方合作，如与便利店、超市合作或在校园建立快递服务点，在居民区建立社区收发室，减轻在这些区域的派送压力。

（1）便利店。在居民聚集区域，快递企业可与居民区便利店或超市合作，将派送时客户不在家的快件放在便利店或超市中，由客户到便利店或超市自取。

（2）建立校园快递服务点。快递企业可与学校合作建立校园快递服务点，将当天该校园的所有快件统一运送到快递服务点，学生下课后，可以到服务点自取或由服务点人员送件到宿舍，如图 5-15 所示。

图 5-15　校园快递服务点

（3）建立社区收发室。快递企业可以与社区合作，建立社区收发室，将当天快件配送到收发室，客户可以到收发室自取。

采取与第三方合作的派送方式，快递企业应与第三方签订协议，对费用结算和异常快件的处理做出明确规定，避免产生纠纷。

3. 智能快件箱

智能快件箱是指设立在公共场合，可供投递和提取快件的自助服务设备。智能快件箱一般设置在高等院校和社区，方便客户自助取件，具有智能化程度高、便利、运营成本低、安全性高的特点，如图 5-16 所示。

（1）智能快件箱的功能。智能快件箱可以实现以下业务功能：① 投递快件。收派员将快件投放到快件箱内。② 客户取件。客户从快件箱内取出快件。③ 取回逾期件。收派员将逾期件从快件箱中取回。④ 扩展功能。快件箱可以扩展支付、退件、查询等功能。

图 5-16　智能快件箱

智能快件箱还具有以下内部管理功能：① 收派员的管理，实现对收派员的注册、查询和识别等管理。② 快递企业管理，实现对快递企业的注册、查询和识别等管理。③ 快件信息查询，实现快件从投放到快件箱内再到用户提取全过程的信息查询服务。④ 快件箱管理，即快件箱运行状态监控以及快件箱布放位置和数量等信息查询功能。⑤ 数据统计，即对快件箱内投放快件数量和种类及对格口使用情况等数据进行统计分析的功能。⑥ 其他管理功能，包括协议用户管理、快件箱操作日志管理、远程控制维护、安全监管等。

（2）智能快件箱操作的基本原则。

① 收派员将快件投放到智能快件箱，应征得收件人的同意。选用自提服务是客户的一种自主选择行为，快递企业和收派员不能自行决定。因此，收派员将快件投放到快件箱必须征得收件人的同意，以避免不必要的纠纷。征求客户同意可通过签署书面协议或电话、短信等多种形式。

② 收派员投放快件前，应检查快件外包装，外包装破损的快件不应投放到快件箱内。

③ 快件箱的每个格口应只投放一个快件。收派员投放快件时，应保证一个格口投放一个快件，以简化快件信息跟踪、安全监控等管理，同时可避免发生快件漏放、错放等人为错误。

（3）智能快件箱的快件派送流程。智能快件箱的快件派送流程如表 5-13 所示。

表 5-13　智能快件箱收派件流程

序　号	派件流程	用户取件流程
1	收派员登录	用户凭取件通知输入身份验证信息
2	收派员录入或扫描快件编号	快件箱打开快件所在格口
3	收派员录入收件人手机号码等联络信息	用户取走快件
4	快件箱打开格口	用户关闭格口
5	收派员将快件投放到格口中	取件完成后，快件箱向收件人发送取件确认通知
6	收派员关闭格口	
7	投放完成，快件箱向收件人发送取件通知	
8	收派员继续投放新的快件，重复 2~7 的操作	
9	投递快件结束，收派员退出系统	

《智能快件箱设置规范》

《智能信包箱和智能快件箱监管数据接入规范》

☞ **单项实训 5-3**

1. 分别以收派员的身份和顾客的身份，练习智能快件箱的使用方法。
2. 案例分析

地点：某高校取件点部。

事由：A 客户来点部取件，因为派件员与 A 客户是同学关系，派件员看了名字没有错后没有核对其他信息就派给 A 客户了。当天下午，一位与 A 客户同名同姓的 B 客户来取件，派件员将快件交给她后，B 客户看了快件面单的信息，发现这不是她的件。派件员核对派件面单后发现派错了，随即联系 A 客户，解释清楚来龙去脉，拜托 A 客户把快件送回点部。所幸 A 客户还没有拆开快件，不然就要赔偿 B 客户的损失，影响派件点部的信誉。

请根据上述案情，分析收派员工作方面存在的主要问题，并提出改进意见。

任务四　特殊快件的派送

任务描述：要求学生掌握异常快件、增值快件的派送要领。

一、异常快件的派送

异常快件是指无法按正常程序派送的快件。收派员在派送时可能遇到地址不详、延误、破损等情况，导致无法按正常程序派件。当出现异常快件时，收派员一般需要与客户沟通，并与快递企业客服联系，共同协商解决办法。

1. 名址不详

（1）如果能与收件人取得联系，应询问收件人详细名址，并在运单上批注。收件人提供的地址属于本人派送范围，则按正常流程派送；收件人提供的地址不在本人派送范围，则将快件带回营业网点，交相关处理人员处理，并办理交接手续。

（2）如因收件人电话无人接听、号码不全、号码错误等情况导致收派员联系不到收件人，收派员必须将快件带回营业网点交相关人员处理，并办理交接手续。处理人员通过信息系统查询收件人详细信息，并在运单上批注，收派员根据批注的名址进行下一班次的派送。

2. 外包装破损

（1）派送交接过程中发现破损。在派送交接过程中发现的外包装破损的快件，不能直接派送，必须等待进一步处理，并按处理结果决定下一步的派送工作。轻微破损且重量无异常的快件，在派送路单的备注栏内详细登记破损情况，并对快件加固包装后派送。快件外包装破损严重，重量与运单记录的重量可能不符的快件，先拍照、登记，然后收派员必须会同处理人员对快件进行复重,如果重量与运单记录的重量不符,则上报主管人员,并将快件留仓,再跟进处理;如果重量一致,则收派员要会同处理人员重新包装快件,然后由收派员试派。

对有液体渗漏的快件,需要单独存放并小心处理,防止造成人身伤害或污染其他快件。网点处理人员要对快件进行拍照,并及时将快件编号、破损情况等信息上报客服备案。

(2)派送时发现外包装破损。客户签收检视时发现快件外包装轻微破损但没有影响快件的实际使用价值,如果客户同意签收,则按正常流程派送。

如果客户发现快件外包装破损而拒收快件或拒付到付款时,收派员首先要向客户道歉,并将客户拒收、拒付的原因标注在运单或派送路单等有效单据上,请客户签字确认,然后通过手持终端将快件异常派送的信息上传企业信息系统交客服处理。

📖 例5-4 快件外包装破损

地点:某高校快件代理店。

事由:在上班期间,快递公司把分拣后的快件运到点部,其中有一个件外包装有损坏,由于收派员没有检查,直接通知客户取件,结果客户认为是收派员未经允许拆了他的快件,要求查看快件代理店的监控录像。

分析处理:

(1)客户看到自己的快件外包装被拆,认为自己的隐私被侵犯,情绪一般会较为激动,这时候语气会比较重。面对这种情况,收派员应该保持微笑,先平息客户的怒气,了解造成快件外包装破损的原因,明确在哪一个环节出现了问题,得到明确回复后,必须及时承认错误并向客户道歉,耐心细致地跟客户解释原因。

(2)如客户要求查看监控录像,需要上报网点负责人,做好相应登记备案。

(3)为了避免这种事件的发生,在快件送达时应认真检查来件的外包装。如发现有破损,应及时拍照并通知公司,说明此件是到点部时就已破损,并打电话联系客户,跟他说明情况,询问是否拒收,如拒收,则及时上报营业网点相关负责人并做好相应登记。

3. 延误

快件延误是指快件的派送时间超出快递企业承诺的服务时限,但尚未超出彻底延误时限。

(1)快件延误的原因。快件延误一般有以下原因。

① 因企业自身运输、派送能力不足,委托寄达其他快递企业代派,而被委托企业派件不及时或企业之间出现经济纠纷,导致积压快件引起延误。

② 快递企业超范围不派送而引发快件延误。

③ 收派员将快件擅自派送到门卫、传达室等处,而门卫、传达室人员没有及时移交快件。

④ 因天气恶劣、交通事故等不可抗力因素引发的延误。

(2)快件延误的补救措施。对延误的快件,一般采取以下措施予以补救。

① 进行延误诊断。对已被识别的快件延误,应查明原因,为采取补救措施提供依据。

② 采取补救措施。首先,主动承认问题,不管是快递企业主动识别还是客户抱怨的快件延误,都应该主动承认问题并向客户道歉,然后要向客户解释发生这次延误的原因,以及

将要采取的补救措施。

③ 提高补救速度。快速服务的补救措施不仅可以提高客户对企业服务质量的满意度和忠诚度,还能有效防止负面口碑的传播。由于中转延误、天气状况恶劣、交通堵塞等导致快件错过当班派送时间,应及时与客户协商沟通;客户要求立即安排派送的,应第一时间采取补救措施,不能以车辆、人员紧张,找不到快件等不负责任的行为推脱,故意延误派送快件。对于可控性较强的延误,企业应努力缩短延误时间。

④ 追踪补救效果。可以采用口头询问、电话回访或电子邮件等手段对经历快件延误的客户进行跟踪调查,了解服务补救的效果,为恢复客户忠诚做最后的努力。

(3) 延误快件的赔偿。一般按以下原则赔偿。

① 对延误的快件,应免除本次服务费用,不含保价等附加费用。

② 由于延误导致快件价值丧失,应按照快件丢失或损毁予以赔偿。

例 5-5　寄达地偏远导致快件延误

2024年1月31日,王先生通过某快递企业从山西往内蒙古邮寄一票快件,2月11日派送签收,快件延误。王先生向该快递企业投诉无果后,向邮政管理部门申诉,要求退还快递服务费用。

经核查,上述情况属实。快递企业称该快件收件人地址为偏远农村,快递企业每3天派送一次。王先生交寄时,收派员并未向王先生说明该情况,快递企业承担违约责任,向王先生做出解释,并退还了快递服务费用。

分析处理:

快递企业未按规定履行义务,导致王先生快件延误,按《中华人民共和国民法典》有关合同法的相关规定,理应承担违约责任,按约定免除王先生的快递服务费用。如果快件寄达地址偏远,无法保证快件的派送时限,快递企业应提前告知客户,避免出现类似纠纷。

4. 错发

错发件是指实际送达名址与收件人名址不符的快件。错发件的处理方法如下。

(1) 派送交接时,如果遇到单位名称与地址不符或地址错误的快件,应与收件人或寄件人电话联系,确认收件人正确的地址后按正常流程派送。如果无法与收件人或寄件人取得联系,则将快件交由处理人员跟进处理。

(2) 到达运单书写的地址进行派件时,发现该地无此收件人或无此单位的情况,应电话联系收件人,仔细询问收件人的详细地址。如果收件人地址属于本人派送范围,则在派送路单或运单上注明正确地址,按正常流程派送;如果收件人地址不在本人派送范围内,则在"疑难件处理单"上填写无法派送的原因,注明正确的地址及收件人姓名,将"疑难件处理单"牢固、平整地粘贴在快件单上,并将快件带回派送网点,交处理人员跟进处理。如果无法与收件人取得联系,应电话联系寄件人,说明快件无法派送的原因,并询问快件的处置方法,还要在运单上注明,如"查无此人,寄件人要求原址退回"。

(3) 不能在没有核实确认正确地址或收件人身份的情况下派送快件。

例 5-6 错派快件的处理

地点：某高校快递取件点部。

事由：分点部把快件送至高校取件点部。为了方便派件，收派员分拣后按收件人手机尾号后 4 位数字顺序将快件摆上货架，以便派件。在上班期间，A 客户过来取件，报了手机尾号 7865，派件员只核对了尾号，没有核对面单的信息，没有检查证件，客户也没有注意，取完件就离开了。B 客户过来取件时，也报了手机尾号 7865，收件人核对面单信息时，发现并不是他的快件，这时收派员才发现派错件，马上联系 A 客户，把正确的快件送回 A 客户手上，并把 B 客户快件收回再亲自上门派送到 B 客户手中。

分析处理：

因为在派件时只问取件人的手机尾号四位数，收派员找到件时没有细看就直接把快件交给取件人，收件人因为赶时间或者信赖收派员也没有去核对，导致快件错派。收派员必须严格按照公司程序工作，派件时核实客户的证件信息。有代收的客户，必须确认被委托人身份，并记录确认内容，经代收人员签字后方可放件。

5．金额不符

到付快件大小写金额如果不符，收派员必须将快件交由营业网点处理人员核实，处理人员在当班次派件出发前上报客服部门，通知寄件网点处理问题件，进行收款金额的确认。

如出发派件前能核实确认，必须将核实后的付款金额在运单上明确标注，并加盖更改确认章，同时按核实后的金额派送收款。如无法在出发派件前确认，将快件滞留在营业网点，交由处理人员跟进处理。

6．改寄件

收派员接收到带有"改寄"标识的改寄件时，首先必须确认收件人名址。如果快件仅粘贴有一个运单，则按改寄后的名址派送；如果粘贴有两个运单，则需要与寄件人联系确认收件人地址，并在派送路单上批注后进行派送。其次，收派员要确认快件资费的收取方式及金额。需要加收改寄服务费的到付快件，除收取到付款外，还需收取改寄服务费；对寄付快件，直接收取改寄服务费。

7．撤回快件

在快件寄递的任何一个环节，接到客服部门的撤回通知后，收派员都需要及时对快件进行撤回处理（一般包括粘贴快件撤回贴纸，并标注撤回费用），不能使快件进入下一个寄递环节。收派员如果在快件首次派送途中接到撤回通知，应立即停止该票快件的派送，并在快件运单或派送路单上注明"快件撤回"字样。待返回营业网点后，将快件交由处理人员跟进处理。

收派员派送接收到带有"撤回"标识的撤回快件时，先要确认快件资费的收取方式及金额。对于需要加收撤回服务费的到付快件，除收取撤回服务费外，还需收取快件到付服务费用。寄付快件，直接收取撤回服务费。

二、增值快件的派送

1．代收货款快件

（1）收派员接收进口代收货款快件后，应单独登列"代收货款快件交接清单"一式两份，一份交收派员，另一份交代收货款管理人员。

（2）要认真核对款额、收件人名址、联系方式等内容，如有模糊不清、大小写字数不符的情况，应及时与上一环节联系人核实。

（3）收派员在派送前应与收件人电话联系，核实快件信息，便于客户做好资金准备，避免二次派送。

（4）应按照国家有关规定，根据快递企业与寄件人签订的合同，提供符合合同要求的验收服务，收派员在派送时可给予提示，按运单中标注的"收件人应付款"和"说明"条款要求进行相应的处理。

（5）收取货款时，应注意检验货币真伪；对于刷卡支付客户，应注意让客户在回执单上确认并签字。

（6）快件派送后，如收件人要求退回货款，派送员应请其与发件企业联系解决，派送人员及公司不负责退回收件人所交纳的货款。如收件人要求退回快件，应按正常快件相关手续办理。

2. 保价快件

（1）收派员在对保价快件进行交接检查时，必须认真仔细检查保价快件的外包装和保价封签。保价封签应粘贴在快件包装箱骑缝线上，并有寄件人签字。如果封签损毁或无收寄件人签字，则属保价封签异常。发现保价快件外包装破损或封签异常，应先向网点主管人员报告，拍照留存后，指定相关人员跟进处理。

（2）为了确保保价快件的安全，派送保价快件时，收派员需要提醒客户检查快件外包装及保价封签是否完好无损，客户验视无异议后，签收快件。

（3）对于非常贵重的保价快件，可与客户协商到网点自取。

3. 限时快件

快递企业对限时快件的服务承诺一般是"限时未达，原银奉还"。限时快件具有较强的时限性要求。因此，派送时要特别重视细节，尽量缩短派送时间。

收派员接收快件后，要在客户要求的时限内优先派送限时快件。对限时快件要切实做到派送到户。如因个别单位不允许进入，收派员应及时联系收件人，通知收件人到单位门口或前台签收。对周末及节假日派送的限时快件，收派员在派送出发前，应先与收件人联系，以确保快件及时准确送达。

限时快件的限时送达保证只限第一次派送时有效。

4. 签单返还快件

签单返还快件是指快递企业在派送快件后，将收件人签收或盖章后的回单返回寄件人的业务。回单是指应寄件人要求，在收件人签收快件的同时，需要收件人签名或盖章后返还给寄件人的单据。派送时，需要收件人签回单的快件被称为签单返还快件。标准运单与签回单流程关系如图5-17所示。

（1）签单返还快件的派送。

① 若快件运单上贴有"签回单"的贴纸或有其他回单快件标识，如在运单上勾写"签回单"业务，收派员派件前，需要检查确认回单运单及回单的完整性。

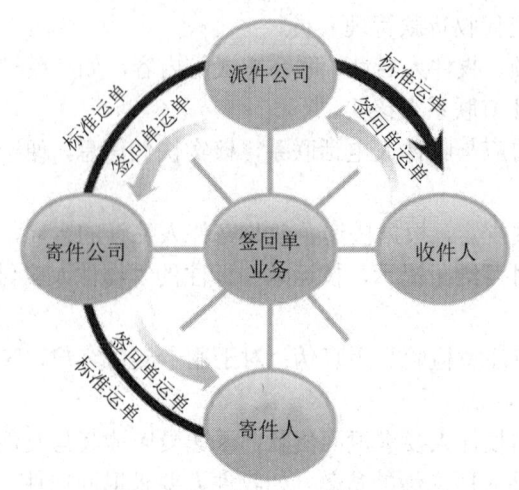

图 5-17 标准运单与签回单流程关系

② 将寄件人提供且要求收件人签收的回单交由寄件人指定的人员签收或按指定的方式签收、盖章。

③ 对于签署完毕的回单，收派员必须认真查看回单各联的用途，将需要收件客户留存的一联留给收件客户，保留需要寄回给客户的回单并进行回单回寄操作。

（2）回单的回寄。

① 填写回单。填写回单时，将原运单的寄件人和收件人信息互换，收寄日期即回单的派送日期，收寄业务员工号为回单快件派送业务员的工号。填写完毕，交客户确认并签名。

② 回单回寄。将客户签好的回单按正常的收寄流程寄回原收寄快件的派送网点。回寄回单操作中，不得夹带其他任何托寄物。

📖 例 5-7　没有按要求签回单

地点：某高校快件点部

事由：上午点部到件，在检查过程中，收派员发现有一个快件需要签回单，就把它单独存放。但是在派件时，由于收派员的疏忽，只收取了回单上标注需要的物件，却忘记回收回给寄件方的运单。在晚上整理时发现没有运单，立即联系收件人，跟他说明这个情况，希望他能配合。因收件人并不知道那是要寄回去的运单，便撕毁了运单，后经协调，收件人非常理解，并帮忙找回了运单，送到点部。操作员上报备案，并重新打印了运单。

分析处理：

在派送签回单快件过程中，除需要把签单返回的资料让客人签名外，也要把回单的运单保管好，把需要补充的补充完整。

📖 例 5-8　签单返回的处理

地点：某高校分点部

事由：收件人的快件运单上标识需要"签单返回"，因快件运单上并没有注明返回资料，所以收派员在核对信息后把快件递给收件人让他拆开，查看快件中是否有需要签名后寄回去的资料。收件人打开快件，拿着物品就往门口走，收派员拿到快件里的返单要求，需要收件人寄回身份证复印件，但收件人不听，转身就走。

分析处理：

一般情况下，签单返回的快件都会注明需要寄回的资料，在无注明的情况下，就有可能夹在快件中，这时候就要与收件人解释清楚，咨询收件人是否方便当场拆开物品，查看里面是否有相关信息。收派员应礼貌地让收件人配合，完成派件；如不配合，则不允许收件人领走快件。

《无人机快递投递服务规范》

单项实训5-4

1. A先生于4月30日从深圳寄生日礼物（鲜花）给广州的B小姐，要求5月1日上午一定要送到她手上，因为A先生比较着急，所以5月1日上午又打电话到快递公司客服部，再次要求12323245334单号的快件务必在5月1日上午11点前派送到B小姐手上。面对这种情况，快递公司该如何处理？

2. A先生从深圳寄身份证到广州给其爸爸，收派员把件送到面单上的地址时联系不到A先生的爸爸，这时候快递员该如何处理？如果A先生的爸爸不在广州，要求转寄到东莞，请问可以转寄吗？该如何操作？

3. A先生在网上买了手提电脑，收派员送到A先生楼下，A先生要求拆箱验货。快递员该如何处理？

4. 收派员打电话给A先生，询问他在不在家，准备给他送件。A先生告诉收派员，他不在家，让收派员第二天再送过来。如果你是收派员，应该如何处理？若A先生让他妈妈代领取，快递员又该如何操作？

任务五 派送后续处理

任务描述：要求学生掌握派送信息的复核、录入及存根联的处理方法，能够掌握款项交接的程序和方法，掌握无法派送快件的处理方法。

一、派送信息的复核

派件结束后，收派员需要对快件的签收、无法派送快件的批注及应收款款项等派送信息进行复核。

复核的方法是：按顺序逐票核对已签收快件的签收批注和应收款的收取情况；逐票核对无法派送的快件是否进行批注。

1. 签收批注的复核

主要复核内容有以下几项。

（1）检查已派送的快件有无收件人漏签名章。

（2）查看收件人所签名章是否清晰。

（3）他人代签收的快件，有无批注代收有效证件名称及其号码、与代收人的关系等内容。

（4）批注的有效身份证件号是否符合规定。

2. 应收款项的复核

根据派送路单（或派送清单）和其他应收款资料（如收派员自己抄写的到付、代收款明细表），核对到付款、代收货款、关税等应收款项是否足额收取。

3. 无法派送快件批注的复核

为了明确责任，应说明快件无法派送的原因，可便于客户查询。对于无法派送的快件，要求收派员当班进行批注。一般要求收派员在派件时对无法派送的快件及时进行批注，以避免将无法派送的原因批注错误。如因时间问题，有的快件未能当场批注，收派员返回派送网点后应及时进行批注。

二、派送信息的录入

派送信息录入是指快件派送完毕后，将运单编号、派件时间、派送结果、收件人签名、无法派送的原因等内容录入快递企业的信息系统。

派送信息的录入要求如下。

（1）真实性。在整理录入派送信息时，应如实记录，不得捏造。

（2）完整性。将所有派送信息完整录入信息系统，不能只录入一部分内容或简化录入。

（3）及时性。在快递企业规定的时间内及时录入派送信息，以便寄件人查询快件的派送结果。

派送信息的录入流程如图5-18所示。

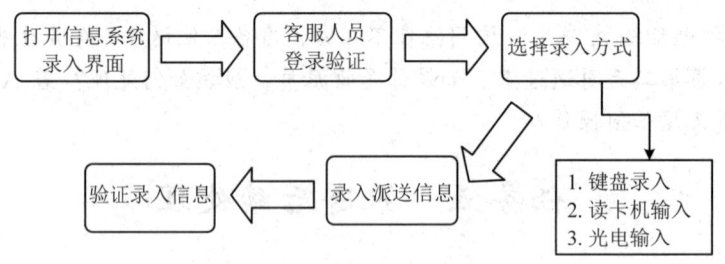

图5-18 派送信息的录入流程

三、派件存根联的处理

收派员返回派送网点后，对当日成功派送快件的运单派件存根联进行整理，审核无误后，交与网点指定人员归档。主要工作内容如表5-14所示。

表5-14 派件存根联的处理

序号	处理事项	工作内容
1	整理运单	按寄付、到付、代收货款、代缴关税等分类标准对运单进行整理
2	核对数量	核对运单与无法派送快件的数量是否与派送路单中快件总数平衡一致，如果数量不一致，必须及时找出数量不符的原因并跟进处理
3	核对签收信息	逐票核对运单是否有收件人（代收人）签名及签名是否清晰、完整。对字迹潦草难以辨认或不完整的签名，收派员应用正楷体加以注明，便于签收信息的录入及查询

续表

序 号	处理事项	工作内容
4	装订运单	核对无误后,将运单整理整齐并装订。装订时,要求运单方向保持一致
5	运单交接	收派员将装订好的运单交给网点指定人员,办理交接手续

四、无法派送快件的处理

无法派送的快件一般是指快件到达派送网点后,遇特殊情况不能正常派送,需要退回寄件人或按照寄件人注明的要求做出相应处理的快件。

1. 无法派送快件产生的原因

无法派送快件产生的原因如表 5-15 所示。

表 5-15 无法派送快件产生的主要原因

序 号	类 型	原 因
1	地址书写不详或错误	快件运单上所书写的收件人地址未详尽写明、写全,存在遗漏、错误情况,导致无法正常派送
2	原书写地址无此单位或收件人	该地址没有运单上书写的单位,疑似地址书写错误;该地址有此单位,但该单位内部没有快件所指的收件人
3	客户迁移,新址不明	快件运单上书写地址准确且收件人原居此处,但现已迁移
4	客户公司注销无人收件	快件运单上原书写地址单位消失(曾经存在,并非更名等情况)且不属兼并、撤并或临时机构行政终止等,均可视为已撤销且无合法代收单位
5	客户拒收或拒付	非快递企业责任,客户拒绝接收快件或者拒绝支付应付的费用,造成快件无法派送
6	自取件逾期不领	网点自取快件超过快递企业规定的保管期限,按规定催领仍无人领取
7	其他无法派送的快件	除以上原因以外导致无法派送的快件

2. 无法派送快件的处理

收派员在派件前应联系收件人。一票快件派送不成功时,要努力查找,联络相关人员,如联系收件人或联系寄件人征求处理意见等。

(1)无法派送快件的处理办法如表 5-16 所示。

表 5-16 无法派送快件的处理办法

类 别	处 理 办 法
首次无法派送	应主动联系收件人,通知再次派送的时间及联系方法。若未联系到收件人,可在收件地点留下派送通知单,将再次派送的时间及联系方法等相关信息告知收件人;对无法派送的快件进行正确批注后带回派送网点交给指定人员跟进处理
第二次派送仍不成功	可通知收件人采用自取的方式,并告知收件人自取的地点和工作时间。收件人仍需要派送的,事先告知收件人收费标准和服务费用,按正常流程派送,并收取加收的服务费用
其他	若联系不到收件人或收件人拒收快件,快递企业应在彻底延误时限到达之前联系寄件人,协商处理办法和费用。主要包括:寄件人放弃快件的,应在快递企业的放弃快件声明上签字,快递企业凭放弃快件声明处理快件;寄件人需要将快件退回的,应支付退回的费用

（2）无法派送快件处理的注意事项如表 5-17 所示。

表 5-17　无法派送快件处理的注意事项

序　号	注　意　事　项
1	无法派送的快件，必须注明无法派送的原因以及是否电话、短信联系过
2	在确定为无法派送的快件前，必须联系收件人。如果运单上没有收件人电话、电话错误或者电话无人接听导致无法与收件人联系，应注明
3	收件人不接电话、关机，应保留电话拨打记录，以便于确认
4	因快件派送要求与快递企业运营规则冲突所造成的无法派送快件，应耐心告知收件人和发件人无法派送的原因，与客户协商去网点自取

3．快件无法派送的原因批注

为了确保快递企业服务质量，维护企业信誉和用户权益，在批注快件无法派送原因时，应慎之又慎。必须充分理解无法派送规定的特殊情况，准确界定快件是否已无法派送。

（1）批注方法。

① 专用处理单批注。一般快递企业都设有批注无法派送快件的专用处理单，如"疑难件处理单"（见图 5-19、图 5-20），用来处理无法派送的快件，批注方法如表 5-18 所示。

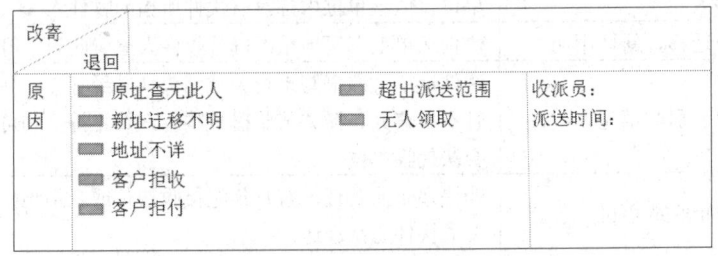

图 5-19　疑难件处理单示例一

图 5-20　疑难件处理单示例二

表 5-18　疑难件批注方法

情　景	处　理　办　法
1	快件无法派送且无法与收件人取得联系，经与寄件人联系要求改寄或退回，在"疑难件处理单"上勾画或批注无法派送的原因及处理方法
2	因收件人出差等原因当班无法派送，但经与收件人联系确定再次派送时间的快件，在"疑难件处理单"上勾画或批注"再派"，并写明再派的时间

续表

情 景	处 理 办 法
3	因外包装破损、内件不符或坏损等原因被客户拒收、拒付的快件,在"疑难件处理单"上勾画或批注"拒收"或"拒付",并批注拒收、拒付的原因,等待寄件人或客服部门与收件人协商出结果,再对快件做处理

注：处理完毕后,将"疑难件处理单"牢固地粘贴在无法派送的快件运单上面

② 十字标记批注。当快件无法正常派送时,收派员需要将快件无法派送的原因、派送的日期和时间、派送人员姓名在快件上进行十字标记批注,如图5-21所示。

十字标记批注非常直观,方便操作人员识别,如图5-22所示。

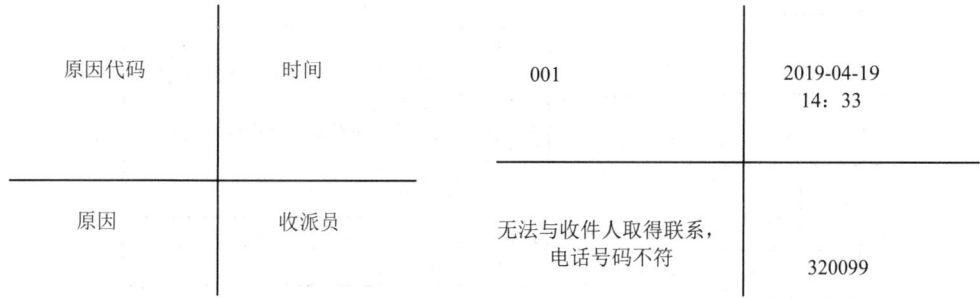

图5-21 十字标记批注示意图　　　　图5-22 十字标记批注示例

（2）批注要求。

① 清晰。批注的字迹要清晰可辨,不得潦草,不能使用简化字或自造字,特别是派送日期、时间以及批注人员签字要清晰。

② 明确。批注的原因表述不得含混、似是而非,批注内容要注重唯一性,不能使客户费解或产生歧义。

③ 连贯。如果快件上已有批注内容,接续批注时,要看明上班次批注的原因。如一票再派快件,上一班次批注"收件人外出",而本班批注的是"查无此单位",遇到这种情况时,要及时予以纠正,保持快件无法派送原因的一致性和连贯性。

④ 时效。快件第一次派送不成功,批注时一定要准确填写第一次派送的时间,否则可能导致快件因延误而被投诉。

⑤ 完整。相关选项不能遗漏填写。

⑥ 牢固。批注用的单据要粘贴牢固,避免脱落或遗失。

4. 移交无法派送的快件

（1）移交程序。移交程序如图5-23所示。

（2）保管。

① 无法派送的快件必须存放在派送网点指定的库房,如因条件限制未能配置专门的库房,则必须存放在指定的笼车内。库房或笼车必须加锁,钥匙由专人保管。

② 对存放在派送网点的无法派送的快件定期盘点,并将盘点结果与客服核对。

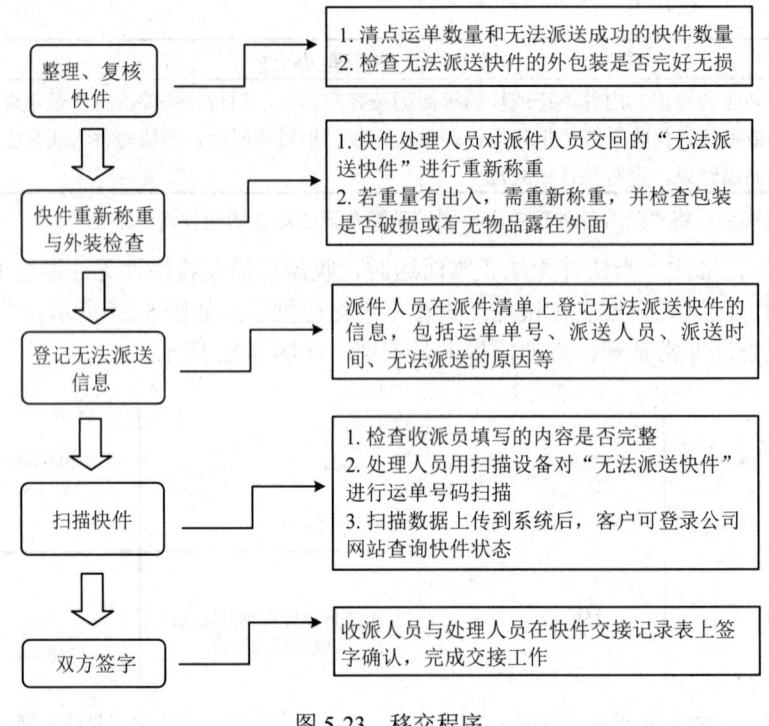

图 5-23　移交程序

五、款项交接

收派员必须当班将从客户处收取的到付款、代收款、代缴款等款项与快递公司财务人员进行交接，款项必须当日结清。款项交接流程如图 5-24 所示。

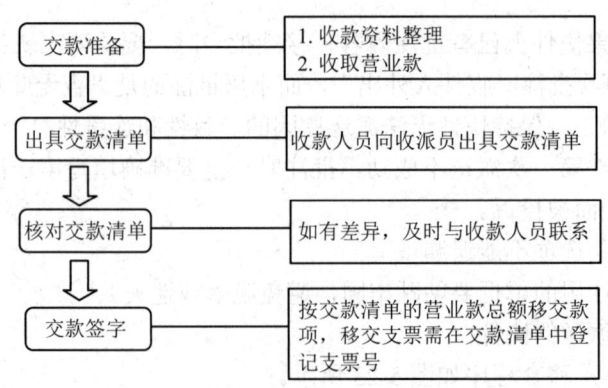

图 5-24　款项交接流程

📖 例 5-9　派件未收回存根联

地点：某高校快递营业点部

事由：收派员派出一个邮费到付 18 元的快件。派件完成后准备与营业网点操作员交接派件款项，清点派出面单和当天收到的营业款不符，发现多出 18 元，经过细想，派送收费件时忘记回收一张公司存根联的运单。

分析处理：

（1）收派员立刻查找登记收费件的表格，比对剩余的收费件以及派出去的件号，查找到遗失的面单。

（2）立即致电客户，询问刚才是否领了一个收费件，金额18元，面单是否还在。最后找到了那位同学，经过协商，上门收回运单。

（3）派件存根联运单丢失会造成一单疑似遗失的快件，不能及时更新物流信息，不方便寄件人查询快件签收状况。

单项实训 5-5

1. 根据以下情景回答问题：请问录入派件信息重要吗？为什么？

收派员A：今天实在太多件了，终于把件都派了，太累了，先躺一下。

操作员B：把派送信息登记本给我。

收派员A：要来干什么呀？

操作员B：录入派送信息呀。

收派员A：重要吗？

2. 根据以下情景回答问题：请问无法派送的快件带回快递营业网点后如何处理？

收派员：这些无法派送的快件怎么处理呀？

操作员：什么原因？

收派员：有地址不详的、客户拒收的、逾期不领取的……

操作员：你先整理登记再交给我。

收派员：这么麻烦呀。

操作员：快件移交是要签名确认的。

收派员：我明白了。

3. 收派员小齐在派送过程中遇到不少麻烦，请你告诉他该如何处理。

① A客户检查快件，发现外包装破损，拒收快件。

② 至B客户处，发现客户不在且电话打不通。

③ 客户C打来几次电话，催派快件，可快件在派送途中丢失了。

习　　题

一、简答题

1. 快件交接清单登记的内容包括哪些？
2. 快件交接需要注意哪些事项？
3. 收派员在派送前应做好哪些准备工作？

4．派件交接原则是什么？
5．设计派送段应考虑的主要因素有哪些？
6．快件装载的原则主要有哪些？
7．智能快件箱可以实现哪些业务功能？

二、自测题

项目六　快递客户服务与管理

【学习目标】

通过本项目的学习和训练，要求学生掌握快递服务礼仪与规范，掌握快递业务咨询、查询、投诉、理赔等服务技能，掌握客户调查与分析、客户信息采集与分类等基本知识，掌握快递客户开发、维护与管理的基本技能，具备基本的快递服务素养。

【主要知识点】

快递服务礼仪与规范；客户调查与分析、客户信息采集与分类。

【关键技能点】

掌握快递业务咨询、查询、投诉、理赔等服务技能；快递客户开发、维护与管理技能。

任务一　快递服务礼仪与规范

任务描述：要求学生掌握快递服务基本礼仪与规范，并在快递运营活动中灵活、正确地应用。

快递服务人员要了解客户、规范服务、以客为尊。对待客户要做到礼貌、热情、自信、专业和诚信。如图6-1所示是对快递客户服务人员的基本要求。

图6-1　对快递客户服务人员的基本要求

一、快递服务礼仪

1. 仪容要求

快递服务人员仪容应干净整洁、朴素大方、亲切自然。具体要求如图6-2和图6-3所示。

2. 着装要求

具体着装要求如图6-4所示。

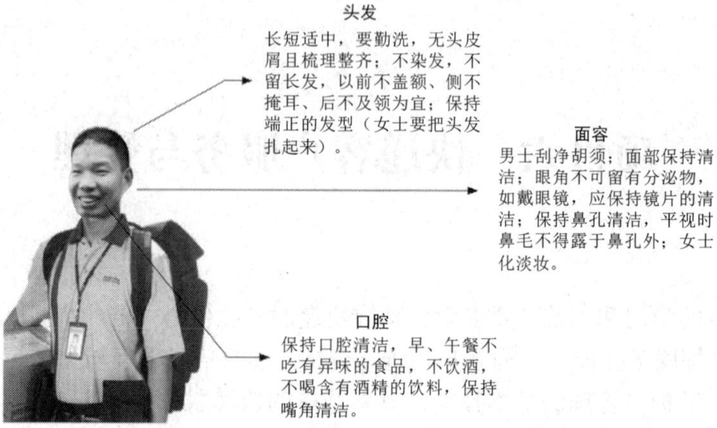

头发
长短适中,要勤洗,无头皮屑且梳理整齐;不染发,不留长发,以前不盖额、侧不掩耳、后不及领为宜;保持端正的发型(女士要把头发扎起来)。

面容
男士刮净胡须;面部保持清洁;眼角不可留有分泌物,如戴眼镜,应保持镜片的清洁;保持鼻孔清洁,平视时鼻毛不得露于鼻孔外;女士化淡妆。

口腔
保持口腔清洁,早、午餐不吃有异味的食品,不饮酒,不喝含有酒精的饮料,保持嘴角清洁。

图 6-2 仪容要求(一)

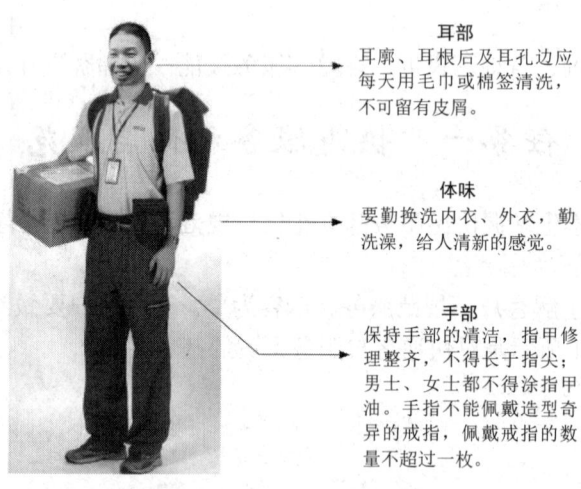

耳部
耳廓、耳根后及耳孔边应每天用毛巾或棉签清洗,不可留有皮屑。

体味
要勤换洗内衣、外衣,勤洗澡,给人清新的感觉。

手部
保持手部的清洁,指甲修理整齐,不得长于指尖;男士、女士都不得涂指甲油。手指不能佩戴造型奇异的戒指,佩戴戒指的数量不超过一枚。

图 6-3 仪容要求(二)

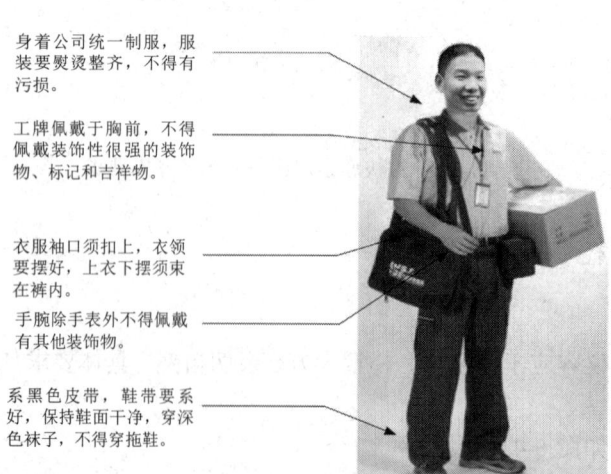

身着公司统一制服,服装要熨烫整齐,不得有污损。

工牌佩戴于胸前,不得佩戴装饰性很强的装饰物、标记和吉祥物。

衣服袖口须扣上,衣领要摆好,上衣下摆须束在裤内。

手腕除手表外不得佩戴有其他装饰物。

系黑色皮带,鞋带要系好,保持鞋面干净,穿深色袜子,不得穿拖鞋。

图 6-4 着装要求

3. 工作姿势

工作姿势正确的人，会给人好印象。相反，姿势不正确的人，不仅给对方一个不好的印象，而且工作效率也会降低。

（1）坐姿。具体要求如图 6-5 所示。

在客户处未经客户允许不得随意就坐，坐下时应保持上身挺直，双腿并排放好，两手自然地放在膝盖上面，不得傲慢地把腿向前伸或跷二郎腿。

正式场合或有位尊者在座时，不应坐满座位，大体占据其三分之二的位子即可，交谈时，身体微微前倾，不可身靠座位背部。

图 6-5 坐姿要求

（2）立姿。具体要求如图 6-6 所示。

- 双脚自然分开，身体正直，腰和胸要挺直，头要抬正。
- 嘴边要带微笑，双臂自然下垂，双手贴放于大腿两侧或自然在前合并。
- 站立过久时，可以稍息，但双腿不可叉开过大或变换过于频繁。
- 女士应挺胸收颌，目视前方，双手自然下垂，叠放相握于腹前，双腿基本并拢。
- 站立时不要挡住客户的视线。

图 6-6 立姿要求

（3）行姿。具体要求如图 6-7 所示。

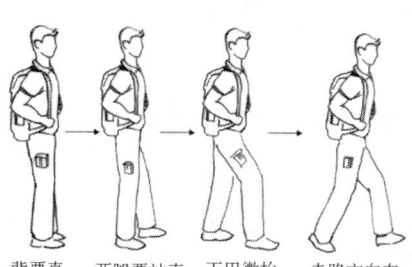
背要直，肩膀放松　　两腿要站直、挺胸、重心放在腰部　　下巴微抬，眼睛自然地向前看　　走路方向在一条直线上

在通道、走廊行走时要放轻脚步，走右侧的中间位置，在行走时如遇到客户应主动让客户先行。

图 6-7 行姿要求

二、收派员服务规范

收派员应尊重、体谅客户，主动为客户服务。对客户的尊重应体现在日常用语和行为上。

1. 日常服务用语

（1）招呼用语。收派员招呼用语如图6-8和图6-9所示。

"您好/你好/早上好/下午好！
我是××快递公司的收派员。"
（初次见面或当天第一次见面时使用）

图6-8 招呼用语1

"对不起，请问……"
（向客户询问时使用，态度要温和且有礼貌）

图6-9 招呼用语2

（2）应答用语。收派员应答用语如图6-10所示。

"让您久等了。"
（无论客户等候的时间长短，均应向客户表示歉意）

"麻烦您/请您……"
（如需让客户办理手续或事情时，应使用此语）

"不好意思，打扰一下……"
（需要打断他人谈话时使用，要注意语气和音量）

"谢谢！"或"非常感谢！"
（对其他人所提供的帮助和支持，均应表示感谢）

图6-10 应答用语

（3）接通来电时的用语。当客户电话接通时，收派员的用语如图6-11所示。

- "您好，××快递。"
- "早上好/下午好（您好、对不起，打扰您了等），我是××快递的收派员，前来收件/派件。"
- "贵公司×先生/小姐让我来收件。"（切勿直接说出寄件人的姓名）

图6-11 接通来电时的用语

（4）回答客户咨询时的用语。收派员回答客户咨询时的用语如图6-12所示。

客户："为什么还不来收件？"
回答："不好意思，我会尽快赶过来。"或者"对不起，给您添麻烦了，我××分钟过来收件。"
客户："我要寄的快件暂时取消。"
回答："没关系，希望下次能为您服务。"
客户："派个件也这么难。"
回答："不好意思，我马上到您那派件，请您稍等。"

图6-12　回答客户咨询时的用语

（5）询问客户具体位置时的用语。收派员询问客户具体位置时的用语如图6-13所示。

"您好，打扰您了，我是××快递的收派员，现在为您派件，您的具体位置在哪里？"
"您好，打扰您了，我是××快递的收派员，您是在××大厦×座×楼吗？"

图6-13　询问客户具体位置时的用语

（6）结束电话用语。收派员结束电话的用语如图6-14所示。

· "很高兴与您通话，××先生/小姐。"
· "谢谢您的提醒，我们会尽快改正（善）。"
· "对于给您造成的不便，非常抱歉。"

图6-14　结束电话用语

2．日常行为规范

（1）进门前。收派员遇有异常情况，如车坏了、遭遇交通意外或不能在预定的限时服务时间内到达客户所在场所收派件时，尽量在第一时间通知客户、相关负责人、客服部，做出快速调整或安排其他收派员接替工作，置之不理或无视这种情况将会导致客户的不满和投诉，如图6-15所示。

收派员在收派件时，应妥善存放与保管好交通工具和快件，以免造成客户快件遗失或影响他人，如图6-16所示。

图6-15　通知客户　　　　　图6-16　妥善存放交通工具

收派员进入客户场所时,应主动出示工牌,礼貌地与客户处的员工打招呼并进行自我介绍,如"您好!我是××快递的收派员,我是来收/派快件的",如图6-17所示。

收派员在客户场所,必须配合客户公司办理相关出入登记手续,及时归还客户公司的相关证明,如放行条、临时通行证等。

收派员在进入客户办公室要整理形象,保持衣着整齐、头发整洁,擦去面部和头发上的汗水、雨水、灰尘等,如图6-18所示。

图6-17 主动出示工牌　　　　　　　　图6-18 整理形象

当前往客户办公室或房间时,无论客户办公室(房间)的门是打开的还是关闭的,收派员都应该按门铃或敲门向客户请示。若按门铃,用食指按门铃,按铃时间不超过3秒,等待5~10秒后再按第二次;若需要敲门,应用食指或中指连续敲门三下,等候5~10秒门未开,可再敲第二次,敲门时应用力适中,避免将门敲得过响而影响其他人;在等候开门时,应站在距门1米处,待客户同意后方可进入,如图6-19所示。

图6-19 敲门

(2)在客户处。针对与客户熟悉程度的不同,应采用不同的自我介绍方式。

收派员如果上门服务次数少于两次(含两次),不认识客户或与客户不熟悉,应面带微笑、目光注视客户,采用标准服务用语,自信、清晰地说:"您好,我是××快递公司收派员,我是来为您收/派件的。"同时出示工牌。介绍自己时要说出自己的姓名,增强客户的安全感,不要只说"我是××快递公司的"。出示工牌时,把有照片的一面朝向客户,停顿2秒,让客户看清楚照片和姓名。

收派员上门服务次数如已经超过两次,与客户很熟悉或属于经常服务的客户,可省略自我介绍,但应热情主动与客户打招呼,并直接表示:"您好,××先生/女士,我是来为您收件的。"

当收派员到达客户所在场所但不能马上收取快件时,要态度谦逊、礼貌地上前询问,并视等候时间做出调整,如图 6-20 所示。责怪、不耐烦的询问语气只会增加客户的反感而不会得到帮助。

收派员必须做到"件不离身",将随身背包摆放在自己的视线内,以防快件丢失,如图 6-21 所示。

图 6-20　等候　　　　　　　　　　图 6-21　件不离身

未经客户允许,收派员不得随意就座或随意走动,不得任意翻看客户处的资料、饮用客户处的水或吸烟、随便开玩笑,否则会引起客户的反感。在客户场所应遇事礼让,对除客户外的相关人员,如客户的同事、朋友应礼让三分,在征得客户同意后,才能进出客户办公场所或其他地方。在客户处的走廊、大厅、电梯里遇到客户处的员工都应主动让路,如确需超越时应说:"对不起,麻烦一下。"不要在客户处大声喧哗,不得使用客户的电话,在客户处使用手机时应尽量小声,不得影响到客户。

（3）收派件。如在客户处称重或计算轻泡货物重量,收派员应主动提示客户:"××先生/小姐,请您看一下,计费重量是××kg,运费是××元。"

如无法在客户处称重,收派员应在征得客户同意后将货物带回公司称重,并在第一时间通知客户最终的计费重量和实际运费。如客户不信任,收派员应向其说明:"××先生/小姐,请您放心,我们会在第一时间将准确的计费重量通知您,另外,我们公司对这方面的监督是非常规范和严格的。"

在客户不明白运单填写的相关内容时,收派员应主动做出合理解释。当运单填写得不详细时,应耐心解释:"××先生/小姐,为了保证您的快件准时、安全、快捷地送达,麻烦您把××栏目详细填一下,谢谢您。"

在确认客户付款方式时,如陌生客户选择到付,收派员应主动提醒客户:"××先生/小姐,请问您与对方确认过吗?如果没确认,可能会因快件送达后对方拒收而影响您的生意。"并简单解释由此可能导致退回件而产生双程运费。

收派员将运单双手递给客户,并用右手食指轻轻指向"寄件人"或"收件人"签署栏,并说明:"××先生/小姐,麻烦您在这里签名/签收,谢谢!"如图 6-22 所示。

收派员将寄件公司（收件公司）存根联双手递给客户,并说:"请您收好,这是给您留底,作为查询的凭证。"并告知客户:"这票快件的运费一共是××元。"如图 6-23 所示。

收派员必须按运单上的应收运费收取,不得以任何理由收取任何的额外费用,当客户付运费时,应双手接收客户交付的运费,并礼貌回应:"谢谢您。"如需找零,则说:"收您××元,应找给您××元。"

图 6-22　指导客户签字　　　　　图 6-23　双手将存根联递给客户

无论是运单、宣传单还是其他票据，收派员都应双手递给客户或从客户手中接过，如图 6-24 所示。

（4）结束时。对于新客户，收派员应主动宣传，双手递上公司宣传资料，并说："××先生/小姐，这是我们公司的宣传资料，有空您可以看一下，希望以后能为您提供更多的服务。"对于老客户，应及时对公司新开网络和新业务及时进行通报，并了解客户对公司服务的意见和需求，向公司反馈。

辞谢时，收派员一定要看着客户，并说："谢谢您，总是承蒙关照，希望下次再为您服务。"即使客户背对着自己或低着头，也要让对方清楚地听到，让客户感觉到对他的尊重（但不能影响客户处的其他人员），如图 6-25 所示。

图 6-24　双手与客户交接　　　　　图 6-25　礼貌辞谢

收派员要主动微笑着与客户道别，并说："谢谢您选择××快递的服务，如有需要请随时致电我们，再见。"离开办公室时应把门轻轻关上。

收派员上门派件时，如确定客户不在，应在客户场所明显的地方张贴公司统一使用的"再派通知单"，如门板的上方（注：塞在门缝里很容易丢失），如图 6-26 所示。收派员认真填写"再派通知单"的所有内容，可方便客户致电客服部查询。

遇恶劣天气时，如下雨、下雪，在注意自身安全的同时，更要小心保护客户的快件，如图 6-27 所示。

图 6-26　张贴"再派通知单"　　　　　图 6-27　小心保护客户的快件

收派员回到公司后,如发现运单资料有需要更改的地方,如重新填写运单、更改价格等,应在第一时间通知客户并确认,以免引起不必要的误会。如需回公司称重,应及时知会客户计费重量,并得到客户确认。

收派员收取快件完毕后,应留下寄件公司存根联给客户,以便客户查询快件的相关信息,如需回公司再填写运单或重新填写,则需告知客户新运单号码或相关更改内容,并征得客户同意。

客户要求当场提供发票时,如不能当场提供,收派员应耐心解释原因,并承诺在收取快件的两个工作日内(具体时间可按公司的规定)将发票送给客户,不能因路途遥远、不顺路而迟给或不给客户。

在将快件带回公司的搬运、分拣过程中,收派员要自觉遵守轻拿轻放的原则,不能有任何抛、扔、踢、踩的行为,并尽可能地避免因操作不当导致快件损坏。

(5)注意事项。

① 微笑面对客户。

② 语调要亲切自然、高低适中。

③ 音量以使对方听清楚并且不影响他人工作为宜,说话的速度不要太快,以便对方跟上自己的思路。

④ 在客户处接听电话时,注意控制情绪和音量,不可影响到客户的正常办公。

⑤ 不可在客户处大声谈笑、唱歌或吹口哨;不要和客户谈笑、闲聊。

⑥ 在任何情况下,都要文明礼貌,不得使用粗俗或带有攻击性和侮辱性的语言,避免与客户发生任何争执,如果有问题,应告诉客户如何通过客服渠道得到解答。避免使用下列用语:

"你家这楼真难爬!"

"运单怎么还没有准备好啊,我很忙!"

"每次到你这里都耽误我好多时间,你看,今天又是这样!"

"你怎么这么笨,都教过你好多次了,还要问怎么填写运单!"

"你们公司到底在哪里?我的腿都要走断了还找不到!"

"我们公司不是为你家开的,说怎样就怎样!"

"嫌贵,就别寄了!"

"我没时间,自己填写!"

"找领导去/你找我也没有用,要解决就找领导去!"

"有意见,告去/你可以投诉,尽管去投诉好了!"

⑦ 客户没有针对你发问或对着你讲话,就不要做任何评论。

⑧ 在客户处不得抱怨其他客户和同行,如人员素质、待人态度、办公环境、业务状况等。

⑨ 要有职业素养,为客户保守商业秘密,如主要的寄件区域、产品类型、合作伙伴名称、供应商名称、客户的人员变动等。

单项实训 6-1

1. 情景训练。每两人为一组,一人扮演快递员,另一人扮演客户,分别练习下列情景中的日常服务用语:打招呼、应答、咨询业务、结束电话。

2. 请练习以下文明用语。

您好；请；对不起；麻烦您……；劳驾；打扰了；好的；是；清楚；请问……；请稍等（候）；抱歉……；没关系；不客气；有劳您了；非常感谢（谢谢）；再见（再会）。

"早上好/下午好！我是××快递公司快递服务人员。"

"您好，我是××快递公司快递服务人员，让您久等了！"

"您说/请讲。"

"是的/嗯/知道/明白。"

"还请您阅读一下……"

"打扰一下，请您在这里签个字。"

"请让我来帮您包装快件吧。"

"真是对不起，刚才是我搞错了，我马上更正，请您谅解。"

"谢谢您的信任，我们会准时将所寄物品送至收件方的，打扰您了。"

"谢谢您了，承蒙关照，希望下次再为您服务。"

当遇到客户寄递的物品属于违禁物品时，可以解释并劝说：

"对不起/非常抱歉，这种（类）液体属于易燃液体，是航空违禁品，不能收寄，请您谅解。"

"对不起/非常抱歉，这种（类）粉末会被认为是违禁品而被有关部门查扣，不能收寄，请您谅解。"

"非常抱歉，这种（类）物品在运输途中可能会存在安全隐患，不能收寄，请您谅解。"

任务二　快递客户服务

任务描述： 要求学生掌握快递业务咨询、查询、投诉、理赔等服务技能，具备客服人员的基本素质。

一、客服人员应具备的素质

客服人员是快递公司服务的一个检视窗口，其服务素质与质量直接关系到公司的整体形象。他们肩负着与客户沟通交流的重任，是公司的"形象大使"，在公司整体运作中具有举足轻重的作用。

1. 心理素质

客服人员每天会接触各种各样的客户，有些客户在受到委屈时脾气比较大，讲话比较难听，所以客服人员承受的压力是很大的。客服人员应具备以下几个方面的心理素质。

（1）处变不惊的应变力。

（2）承受挫折打击的能力。

（3）情绪的自我掌控和调节能力。

（4）满负荷情感付出的支持能力。

（5）积极进取、永不言败的良好心态。

2. 品格素质

品格是指一个人的品性、品行，是在社会活动中表现出来的认知、情感、意志和行为的总和,是品行、道德和作风等基本政治素质的综合体现,决定着一个人待人处事的方式和事业的成败。客服人员应具备以下几个方面的品格素质。

(1) 忍耐与宽容。
(2) 不轻易承诺,说了就要做到。
(3) 勇于承担责任。
(4) 真诚对待每一个人。
(5) 强烈的集体荣誉感。

3. 技能素质

客服人员应具备以下技能素质。

(1) 良好的语言表达能力。
(2) 丰富的行业知识和经验。
(3) 熟练的专业技能。
(4) 优雅的形体语言表达技巧。
(5) 思维敏捷,具备对客户心理活动的洞察力。
(6) 良好的人际关系和沟通能力。
(7) 专业的电话接听技巧。
(8) 良好的倾听能力。

二、电话服务

1. 接听电话

客服人员应及时、准确地接听客户电话,了解终端客户的各类服务需求和问题,并做出相应的解答、安慰,把服务中的问题及时转达到相应的部门,及时解决客户的问题。

(1) 一般电话接听处理。在快递公司,客服人员的一般电话接听流程如图 6-28 所示。

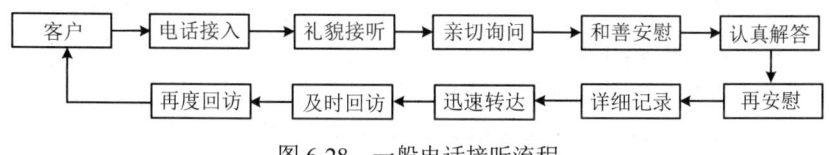

图 6-28 一般电话接听流程

(2) 咨询电话接听处理。这是指客户为了了解公司的业务范围、服务政策等信息而向客服人员咨询。对于客户的咨询电话,客服人员应尽量及时解答,当时解答不了的,应先安慰客户,然后可以向公司相关部门调取资料后立即回复,也可以转到相关部门予以解决并及时回访。对于未能解答的客户咨询,客服人员应把问题及时转到公司相关部门,再由相关人员予以解答。咨询电话接听流程如图 6-29 所示。

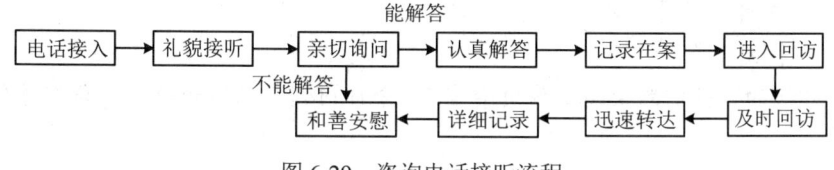

图 6-29 咨询电话接听流程

（3）投诉电话接听处理。接听投诉电话是指对客户因服务不满意而进行投诉的应答。投诉电话的最大问题是一般情况下客户都带着怨气和怒气而来，客服人员需要耐心安抚，细心解答。接听投诉电话流程如图6-30所示。

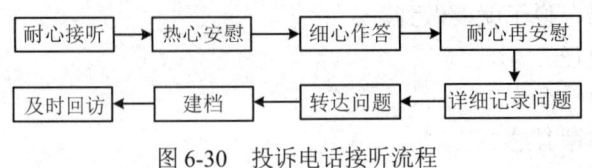

图6-30　投诉电话接听流程

📖 例6-1　××快递企业客服人员接听电话实例

客户拨通电话，响了两声后客服应答。

客服："您好！这里是××快递企业。我是1号客服，很高兴为您服务。"

客户："你好！我要寄件。"

客服："请问先生贵姓？"

客户："姓张。"

客服："张先生，请问您以前使用过我们的快递服务吗？"

客户："没有。"

客服："好的，谢谢您的信任。现在我来为您建档，档案编号就是您的会员号。请稍等……好了，张先生，请您告诉我是个人寄件还是公务寄件？"

客户："公务。"

客服："好的，张先生，您的联系电话是？"

客户："×××××××××。"

客服："×××××××，×××××××，对吗？"

客户："对，没错。"

客服："请问，您的收件地址是？"

客户："××省××市××区××路××号。"

客服："××省××市××区××路××号，对吗？"

客户："对，完全正确。"

客服："好的。请您稍等……对不起，张先生，让您久等了。我已为您建档，您的服务编号是××××××，请您记一下。"

客户："××××××，好的，我记下了。谢谢。"

客服："请问，您要寄什么物品？"

客户："10双鞋子。"

客服："请问，寄到哪里？"

客户："杭州。"

客服："好的。我们的快递收件员会在30分钟内到您的地址收件。请您等候收件员联系您。"

客户："好的，谢谢！"

客服:"不用客气。请问,您还有别的事情需要我帮忙吗?"
客户:"没有了。"
客服:"再次感谢您的信任!最后提醒您,为提高我们的服务效率,请于下次拨打电话时直接提供您的会员编号。谢谢!再见!"
客户:"好的,再见!"

2. 打出电话

快递人员打出电话的基本要求及示例如表6-1所示。

表6-1 打出电话基本要求及示例

程　　序	要求及示例
1. 确定合适的时间	首先应确定此刻打电话给对方是否合适。 避开对方用餐和休息时间。 最好不要选择星期一一大早和临近下班时间
2. 准备好电话开头语	首先自报家门,如"您好!请问您是××先生/女士吗?我是××公司客服,工号××"。 询问客户是否方便通话,如"您现在方便听电话吗"
3. 控制通话时间	自我介绍后,应简单说明通话的目的,尽快结束通话。 若谈话涉及问题多,时间较长,应询问对方此时是否方便长谈。若对方不方便长谈,应有礼貌地请对方约定下次通话时间
4. 目标人物不在时的处理	结束通话,如"对不起,打扰了,再见!" 请问对方联系时间或其他联系方式,如"请问我什么时候再打比较合适或不知道××先生/女士有没有其他的联系方式" 请求留言。有礼貌地请求对方转告,说清楚原委
5. 礼貌挂机	完成通话或得到善意回应后,应真诚地感谢对方,结束通话

三、快件查询

处理客户查件与咨询的时效与品质可直接反映快递企业整体客户服务质量的优劣,是客户选择快递企业的重要指标。客服人员应做好快件查询服务相关工作,将快件信息的准确性放在首位。

1. 查询应答规范

(1)查询处理原则。接到客户查询电话或网络咨询时,客服人员应按以下原则处理。

① 查询原则。接收查件任务时,如果当时能在记录或查询系统内查到结果,应在当时准确回复查件人结案;对于不能当时查知结果的,应记录查询事项相关信息,留下查件人联络方式,并告知将在查知结果后第一时间回复。

② 记录原则。了解所查询货件提单号码、派或收,查询要求等,并登记查件登记表。

③ 确认原则。避免重复查件,首先确认是否有本公司其他人员同时在处理该项查询工作。如确为首次查件或尚未结案,应尽快完成查件。完成后第一时间通知查件人,记录结案。

④ 反馈原则。对于暂时无法查知确切结果或向上(下)一站接续查询尚未得到准确回复前,应随时主动将跟踪得到的动态信息反馈给查件人。

⑤ 异常处理。如属异常件,应将相关资料登记在"问题快件登记表",并将异常情况

及时反馈给相关人员，及时采取补救措施。

⑥ 态度积极。所有查件必须得到积极协助处理，必须登记至最终结案。绝对不允许对查件要求置之不理、被动等待催查、久查不复等现象出现。

（2）查询应答基本规范。

① 回答客户业务查询时，要做到准确、到位。必须根据具体情况说明包括服务热线、营业时间、服务范围、形式、产品种类、运费计算、禁运品、收派时限、截单时间等信息。

② 灵活使用"客户运营手册"，回答客户问题必须留有余地，对派送时间不可完全承诺。

③ 客户要求传真或电邮价格表、服务产品等资料的，要在规定时间内传真给客户。

④ 客户投诉应立即答复，无法立即答复的，应填写"客户意见书"转相关部门处理。

⑤ 针对大客户或 VIP 客户向公司提出合理化客户开发维护建议，由专门人员开展后续工作。

2. 派件查询

派件查询程序如图 6-31 所示。

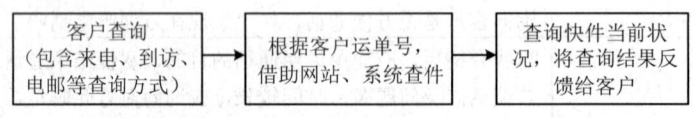

图 6-31　派件查询程序

（1）快件已签收。立即查知签收人姓名，并回复结案。

（2）有到件记录，尚无签收记录。

① 根据到件时间推测快件所在地。

② 仓库已转出到派件员的，向派件员查询，证实快件确实已带出派送。

③ 立即回复客户，快件已到达本公司，正在派送中。

（3）客户要求甚急。

① 客户要求甚急，必须进一步查知准确送达时间。

② 根据客户提供的收件人地址查询相关派件员，与相关派件员联系，要求优先安排派件。

③ 尽量推算送达时间，回复结案。

（4）系统显示件未到。

① 应根据对方转出时间，查询仓库有无刚刚提回、尚未分拣完成或尚未做资料上传的快件，查看所查件是否正在其中。

② 快件确实依据客户寄件时间及由原寄件网点配合发件、各途经营业网点配合转接而尚未到达公司的，应委婉说明按正常作业程序，所查件应该还在途中。

（5）遇到本地未到件。

① 如欲确切查知快件在途情况，可根据客户寄件时间，向始发地与目的地公司或任何中转环节请求查件协助。

② 对于此类查询，找准请求协查的切入点是核心要求。

3. 收件查询程序

（1）收件查询程序。收件查询程序及结果处理如表 6-2 所示。

表 6-2 收件查询及结果处理

查 询 程 序	查询结果处理
1. 到件正常，续查已签收	接受收件查询时，先查系统，如已显示"到件正常"，则续查是否签收，已签收的可直接回复结案
2. 到件正常，续查未签收	推知应该在派件中，可直接告知查件人快件已到达目的地，正在派件中
3. 已发出，但未显示其他状态	查本公司登录的运单及发货记录
4. 快件直发目的地	应先判断到达目的地的时间及提货程序，视常态操作时程推测快件状态或向目的地公司查证后回复结案
5. 快件需要转运	应综合判断到达中转地城市、中转正常提货转运时程安排、经再中转到达目的地城市时效等，具体登记查询过程并将动态变化主动告知查件人

（2）查询登记。

① 受理任何查件情况，如无法当即完成回复结案，应就所查询事项登记查询登记表。

② 查询登记表应由各相关部门逐级登记，直至结案或强迫结案。

③ 查询登记表应定期逐级呈报主管、经理审核。

④ 如查询结果为异常件，则应填写问题件登记表，并按相关程序逐一处理，直至结案。

4. 对外查询

对外查询的方式有查询网络内网点（代客查询）、查询网络外同行企业、查询发件渠道等。

（1）查询前准备工作。备齐需要查询事项的各项相关资料，如寄件日期、单号、目的地、快件类型、品名、件数、重量、转出渠道、下一站等。

（2）判断所查件状况，进行相应的追踪查询。

① 预计当天已经到达目的地的，先查询到件状况，再查派送状况。

② 预计已签收存底的，查签收资料，如签收日期、时间、签收人等，请相关网点传真签收单。

③ 目的地公司查无此件的，综合判断原因，确定接续查件方式。

（3）对外查询登记。公司向内部网点、同行企业或发货渠道等发出查询请求，但未于期望时间内得到处理回复的，应主动追踪。

5. 客户无据查询

快递运单是客户与快递企业发生业务关系的原始凭证，其中的运单号是办理快件查询、撤回和更改业务的依据。而在实际工作中，因各种原因，经常出现客户需要办理快件查询、撤回和更改业务而又不能提供运单号的情况。对于这种客户无据办理业务的情况，快递企业一般按以下方式处理。

（1）解释说明。向客户说明有关办理快件查询、撤回和更改业务的服务规定。

（2）要求出示证件。客户确认无据办理业务的，必须请其提供相关信息并出示有效证件。请客户告知业务种类、交寄日期等信息，并出示有效证件，向客户说明相关业务办理必须由寄件人本人完成。

（3）审核单证，请示业务主管。

① 核查证件相关信息与客户提供信息的相符情况，请示业务主管。

② 将客户身份证复印件以及联系方式留下，以便联系、备查。

《邮件和快件投递状态分类与代码》

四、快件更址与撤回

1. 快件更址

快件更址是指快递企业根据寄件人的申请,对已经交寄快件的收件人地址按寄件人的要求进行更改。

快件更址的条件如下。

(1) 同城和国内异地快递服务:快件尚未派送到收方客户处时可申请更址。

(2) 国际及中国港澳台快递服务:尚未出口验关前可以申请更址。

2. 快件撤回

快件撤回是指快递企业根据寄件人的申请,将已交寄的快件退还寄件人的一种特殊服务。

(1) 快件撤回的条件。

① 同城和国内异地快递服务:快件尚未首次派送或已首次派送但尚未派送成功,可撤回,但应收取相应的撤回费用。

② 国际及中国港澳台快递服务:快件尚未出口验关可申请撤回。

(2) 快件撤回申请。客户提出快件撤回的要求后,快递人员应指导客户填写快件撤回申请,并将其送交客服人员处做撤回处理。

五、投诉处理

1. 客户投诉途径

在遇到问题不能得到满意解决时,客户一般可以通过三种途径投诉。

(1) 电话投诉。客户会直接拨打快递公司的服务或投诉电话来表达不满或愤怒。部分快递公司投诉电话及网址如图 6-32 所示。

图 6-32 部分快递公司投诉电话及网址

项目六 快递客户服务与管理

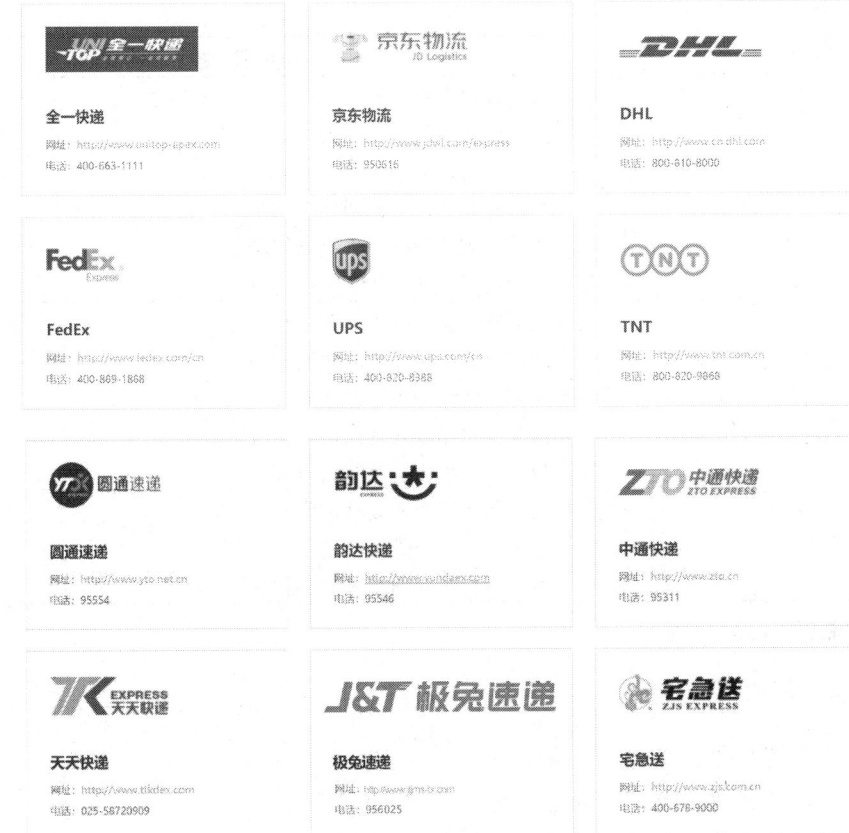

图 6-32 部分快递公司投诉电话及网址（续）

（2）在线投诉。现在几乎所有快递公司都有自己的网站或微信服务平台，客户一般可以直接在线投诉。

（3）到监管部门投诉。监管部门主要有全国消协智慧 315、国家邮政管理局、工商局和消保委。

2. 投诉处理流程与处理策略

投诉处理流程与处理策略如表 6-3 所示。

表 6-3 投诉处理流程与处理策略

投诉处理程序	处 理 策 略
1. 接受投诉	（1）认真倾听，保持冷静，同情、安慰客户。 （2）给予客户足够的关注与重视。 （3）不让客户久等，告知等候时间。 （4）了解整个事情的发生过程。 （5）立刻请示上级、协调解决
2. 受理投诉	（1）控制自身情绪，保持冷静。 （2）先缓解客户情绪，再处理投诉内容。 （3）实事求是，不受客户情绪左右。 （4）保持积极、负责、关心的服务态度

续表

投诉处理程序	处 理 策 略
3. 解释澄清	(1) 不与客户争辩，不找借口。 (2) 注意解释语气，不敷衍。 (3) 换位思考，易地而处。 (4) 不推卸责任，不诋毁相关部门。 (5) 事情未弄清之前，不妄下结论。 (6) 明确责任，诚恳道歉，提出解决方案
4. 提出解决方案	(1) 根据投诉类别提出处理方案。 (2) 向客户说明所需要的时间。 (3) 向客户解释相关法律法规。 (4) 提醒客户通过其他投诉途径投诉。 (5) 按时、按承诺实施解决方案
5. 跟踪回访	(1) 按时效要求跟进处理进度。 (2) 及时告知客户处理的结果。 (3) 调查客户对处理结果的满意度

3. 投诉电话接听示例

例6-2 送件不上楼

客服："您好！很高兴为您服务。"

客户："我要投诉，什么服务态度呀？"

客服："不好意思，请问您的快运单号是多少？"

客户："1100141014201。"

客服："您的快运单号是1100141014201。"

客户："是的。送货送到我楼下，打电话让我下去拿，给我3分钟，不去拿就退回。你们是什么服务态度呀？"

客服："实在抱歉，请问您的收件地址是？"

客户："珠海市新香洲美华西路××××号×栋×××室。"

客服："请问您贵姓？联系电话是多少？"

客户："我姓王，电话139××××2333。"

客服："请问您的快件现在收到了吗？"

客户："没有收到。"

客服："实在抱歉，王先生，您的资料我已经记录下来了，我现在联系派送网点，尽快处理此事，会尽快给您送货上门的，好吗？我的工号是1001。"

客户："嗯，好吧。"

客服："谢谢您的来电，再见！"

客服人员根据刚才与客户的对话内容，将客户的投诉信息进行整理并填写客户投诉记录表，如表6-4所示，以便查询与存档。并将该记录表反馈给相关责任部门，要求其尽快处理。

表6-4 客户投诉记录表

客 户 姓 名	王先生	投 诉 时 间	2023.12.28
联 系 电 话	139××××2333	快 递 单 号	1100141014201
投 诉 内 容	客户反映快递员送件不上楼，送货送到楼下，打电话让客户去拿，给客户3分钟，不去拿就退回		
责 任 单 位	配送部门		
处 理 意 见			
处 理 结 果			
负 责 人 意 见			

例6-3 不让客户验货

客服："您好！很高兴为您服务。"

客户："我要投诉，什么服务态度呀？"

客服："不好意思，请问您快运单号是多少？"

客户："1200111011201。"

客服："您的快运单号是1200111011201。"

客户："是的。送货过来不让我验货，直接让我签字。我要先验货，快递员拿着快件就走了。哪家快递公司会跟你们一样啊？都是先验货后签字的。"

客服："实在不好意思。您有权验货的，但是在打开包装之前请您先确认一下包装是完好的好吗？先检查外包装情况，然后再打开包装验货，确认好物品后，签上您的名字，您觉得这样操作可以吗？"

客户："这样可以的。"

客服："那我这边联系快递员再次给您派送，请问您的收件地址是哪里？"

客户："广州市天河区花城大道×××号×栋×××室。"

客服："请问您贵姓？联系电话多少？"

客户："我姓黎，电话136××××2888。"

客服："实在抱歉，黎先生，您的资料我已经记录下来了，我现在联系派送网点，尽快处理此事，您这边也按照我刚刚跟您说的程序操作，好吗？我的工号是1001。"

客户："嗯，好吧。"

客服："谢谢您的来电，再见！"

4．国家邮政局申诉网站申诉及处理结果案例

例6-4 中转或运输延误（见表6-5）

表6-5 中转或运输延误申诉与处理

消费者申诉	订单物流信息从2022年1月22日就一直没有更新，起初以为过年放假不送货，现在都年后了还是那样子，订单却自动完成了

续表

国家邮政局处理回复意见	四川省邮政业消费者申诉中心于 2022 年 2 月 25 日回复用户：您好，经调解，2022 年 2 月 25 日中国邮政速递公司 11183 回复：经查，此件 1 月 20 日由江苏宿迁寄往四川成都，内件：洗脸巾，运费：1.8 元，保价：否，申诉人：（收）方，2 月 21 日联系申诉人沟通邮件特征，已在杂物中找到，将按申诉人要求退回，申诉人表示接受。寄件人邮件退款收件人，收件人满意无异议，并于 2 月 10 日已赔付寄件人 5.5 元了，联系申诉人已处理好无异议。中心回访申诉人称已处理好无其他诉求。 2 月 25 日四川省邮政业消费者申诉中心电话回访申诉人，申诉人表示企业已联系其解释并告知处理结果，申诉人无异议，根据相关规定，对本案做结案处理，若有异议请致电 028-12305

资料来源：国家邮政局申诉网站：https://sswz.spb.gov.cn/.

📖 **例 6-5　虚假签收（见表 6-6）**

表 6-6　虚假签收申诉与处理

消费者申诉	2021 年 2 月 27 日，消费者通过中通快递公司邮寄一快件，快件号码为：75440618453962。该件内件：路由器，运费：不详，保价金额为：不详。该消费者向云南省邮政局申诉，该件 3 月 1 日物流显示签收，3 月 2 日未经同意放菜鸟驿站，后要求企业赔偿商品 2 倍价值，但业务员威胁告知可以赔偿，赔偿以后会从他家楼上跳下来，现对企业赔偿 40 元不满意，收件人至 4 月 8 日未收到快件，要求企业赔偿商品 2 倍价值
国家邮政局处理回复意见	您好，经调解，中通快递股份有限公司于 2021 年 4 月 12 日回复：经核实，此件 2021-02-27 河南省郑州市发往云南省昆明市官渡区，2021-02-27 郑州市场部揽收，2021-03-01 到达昆明塘子巷签收。针对申诉人（收件人）反映的情况，分部核实此件内物：路由器，运费：10 元，未保价，分部核实此件 2020-05-25 到达昆明塘子巷，中通快递正常派送，收件人正常签收（可提供证据），此件并无异常，不存在以下情况：该消费者向云南省局申诉，该件 3 月 1 日物流显示签收，3 月 2 日未经同意放菜鸟驿站，后要求企业赔偿商品 2 倍价值，但业务员威胁告知可以赔偿，赔偿以后会从他家楼上跳下来，现对企业赔偿 40 元不满意，收件人至 4 月 8 日未收到快件，要求企业赔偿商品 2 倍价值。已解释清楚，无异议。 云南省邮政管理局申诉中心于 2021 年 4 月 13 日 8:37 电话回访申诉人，称企业答复情况属实，现已处理好，申诉人对处理结果认可

资料来源：国家邮政局申诉网站：https://sswz.spb.gov.cn/.

邮政业用户申诉

快递服务投诉下降"不告而投"仍是热点

六、赔偿处理

快件发生延误、丢失、损毁、内件不符等情况，致使快件失去全部或部分价值时，客户有权向快递公司索赔。

1. 赔偿处理原则

一般包含法定赔偿原则和限额赔偿原则两种。

（1）法定赔偿原则。快递企业对快件损失的赔偿，仅限于快递服务标准所规定的范围，主要赔偿事由包括快件延误、丢失、损毁与内件不符等。

（2）限额赔偿原则。快递企业对快件损失的赔偿，不是损失多少赔多少，而是按照邮政法及相关规定的限额赔偿标准承担赔偿责任。

2. 赔偿处理方法

当客户通过拨打快递公司投诉电话或客户服务电话或在快递企业网页提出索赔申请时，快递企业必须根据索赔的事由予以相关的赔偿。同时，对于快递企业免于赔偿的情形，客服人员也应当熟记于心。

（1）必须予以赔偿的4种情形。

① 快件延误。如果快件发生延误，快递企业应免除本次服务费（不含保价等附加费），并按快件丢失或毁损的标准做出赔偿。

② 快件丢失。除与客户有特殊约定的情况外，赔偿本次服务费（不含保价等附加费）。此外，购买保价的保险快件，按被保价金额赔偿；未购买保价的保险快件，按邮政法实施细则及相关规定办理。

③ 快件毁损。其处理方法：完全毁损的，参照快件丢失的赔偿标准进行赔偿；部分毁损的，按照快件丢失的赔偿额度，参照快件丧失价值占总价值比例进行赔偿。

④ 内件不符。其处理方法：内件与寄件人填写的品名不同的，按快件完全毁损的赔偿标准进行赔偿；内件与寄件人填写的品名相同，但数量、重量不符的，按快件部分毁损的赔偿标准进行赔偿。

选择"保鲜服务"快递大闸蟹，螃蟹到货全死了

优质快递服务的标准

（2）免于赔偿的4种情形。

① 由于客户责任或快件物品本身原因造成的快件损失。

② 因不可抗力原因造成的损失。

③ 寄递的物品违反禁寄和限寄规定，经主管机关没收或有关法规处理而造成的损失。

④ 客户自交寄快递之日起满一年未查询、未提出赔偿要求的情况。

☞ 单项实训 6-2

1. 角色扮演。2人为1组，1人扮演客服，1人扮演客户，按例6-1所示对话内容进行电话演练。

2. 根据"例6-3 不让客户验货"的投诉信息，填写客户投诉记录，如表6-7所示。

表6-7 客户投诉记录表

客 户 姓 名		投 诉 时 间	
联 系 电 话		快 递 单 号	
投 诉 内 容			
责 任 单 位			

续表

处 理 意 见	
处 理 结 果	
负责人意见	

3. 访问国家邮政局申诉网站，网址是http://sswz.spb.gov.cn/index.do，注册为会员，并完成以下任务。

（1）阅读其中4个文件：邮政普遍服务标准、邮政业消费者申诉处理办法、快递市场管理办法、快递服务国家标准。

（2）阅读网站中的"案例选登"。

（3）在网站首页尝试练习如何办理申诉事项。

4. 情景实训。

以下是"怎样回应服务缺失与投诉"的5A法则。

acknowledge——了解客户的感受；

agree——接受客户的感受；

apologize——就发生的服务问题，向客户道歉；

advise——告诉客户我们将采取的措施，以及如何及时帮助客户解决问题；

act——实际行动。

请根据以下背景材料，按5A法则，以客服人员登门拜访的方式处理客户的投诉。

客户投诉背景资料如下。

客户王小姐从深圳发了一票货到济南，5天后才送达收件人。由于客户所发的是等待检测的样品，延误对客户的工作造成了较大的影响。客户致电客服投诉。经调查，此票货物延误是由于航班延误所致。

5. 客户投诉处理技能训练。从以下8个情景中任选3个情景，针对客户投诉问题，将处理内容、方法、过程进行文字总结，提出具体处理方案。

情景1：客户对航班延误的快件提出质疑时，当回复客户航班因天气原因影响或香港件清关异常导致快件延误时，客户提问："为什么其他公司没有受影响？"

情景2：海关扣件，客户强烈要求第二天必须到件，并已极力与客户解释，客户不肯挂线，如何处理？

情景3：客户不停使用侮辱性语言，多次提醒无效，客服人员应如何应答？客户提出无理要求时，客服人员应如何拒绝？譬如客户问："你们说寄给我的地址超范围，要我自取或退回给寄方处理，你们公司这么大，难道就不会安排专人把件派过来吗？"客户不接受更改付款方式加收20元，多次尝试说服未果，客户坚称不会增加费用并要求派件。

情景4：分拨错误导致延误派件向客户致歉，客户不接受，并扬言其向上投诉得越激烈，快递公司赔付得越多，并表示不在乎赔多少，就是要在网上投诉。此类客户的用意不在理赔，而在刻意制造负面影响，如何处理？

情景5：派送快件让门卫、前台或其他同事代签收时，为什么不同时知会收方客户本人，如果此件遗失，算谁的责任？

情景6：客户寄磁性物品，称"以前寄过，为什么现在不可以"并表示能提供以往的单号。如何处理?

情景7:他人代收快件,客户表示不满,投诉为何不派给本人,派件前为何不先电话确认客户是否在再派。

情景8:客户无单号且快件已寄出几天但收方仍没收到件,要求查询快件目前情况。

任务三 快递客户开发

任务描述:要求学生掌握客户调查与分析、客户信息采集与分类等基本知识,掌握客户开发的基本技能。

一、客户调查与分析

1. 调查与分析的目的

快递人员实施客户调查与分析的目的主要有以下几个。

(1)明确公司业务现状。
(2)了解快递行业现状,预测快递行业发展趋势。
(3)了解客户满意程度,收集客户的意见与建议。
(4)了解客户需求特点。
(5)建立客户信息系统,收集、研究市场信息和客户信息。
(6)发现和识别市场开发机会。
(7)从快递企业的任务目标、成本价格、竞争状况等角度评价市场开发机会。

2. 调查与分析步骤

调查与分析步骤主要包括制定调查方案、实施调查工作、分析运用调查结果等,如表6-8所示。

表6-8 客户调查与分析步骤

步骤顺序	步骤名称	任　务
1	制定调查方案	(1)明确调查目的。 (2)确定调查对象。 (3)选择调查方式。 (4)制订调查方案。 (5)确定统计、分析工具与方法。 (6)设计调查问卷与访谈提纲
2	实施调查工作	(1)调查实施前培训。 (2)调查前各项工具准备。 (3)进行客户调查。 (4)整理调查结果
3	分析运用调查结果	(1)汇总调查结果。 (2)调查结果分析与运用

3. 调查方式

快递人员进行客户调查的方式有当面调查、电话调查、网络调查等。具体调查方式及其注意事项如表 6-9 所示。

表 6-9 调查方式及其注意事项

调查方式	当面调查	电话调查	网络调查
调查说明	亲自登门调查，按事先设计好的问卷，有顺序地依次发文，让被调查者回答问题	按事先设计好的问卷，通过电话向被调查者询问或征求意见	按事先设计好的问卷，通过网络途径如电子邮件、微信、网页等，让被调查者回答问题
调查时机	收派件时、客服部设定的调查时期	客服部设定的调查时间，以不妨碍客户工作、休息为原则	客服部设定的调查时间
注意事项	礼貌询问客户有无时间配合填写问卷，及时就客户疑惑进行解释说明，感谢客户的合作	遵守电话礼仪规范，注重沟通记录	采取有效的激励措施吸引客户参与调查
调查特点	回答率高、成本高、质量高、拒访率高	取得信息快、节省时间、回答率较高	取得信息快、节省时间，但回答率不高
所需技巧	沟通技巧、会面技巧、回应技巧、问题追问、回访约定等	电话沟通技巧、抓住提问重点、敏锐捕捉客户信息	网络使用技巧、网络引流技巧

📖 例 6-6 快递企业服务质量调查问卷

尊敬的先生/女生：

您好！

此次调查旨在发现快递企业服务质量中存在的问题，以便进一步提高快递服务质量和顾客满意度，仅用于学术研究，无任何商业用途。因采用匿名填写的方式，所以绝不会泄露您的隐私，请放心作答。您的真实作答将有助于此次调查的顺利完成，衷心感谢您的参与和支持！

您的性别：○男　　○女

请您仔细阅读，并结合自身感受，在调查问卷（见表 6-10）中相应的圆圈内打"√"。

表 6-10 调查问卷

	非常不同意	不太同意	不确定	同意	非常同意
1. 营业网点的店面环境良好	○	○	○	○	○
2. 员工有整洁统一的服装	○	○	○	○	○
3. 企业的运输工具符合运输标准，并印有容易识别的企业标志	○	○	○	○	○
4. 拥有与开办业务内容相适应的现代化设备（如计算机设备、通信设备、办公设备等）	○	○	○	○	○
5. 快递在规定时间内及时交付给顾客	○	○	○	○	○
6. 能按照事先约定的地点进行交付	○	○	○	○	○
7. 快递交付时没有丢失、短少现象	○	○	○	○	○

续表

	非常不同意	不太同意	不确定	同意	非常同意
8. 快递交付时没有毁损现象	○	○	○	○	○
9. 快递收费标准合理统一	○	○	○	○	○
10. 没有违规收费现象	○	○	○	○	○
11. 签收快递时能够进行严格的身份确认	○	○	○	○	○
12. 顾客能够随时查询快递信息	○	○	○	○	○
13. 客服人员能够及时、有效地接收处理顾客的咨询办理及投诉业务	○	○	○	○	○
14. 及时通知顾客领取快递的时间	○	○	○	○	○
15. 顾客在营业网点等待时间短	○	○	○	○	○
16. 快递企业的形象好	○	○	○	○	○
17. 员工的服务态度好	○	○	○	○	○
18. 员工提供服务时语言清楚，专业性强	○	○	○	○	○
19. 快递分类明确，摆放整齐	○	○	○	○	○
20. 保持良好的沟通，关心顾客需求	○	○	○	○	○
21. 设有足够多的服务网点，及时为顾客提供服务	○	○	○	○	○
22. 提供服务的时间符合顾客要求	○	○	○	○	○
23. 针对不同顾客需求提供个性化服务	○	○	○	○	○

二、客户信息采集与分类

客户开发与维护所需要的信息包括客户企业内部信息与外部信息，其中客户企业内部人员及时反馈的信息最为关键，快递企业业务推介与拓展人员应高度重视。

1. 客户信息采集要求

对于客户信息采集工作，快递企业需要制定一套工作标准或规范，以确保客户信息质量。以下是某快递企业客户信息采集工作规范，供读者参考。

例6-7 某快递企业客户信息采集工作规范

1. 目的

在客户维护与管理工作中，客户信息管理是基础。为确保信息采集人员的工作质量，为客户分级、维护等工作提供科学的决策依据，特制定本规范。

2. 客户信息采集原则

（1）真实性、客观性原则。必须保证信息的真实与客观，因为信息的质量影响后续客户开发与维护工作的效果。

（2）及时性原则。即信息要讲究时效性，应根据客户的变化及时对客户资料进行更新。

（3）完整性原则。除了解客户收发件情况外，尽可能全面地了解客户资料，有的放矢地进行客户开发与维护。

3. 客户信息采集途径

快递人员、客服人员采集客户信息的途径包括但不限于以下途径。

（1）客户拜访。
（2）签收的运单。
（3）电话调查。
（4）收派件时直接采集客户信息。

4. 各类信息采集要求

（1）新增客户信息的采集。采集客户基本信息和客户人员信息。

（2）客户姓名、地址变更信息的采集。核实变更信息，反馈至公司相关部门，提前结清账款，避免造成坏账损失。

（3）个性化收派信息的采集。包括：客户选用快递企业的主导因素，如价格、时效、安全等；客户的业务量，如所寄快递的重量范围、每月快递资费等；客户的习惯发件时间、包装要求、发件主要目的地等。

（4）个性化收派信息的反馈。遵循及时性原则；针对普通客户，可自行制订客户开发与维护计划；针对大客户，可向公司提出合理化的客户开发与维护建议，由专门人员开展后续工作。

2. 新增客户信息采集

快递企业新增客户信息包括公司客户信息和个人客户信息，具体必须采集的资料包括公司名称、地址、联系方式、所属行业、财务状况、公司内部的客户情况等。

例 6-8 某快递公司新增客户信息采集表

某快递公司新增客户信息采集表如表 6-11 所示。

表 6-11 新增客户信息采集表

基 本 信 息					
公司名称		公司规模		电　话	
公司地址				传　真	
直接联系人				联系电话	
所属行业	□服装	□家电	□批发零售	□通信/IT	□保险
	□金融	□医药	□化工	□物流	□其他
公司性质	□国有	□民营	□外资	□其他	
快递类型	□即日件	□次日件	□隔日件	□省内件	□国际件
常递物品	□样品	□成品	□宣传品	□票据	□其他
付款诚信	□及时	□拖延	□为难	□赊欠尾款	
旺季时段			淡季时段		
联系人基本资料					
姓名	性别	职位	手机	生日	籍贯	性格	爱好	思想
备注	1. 爱好，如运动、服饰、逛街、上网、游戏、音乐、电视剧、数码等 2. 思想，如开放、保守、乐观、消极、真诚、难以琢磨等				

3．月结客户信息采集

（1）月结客户应具备的条件。当客户条件符合快递企业的月结条件时，公司可与其签订月结协议，此类客户称为月结客户。一般必须同时具备以下 4 个条件。

① 业务关系已经连续保持 3 个月以上。

② 平均月快递营业额达到一定金额，如每月 1 万元以上。

③ 结算信用良好。

④ 公司与客户签订月结协议，协议当月签订、次月生效。

（2）月结客户签订协议前的信息采集。签订月结协议前，快递人员除收集如表 6-11 的客户基本信息外，还要收集以下三个方面的信息。

① 客户的月平均快递营业额、财务状况。

② 与本公司合作历史、合作情况。

③ 客户合作单位对该客户的评价。

（3）月结客户签订协议后的信息采集。签订月结协议后，快递人员需要密切关注此类客户的异动情况。

① 地址、电话、联系人等基本信息的变动情况。

② 经营过程中是否有违法行为以及财务状况、经营状况的变动情况等。

③ 月结款结算动态等。

例 6-9　顺丰月结客户信息登记表

顺丰月结客户信息登记如表 6-12 所示。

表 6-12　顺丰月结客户信息登记表

月结客户信息登记表（此表须客户盖章）					
客户填写栏	账户基本信息	公司简称			
		公司英文名称			
		公司全称*			
		公司地址*			
		组织覆盖区域*（架构）	省级□　市级□　县级□ 全国□　跨国□ 跨省分散型（网络型）□	企业性质*	国营□　私营□ 港/台资　外资□ 事业单位□　个人□
		行业分类*		企业规模*（人数）	
		客户主要产品*		企业注册人/注册资金	
		业务淡季时间		企业注册号	
		客户网站地址		行业角色*	
		组织机构代码*		是否屏蔽账单敏感信息（收方公司电话）	是□　否□
		快递决策人*		快递决策人手机*	
		快递决策人电话*		快递决策人邮箱*	
		快递决策人职务		快递决策人生日*	月　　日
		主要寄件人*		主要寄件人手机*	

续表

客户填写栏	账户基本信息	主要寄件人电话*		主要寄件人生日*	月	日
		主要寄件人职务		主要寄件人*		
		指定积分兑奖人*		指定兑奖人手机*		
		积分兑奖人电话		指定兑奖人邮箱*		
		是否开通转区内第三方付服务*	是□ 否□	指定兑奖人生日*	月	日
		对账人员姓名*		对账人员职务		
		对账人员电话*		对账人员手机		
		财务联系人*		财务联系人职务		
		财务联系电话*		财务联系人手机		
		财务联系地址*	□同上方公司地址： □其他地址：			
		财务所用电子邮箱*		财务用传真		
		邮编		税务登记号*		
		银行账号*				
		银行名称*				
		付款期限*	天	一般付款日期*	当月 日前	
		账期*	自然月□ 非自然月□（ 日至 日）			
		账单发送方式*	□上门派送： □Email 邮箱：			
		付款方式*	银行转账□ 支票□ 现金□ （选一项）			
	服务需求	是否需要发票*	是□ 否□	是否为增值税一般纳税人	是□ 否□	
		是否申请代收货款*	是□ 否□	代收货款	年 月 日	
				生效日期		
		是否有个性化需求	没有□ 有□ 如：			
顺丰公司填写栏	月结客户信息	月结卡号*		Billing Account （结算账号）*		
		网络代码*		月结起算时间*	年 月 日	
	其他信息	开发部门		开发人员工号*		
		收账员工号*				
		收派员审核签字：		分部经理审核签字：		

注：*为必填项

4. 特殊收派信息采集

只有做到个性化、针对性服务，快递企业才能与客户保持长久的合作关系。因此，快递人员应与客户相关联系人保持经常性接触和沟通，仔细观察并体会客户快递业务方面的状况，以便从中挖掘竞争对手不知晓的情况或先于竞争对手知晓这一情况。特殊收派信息包括以下内容。

（1）客户选用快递企业的标准，如价格、时效性、安全性、方便性、运力等。
（2）客户的快递发件量、寄件的重量范围、月平均快递费用等。
（3）客户的发件时间与规律、包装要求、收件目的地等。
（4）客户的快递收件量、收件时间与规律等。

通过掌握上述信息，快递人员可以合理地安排取送件时间、取送路线，有效配置运单和包装材料等资源，避免浪费。

三、业务推介

业务推介是指快递人员在收派件时，主动向客户介绍快递服务的行为。收件员、派件员及快递公司专职营销人员均可开展快递公司快递业务的推介工作。

菜鸟试水自营标快产品"放心寄"

1．常用的推介方法

快递业务推介的常用方法如表 6-13 所示。

表 6-13　快递业务推介的常用方法

推 介 方 法	要　　　　点
发放宣传资料	发放推介人员的名片；发放快递公司宣传单、价格表等宣传资料
主动询问客户需求	主动询问客户对快递服务的需求，适时推介快递业务
口碑推介	利用在老客户群众中树立的持续、稳定的优质服务口碑，吸引新客户

2．快递服务产品的推介技巧

快递人员在向客户推介快递服务产品或回答客户关于本公司快递服务产品的咨询时，应准确把握客户对快递服务产品的要求，并有针对性地向其推介符合其要求的快递服务产品。

在进行产品说明时，快递人员要十分熟悉快递服务产品的特性，要让客户相信快递人员推介的产品正是其所介绍的那样。同时，推介人员要能站在客户的立场上思考，帮助客户解决问题，让客户感受到快递人员的热诚。

我向全世界推荐圆通的物流服务

（1）推介原则。在进行快递服务产品推介说明时，快递人员要把握以下两个原则。① 遵循"特性→优点→特殊利益"的陈述步骤；② 遵循"指出问题→提供解决问题的对策→描述客户采用后所能获得的利益"的陈述顺序。

（2）推介技巧。

① 突出"特性"和"利益"的比较。"特性"和"利益"这两个概念既有区别又有联系，其比较如表 6-14 所示。

表 6-14　"特性"与"利益"对照表

比 较 项 目	概念（销售视角）	着　眼　点	举　　例
特性	产品设计上赋予的特殊性及功能，是产品本身固有的特性	用速度、安全等来描述	"从速度来看，我公司提供的服务产品是用专线飞机来运输的。"

续表

比较项目	概念（销售视角）	着眼点	举例
利益	客户通过购买产品或服务所获得的价值，即产品的特性或优点能给客户带来的好处	能满足客户某一方面的特殊需求	"这样，您就能及时收到快件，及时开展接下来的工作了。"

从表 6-14 的比较看出，"特性"是从快递企业的角度来讲的，是指快递企业赋予快递服务产品一定的特性，以满足目标客户的需求。而"利益"则是从客户的角度来讲的，是指快递服务产品能让客户认可、接受的特性。

② 遵从"将服务的特性转换成客户的特殊利益"的实施步骤。要想让客户获得最大的满足，快递人员要掌握"将服务的特性转换成客户的特殊利益"的技巧，具体步骤如表 6-15 所示。

表 6-15 "将服务的特性转换成客户的特殊利益"的实施步骤

步骤顺序	实施内容
1	从事实调查中发掘客户的特殊要求
2	从询问中巧妙地发掘客户的特殊需求
3	介绍服务的特性（说明服务的情况及特点）
4	介绍服务的优点（说明服务的功能及优点）
5	介绍服务的特殊利益（阐述产品能满足客户的特殊需求）

在业务推介时，推介人员要专业、自信，心态要积极，行为要得体，既不夸大产品功能，也不诋毁竞争对手。

📖 例6-10　EMS 商圈市场快递业务营销举措

EMS 针对我国一二线城市及部分三线城市的市区中心黄金地段商圈快递需求极为旺盛的状况，采取以下措施开展业务推介与拓展，取得了很好的效果。

1. 挖掘客户需求

以服务调查为题，对重点商厦、临街底店以及工贸城、产业园区、物流园区进行逐户一对一的营销宣传和走访，介绍邮政速递的服务能力、服务方式、服务优势，同时了解竞争对手在商圈市场的实际运作模式，为制定有针对性作业组织和人员配置打基础。

2. 组建商圈专项营销队伍

（1）在现有揽投队伍中挑选素质高、营销业绩较好的营销骨干组建营销队伍，并面向社会招聘形象好、学历高、有相关行业从业经验的人员派驻重点商圈。

（2）营销人员与揽收人员统一着装，佩戴胸牌，推行标准化服务，并与本片区揽收人员结成对子，每两名营销人员与负责商场揽收投递的揽投员组成一个营销揽收小组，由营销人员对商场的专柜逐一进行营销。

（3）营销揽投人员配备标准资费、商圈资费、经济快递资费、收件人付费通达范围等"便携卡"、手持电子秤、手推车等揽收用品、用具。

3. 开展精准营销

（1）针对厂家直销和区域代理。对有现实需求的客户和可以直接选择快递运营商的客户逐一宣传，发放限时揽收的服务电话；对没有决策权的商户，通过与专柜导购或店长了解公司联系人等情况，从上游着手集中攻关，利用优质服务，赢得一个品牌商户的认可，从而形成各商场同一品牌的联动开发。

（2）商贸市场客户关注价格。要积极引导客户试发邮件，并为试件客户赠送小礼品。同时，开展积分换礼等活动，鼓励客户用邮，逐步培养其用邮习惯和用邮忠诚度。

（3）对已习惯使用民营快递的商场，要分楼层进行攻关，逐一培育，通过对单个用户的成功开发，以点带面，向外发散，逐步带动整个楼层使用 EMS 寄递。

4. 实施贴身服务

针对客户选择快递公司"先到者优先使用"的特点，对商圈市场实施区域服务、驻点服务、循环服务相结合的方式，区域揽收 30 分钟内到达，派驻制揽收 10 分钟内完成，循环式揽收随叫随到。

对需求较大、寄递量大的商场进行派驻，2~3 层楼派驻一名揽收人员，做好邮件投递，提高揽收的相应速度，建立良好的客情关系。

在有条件的商厦租赁专柜、专台服务，提高响应速度。

推行循环服务。即改变逐楼层一次全部投递的做法，在一层先投递部分邮件，边投递边与各专柜沟通发件情况，随后再次对该楼层进行投递，再与专柜沟通发件情况，保证揽投人员与店员的多次见面交流。

单项实训 6-3

1. 利用问卷星开展网上问卷调查。

登录问卷星平台（网址 https://www.wjx.cn），注册为用户，利用该平台，将例 6-6 所设计的调查问卷录入系统，并实施网上或微信问卷调查。

2. 设计一份快递企业关于客户满意度的调查问卷（包含对现实服务的满意程度、对潜在服务的需求），用电子邮件方式实施调查。

3. 某公司每月要向市内投送邀请卡 500 份，要求次日上午 10 点前送达，并及时查询派送的情况。公司有两种快递服务产品：一种产品次日 8 点前送达，两小时后可网络查询，资费 15 元/件；另一种产品在 10 点前送达，信息反馈为手机短信，资费为 14 元/件，请根据以上信息向客户推介服务产品。

4. 北京某公司下午 4 点发件，需要在次日下午 1 点以前将一批紧急需要的单据送到上海用于进口报关。下面有两种产品：① 普通快递次日 12 点之前送达的可能性是 80%；② 次日早晨 8 点保证送到，但资费比普通快递高一倍。请根据客户需要，推介一款快递服务产品给这个客户。

5. 某快递企业在国内推出"航空即日到"产品，当日收取当日派送，承诺送达，不到退款。请向某企业客户推介此项业务。

任务四　快递客户维护

任务描述：要求学生掌握快递客户维护的途径与方法。

一、快递客户维护的途径与方法

1. 客户维护的含义

客户维护是指通过企业不断满足客户的需求,及时妥善地解决双方合作过程中出现的各类问题,从而与客户建立稳定的伙伴关系。

2. 客户维护的途径

进行客户维护、提高客户满意度、赢得客户忠诚是一项复杂的系统工程,维护的途径很多,主要做好以下几个方面的工作。

(1)从思想上认识到客户的重要性。快递业务员要真正做到"尊重客户,以客户为中心",必须从思想上认识到满足客户的重要性。要认识到客户是企业利润的源泉,满足客户的需求是企业的荣誉,真正将"以客户为中心"落实到行动中去,而不应流于形式,只注重口号的宣传。

(2)培养忠诚的客户。培养忠诚的客户首先要有忠诚的员工,员工忠诚是客户忠诚的基础。为了赢得客户,企业必须首先赢得员工。一方面要赢得员工在工作中的忠诚;另一方面又要避免员工频繁跳槽现象的发生,如果一个企业的员工总是频繁跳槽,这个企业就很难保证向客户提供一贯的服务,几乎不可能与客户建立长久而稳定的合作关系。客户在购买产品和服务的同时,无形中也购买了一种关系,这正是客户更愿意向了解他们的喜好的企业购买产品和服务的原因。所以,企业首先要培养忠诚的员工,因为只有忠诚的员工才能提高客户满意度,创造忠诚的客户。

(3)预先考虑客户需求。提供差异化产品和服务首先要考虑客户的需求,其次要根据不同需求提供差异化的产品和服务。在快递业务高速发展的今天,快递行业内的运营和产品成本已经接近社会平均成本,期望通过价格战来赢得客户已经变得越来越不可能,在这种情况下,为客户提供差异化产品和个性化服务就显得尤为重要。

(4)赢得老客户的满意和信赖。一般而言,企业的市场份额主要依靠两个来源:一是发掘新客户,二是维持老客户。在快递市场迅速发展的情况下,企业往往通过采用进攻型市场策略迅速发掘新客户来抢占市场份额。随着市场的不断成熟和竞争的加剧,获得新客户的难度越来越大,成本也越来越高,快递企业的客户服务目标也逐渐发生了变化。以前企业的主要目标是增加新的客户,而今天企业更关注提高客户的满意度和赢得客户忠诚。企业存在的目的不仅仅是得到客户,更重要的是维护客户,并在不断提高客户满意度的基础上建立起客户忠诚,这才是企业营销的根本性战略任务。

(5)妥善处理客户异议。面对客户抱怨、客户投诉时不能逃避。客户对服务不满意并不一定会投诉,而是默默承受,悄悄离去。投诉的客户恰恰是对企业有一定期望和忠诚度的,他们的抱怨和投诉为企业提供了很有价值的信息,并帮助企业暴露不足,找到企业的症结。要想做好此项工作,首先要加强企业管理:① 要有一个平台——客户服务中心,它是企业与客户对话的基础;② 要保证渠道的顺畅,如柜台面诉、反馈信息卡、投诉电话、电子邮件、客户回访等都可以用来收集客户投诉的信息;③ 要有规范的处理流程,受理、分析、处理、反馈都要流程化;④ 及时处理问题、挽回客户、恢复客户关系;⑤ 惩处责任人、总结教训、内部整改。因此,客户投诉管理,核心工作就是如何处理好客户投诉,提高客户满意度,降低客户流失率。

（6）建立有效的反馈机制。一次交易的结束正是下一次合作的开始。事实上，客户非常喜欢把自己的感受告诉企业，客户服务人员友善而耐心的倾听能够极大地拉近企业与客户之间的距离。反馈机制就像建立在企业和客户之间的一座桥梁，通过它，双方能够更好地沟通感情，建立起相互信任的关系。而成功的企业更善于倾听客户的意见，善于发现这些意见中有用的市场信息和客户需求，并将其转化成新的商机。反馈机制还包括对客户满意度的调查。通过调查会发现企业中存在的问题有哪些，客户的评价怎样，如何进行改进，企业下一步应该如何发展进步，等等。

3. 客户维护的方法

（1）客户拜访法。拜访的主要目的是让客户感觉到企业的关心和对产品的负责，企业应当制订详细计划，并主动多和客户接触，加强交流，了解客户的需求并为客户持续提供更有针对性的解决方案，以此来满足客户的特定需求。通过相互的交流建立起一种合作伙伴的"双赢"关系。客户在不经意间提出的一些建议和需求，就会给企业带来新的商机。客户拜访有以下几种常用方式。

① 主动给客户发函，询问客户的意见和需求。
② 定期派专人访问客户。
③ 定期召开客户见面会和联谊会等。
④ 将企业开发的新产品和发展目标及时告知客户。把握每一次与客户接触的机会，一点一滴地赢得客户信任。

（2）电话、贺卡联络法。电话、贺卡是在现实生活中和工作中常用的联络感情的工具。如重要节日邮寄各种贺卡，让客户感到意外和高兴。常打个电话，几句简单的问候就会使客户感到高兴，但是要注意语言得体、适当。

例6-11 根据背景材料拟订客户拜访计划

背景材料：

我计划于4月23日下午2点去拜访联想电子物流部的张先生。之前和张先生电话沟通过，他主要对深圳到华东地区的价格不满意，这次去主要就价格问题进行沟通，说服张先生接受顺丰价格；预计会谈时间大概半小时，通过运用特征和利益技巧，介绍目前我们的珠三角价格政策及时限（带着价格表、深圳到华东地区的时限及顺丰与客户目前合作伙伴的价格对比），以及客户附近成功合作的案例（如金蝶软件、TCL电脑）。说服张先生接受深圳到华东地区价格，并计划于4月28日左右再次拜访张先生，争取签订协议。

拟订的客户拜访计划如下。

拜 访 计 划

（1）拜访客户：联想电子物流部张先生。
（2）拜访时间：4月23日14:00。
（3）拜访背景：之前与客户电话沟通过，客户不接受顺丰深圳到华东地区的价格。
（4）期望拜访效果：说服客户接受顺丰价格。
（5）具体措施：当面沟通，运用特征与利益技巧，介绍顺丰珠三角价格政策及时限的优势,并展示顺丰与客户目前合作伙伴的价格对比,必要的话介绍客户附近成功合作的案例,如金蝶软件、TCL电脑。

(6)预备计划:一周后跟进,争取签订协议。

二、预防客户流失的措施

客户维护的方法主要是做好与客户的感情联络,加强沟通,培养与现有客户的关系,与他们建立起长期合作关系。

1. 建立良好的客户关系

要想建立良好的客户关系,企业首先要致力于提高客户忠诚度,建立完善的客户管理体系,增强企业与客户的沟通和联系。感情是维护客户关系的重要方式。快递企业可通过日常拜访、节日问候、有针对性的专访等方式加强与客户的沟通,多了解客户的意见和需求,及时发现问题并立即采取措施处理,及时调整企业的经营策略,保证渠道的有序运作,有效降低经营风险,减少客户的流失,留住客户。

2. 加强服务质量管理

树立"客户至上"的服务意识,为客户提供优质服务。提高服务质量是维护快递企业客户忠诚的最佳保证,是保持增长和盈利的有效途径,也是市场竞争的有效手段。在快递服务质量上下功夫,保证快递产品的安全性、便捷性、准确性,才能真正吸引客户、留住客户。在处理客户的投诉问题上,要正面应对,不要推诿,要积极解决问题,并勇于承担自身责任。在服务过程中,要摆正态度,正确处理与客户的冲突,耐心、诚信、专业地化解矛盾,这样才能最大限度地留住客户,保持客户满意度。

3. 塑造良好的企业形象

良好的企业形象可以增加客户对快递企业所提供的产品和服务的信赖度,有助于增强客户对快递企业的忠诚度和信心,能让快递企业在行业中处于领先地位。快递企业形象的塑造主要包括内部形象和外部形象。这是根据接受者的范围划分的。

📖 例6-12 怎样从既有客户中深耕业绩

具体策略如下。

(1)增加货量或进行交叉销售。

(2)进行服务拜访,当客户表示满意本公司快递产品时及时促销。

① 假定客户有增加货量或其他服务需求,进行利益陈述。

② 如同其他类型销售拜访一样,询问客户需求,筛选客户信息,并有针对性地提供本公司快递服务特点和利益。

③ 处理反对意见,特别是针对那些可能增加使用本公司快递服务的意见。

④ 对额外增加的业务协议做摘要总结。

(3)深耕业绩的四个途径。

① 争取到客户全部的货量,使企业成为客户的唯一供应商。

② 争取到客户其他业务部门的快递业务,如行政部、业务部、市场部、物流部等。

③ 给客户提供新的附加服务,如免回单、逾限退费等。

④ 争取让客户介绍其同行、朋友或者客户，如让客户的同行、朋友和客户也选择使用本公司的快递服务。

单项实训6-4

1. 客户拜访法是客户维护的常用方法。假设你是快递公司业务拓展人员，请拟定一份征询客户的意见和需求的信函，并与客户约定拜访的时间和地点，按计划登门拜访。

2. 模拟演练拜访客户。

客户背景如下。

客户资料：如讯实业公司。

主要产品：IC等电子元器件。

配合情况：取派人员提供的潜在客户，该客户大多寄件到苏州。目前使用申通快递，每月用量约1.5万元。

负责人：物流经理李先生。

当你决定拜访前调查过客户的情况，发现他在半年前使用顺丰的服务，月用量超过1万元，之后就从未使用过。与客户电话联系时，李经理原则上同意会面，但他透露上层主管交代不必考虑使用本公司快递服务，似乎与本公司曾有不愉快的事情发生。

请你模拟销售代表，前往该公司了解情况，并试着将该客户再度争取回来。

3. 情景实训。模拟常见的客户投诉的情景，要求学生扮演客服代表针对客户投诉的问题进行处理。

（1）服务承诺口径方面的问题，比如，客户问："为什么客服小姐回答到件时间口径不一？前一分钟咨询与后一分钟咨询的到件时间都不一样？为什么你们客服人员与收派员的说法不一？"

（2）由于客服代表错误承诺，导致客户改寄其他公司产生问题后，致电到公司要求索赔，该如何回复？

（3）已寄出的超范围快件，收方不愿意自取和改派，向客户解释，客户指责是公司原因造成的，就应由公司自行承担，不同意代转邮局等处理建议，坚持要求立即派送且不能耽误派送时间，否则将要求赔偿其损失。客服该如何处理？

（4）客户签收多日后反映物品部分遗失或损坏，但时间较长，给客服跟进带来一定难度且也无法证实快件为运输途中损坏，但客户以公司在运单背后条款中没有列出快件签收多久才不能受理为由坚持要求赔偿。

（5）客户要求退件，并问："为何一定要寄到目的地才能安排退回而不是到了中转场安排退回？耽误了快件时间应如何处理？"或者是客户询问此件特急，要求亲自到中转场或去机场取件，并质疑："为何不能有此操作？为何不能特殊处理？"对比应如何处理？

实施步骤：

（1）两人一组，分饰客户和快递客服两个角色进行情景模拟。

（2）组织展开讨论，确定各个情景下客服应如何应对。

习 题

一、简答题

1. 快递客服人员应具备哪些方面的心理素质?
2. 客服人员应具备哪些方面的品格素质?
3. 简述快递客服的查询应答基本规范。
4. 什么情况下快件可以申请更改地址?
5. 月结客户应具备哪些条件?
6. 进行快递客户维护主要要做好哪些方面的工作?
7. 简述快递增值服务的主要内容。

二、自测题

项目六　自测题

参 考 文 献

[1] 王阳军．快递业务操作与管理[M]．北京：化学工业出版社，2014．
[2] 国家邮政局职业技能鉴定指导中心．快递操作实务[M]．北京：人民交通出版社，2016．
[3] 花永剑，王娜．快递公司物流运营实务[M]．3版．北京：清华大学出版社，2023．
[4] 国邮创展（北京）人力资源服务有限公司．快递运营职业技能等级认定培训教材（职业基础、初级、中级）[M]．南京：江苏凤凰教育出版社，2021．
[5] 俸毅，夏丽丽，赖菲．快递业务操作与管理（智媒体版）[M]．成都：西南交通大学出版社，2022．
[6] 林秋意．快递运营管理[M]．北京：机械工业出版社，2022．